AF369424

GUIDE PRATIQUE

DES

COMMIS D'ADMINISTRATION

DE LA MARINE,

EMBARQUÉS SUR LES VAISSEAUX DU ROI.

Par **B. LATAUD,**

COMMIS PRINCIPAL DE MARINE.

A BREST,

Chez Lefournier et Deperiers, Libraires pour la Marine, rue Royale, N.º 85.

1828.

BREST, IMPRIMERIE DE J.-B. LEFOURNIER.

TABLE GÉNÉRALE.

INTRODUCTION.

L'ouvrage que nous publions sous le titre de Guide pratique des Commis d'Administration de la Marine, embarqués sur les vaisseaux du Roi, est le fruit de notre longue expérience du métier de la mer.

Les divers réglemens que nous connaissons sur le service qui nous occupe, et que nous avons consultés scrupuleusement, sont loin d'être à la portée des jeunes administrateurs qui naviguent pour la première fois. Nous avons tâché d'applanir quelques difficultés, et nous croyons y être parvenu en adoptant la subdivision dont nous allons rendre compte.

Un administrateur supérieur de la marine, M. Puissant de Molimont, mit au jour, en 1787, une instruction complette sur le service des commis aux revues.

Cet ouvrage était très-détaillé, et il fut d'un grand secours dans le tems où il parut. Mais rien de semblable n'ayant été fait depuis lors, personne n'ayant suivi la route qu'il avait tracée, il existait une grande lacune dans cette branche de l'adminis-

tration : nous avons tâché de la remplir en essayant, en nous
efforçant de faire, pour l'époque actuelle, ce que M. de Molimont
fit pour un tems qui est déjà loin de nous. Nous avons appro-
fondi la matière autant qu'il a dépendu de nous de le faire.
Peut-être nous reprochera-t-on d'avoir poussé les choses trop
loin : mais si l'on considère que nous avons travaillé pour des
commençans, on ne nous blâmera pas d'être entré dans quelques
détails minutieux. Nous savons trop quels embarras nous avons
éprouvés dans nos longues campagnes, pour n'avoir pas cherché
à les épargner à nos successeurs : nous leur indiquons la marche
à suivre dans tel ou tel cas, et nous joignons à notre GUIDE
beaucoup de modèles des Etats et Pièces que doit dresser un
commis d'administration, quelle que soit la circonstance dans laquelle il puisse se trouver.

Notre ouvrage est divisé en cinq titres, à la suite desquels lesdits modèles sont classés. Ces modèles sont suivis de divers
extraits de lois, réglemens ou ordonnances, que leur longueur
n'a pas permis d'insérer dans le corps de l'ouvrage, ainsi que
de quelques observations que nous avons cru devoir faire au
sujet de changemens qu'il nous semble urgent d'apporter dans
les documens actuels, dont nous proposons la modification ou
la suppression (1).

---

(1) Toutes les modifications que nous proposons, tendent à simplifier les
écritures, sans entraîner aucun abus, et les suppressions, sans nuire à
l'harmonie des comptes, sont de nature à amener des économies importantes,
qui, réunies à celles dont les modifications doivent être la source, ne
peuvent manquer d'être prises en considération.

Chacun des quatre premiers titres est subdivisé en trois sections :

Le premier titre comprend le service à l'armement ;

Le second comprend le service en rade ;

Le troisième, le service à la mer et dans les pays étrangers ;

Le quatrième, le service au retour ou au désarmement.

Chacune des trois sections porte, pour tous les titres, une même indication, et elle est précédée du sommaire des matières qui y sont traitées.

La première section de chaque titre est timbrée : *Personnel, Solde et Habillement.*

La deuxième : *Vivres.*

La troisième : *Matériel.*

Cette répartition nous a semblé d'autant meilleure et préférable à toutes celles qui existent, qu'elle sépare convenablement et naturellement les diverses positions dans lesquelles le bâtiment peut être placé, et qu'elle donne au commis d'administration les moyens de trouver, avec facilité et sans la moindre confusion, l'article qu'il cherche, lequel réunit presque toujours le précepte et l'exemple.

Le cinquième titre se compose du service des prises.

Ce service ne nous étant pas aussi familier que le précédent, nous n'avons pu le traiter avec autant de détail ; mais nous avons cru devoir y insérer tout ce que nous avons pu recueillir

8

relativement à cette partie des nombreuses et importantes attri-
butions des commis d'administration, comme nécessaire pour
completter notre ouvrage.

Quant aux modèles d'états et pièces que nous avons mis à la
suite de ce dernier titre, nous n'avons pas l'amour-propre de croire
que ceux que nous avons imaginés soient adoptés sans examen
ou sans modification : nous les soumettons au jugement des administrateurs éclairés, et nous nous en rapporterons à leur décision. Nous pensons, toutefois, qu'ils seront de quelque utilité,
et qu'ils présenteront des renseignemens qui conduiront à en tracer
de mieux conçus.

NOTA.

Messieurs les Commis d'administration devront se hâter, dès qu'ils auront
reçu leur ordre d'embarquement, de se procurer tant au Bureau des
Armemens, qu'au Magasin-Général, à la Direction des Subsistances et au
Dépôt Général des Equipages de Ligne, les registres et imprimés dont il est
question dans ce travail. Il feront aussi coter et parapher lesdits registres
par l'administrateur en chef du port.

TITRE PREMIER.

SERVICE A L'ARMEMENT.

SECTIONS
contenues dans ce Titre.

TITRE PREMIER.

PREMIÈRE SECTION.

Sommaire des matières contenues dans cette Section.

I.ᵉʳ §. PERSONNEL.

II.ᵉ §. — SOLDE.

III.ᵉ §. — HABILLEMENT. (Equipages de ligne.)

HABILLEMENT. (Inscription maritime.)

TITRE PREMIER.

SERVICE A L'ARMEMENT.

PREMIÈRE SECTION.

Personnel, Solde et Habillement.

I.ᵉʳ §. PERSONNEL.

Lorsque le Ministre de la marine et des colonies ordonne l'armement d'un vaisseau, d'une frégate, ou de tout autre bâtiment du Roi, l'administrateur en chef du port où il doit être armé, donne à un commis de marine entretenu ou auxiliaire, l'ordre de s'y embarquer en qualité de commis d'administration.

Lorsque des équipages de ligne ou des détachemens seront embarqués et recevront les allocations de mer, leur administration et leur comptabilité seront dévolues au commissaire des armemens, jusqu'au jour du débarquement ou de l'envoi au dépôt général, de tout ou partie des hommes desdits équipages. Le conseil d'administration du dépôt général fera dresser, dans ce cas, des états indiquant la filiation, le lieu de naissance et la paye des hommes. Il arrêtera le décompte de chaque marin, et fera ressortir les sommes à porter à leur crédit, ou à reprendre pour la valeur des effets fournis et non entièrement payés.

Ces états, certifiés par le conseil d'administration du dépôt général et vérifiés par le commissaire aux revues, seront remis au commissaire des armemens, pour servir à l'ouverture du rôle d'équipage et à la reprise des sommes dues pour fourniture d'habillement.

Les commis d'administration des bâtimens sur lesquels seront embarqués des équipages de ligne, seront chargés de la comptabilité et de l'administration de ces corps.

Les commis d'administration sont chargés de la comptabilité, etc. des équipages de ligne. (Réglement du 19 octobre 1825, art. 84).

Lorsque les hommes d'un équipage de ligne embarqué seront séparés de leurs corps, par quelque cause que ce soit, ils rentreront, soit au dépôt où le corps aura été formé, soit au dépôt le plus voisin.

Les marins séparés de leurs corps rentreront au dépôt. (Ordon. du 2 octobre 1825 art. 30).

Quand les hommes du dépôt général seront destinés à passer dans un équipage de ligne, leurs livrets seront arrêtés par le conseil d'administration du dépôt et par celui du corps où ils seront admis.

Marins du dépôt qui passeront dans un équipage de ligne. (Même ordon. art. 113).

Il sera formé, dans chacun des équipages de ligne, un conseil d'administration qui sera composé de cinq membres ;

Formation du conseil d'administration. (Même ordon. art. 90).

S a v o i r :

Le capitaine de frégate, président ;
Deux lieutenans de vaisseau ;
Un enseigne de vaisseau ;
Un premier maître.

Le plus ancien lieutenant de vaisseau remplira les fonctions de rapporteur ; celles de secrétaire seront remplies par le commis d'administration.

Lorsqu'un équipage de ligne formera l'armement de deux frégates, le conseil d'administration de l'une d'elles sera composé :

Idem lorsqu'un équipage formera l'armem.ᵗ de deux frégates. (Même ordon. art. 91).

Du commandant du bâtiment, président ;
Du capitaine de frégate commandant de l'équipage, vice-président ;
De deux lieutenans de vaisseau, dont un rapporteur ;
D'un enseigne de vaisseau ;
D'un premier maître.

Les fonctions de secrétaire seront remplies par le commis d'administration.

Et le conseil d'administration de l'autre frégate sera composé :

Du commandant du bâtiment, président ;
Du plus ancien lieutenant de vaisseau, vice-président ;
D'un lieutenant de vaisseau, rapporteur ;
De deux enseignes de vaisseau ;
D'un premier maître.

Le commis d'administration du bâtiment remplira les fonctions de secrétaire.

En cas de partage des voix, celle du président prévaudra.

Lorsqu'un détachement d'un équipage de ligne sera embarqué sur un bâtiment de rang inférieur aux frégates, le conseil d'administration éventuel sera composé :

Du capitaine du bâtiment, président ;
De trois lieutenans ou enseignes de vaisseau ;
D'un premier maître ou maître.

Le commis d'administration remplira les fonctions de secrétaire.

Formation du conseil d'administration, lorsqu'un détachement sera embarqué sur un petit bâtiment.
(Ordon. du 2 octobre 1825 art. 92).

Les conseils d'administration seront chargés de l'administration intérieure et de la comptabilité des équipages de ligne ; ils soumettront au conseil d'administration du dépôt général, toutes les pièces relatives à la régularisation des dépenses de la solde à terre et des comptes d'habillement des marins desdits équipages.

Les conseils chargés de l'administration intérieure et de la comptabilité.
(Même ordon. art. 95).

Quand un équipage de ligne, ou une portion d'équipage devra être embarqué, les conseils d'administration du dépôt général et de l'équipage s'assembleront, sous la présidence du major général de la marine, pour vérifier la situation des corps, sous le rapport de l'habillement, et déterminer l'espèce et la quantité des effets qui devront être délivrés à l'équipage ; le compte de chaque homme sera arrêté et porté sur le registre *compte courant* que le commis d'administration est chargé de tenir.

Cas dans lesquels les conseils du dépôt et d'un équipage s'assembleront.
(Même ordon. art. 96).

Le commissaire aux revues sera présent à cette séance et en signera le procès-verbal.

Les équipages de ligne, pendant leur séjour à terre, seront soumis aux dispositions des lois et ordonnances concernant la discipline et la police des corps militaires de la marine, et aux dispositions des lois pénales maritimes, lorsqu'ils seront embarqués.

Dispositions des lois et ordonnances auxquelles les équipages de ligne seront soumis.
(Même ordon. art. 117)

Les jeunes gens âgés de moins de dix-huit ans, admis provisoirement dans les équipages de ligne, seront passibles, en cas de désertion, des peines prononcées contre les novices, par les arrêtés des 5 germinal et premier floréal an 12.

Dès qu'un commis entretenu ou auxiliaire aura reçu son ordre d'embarquement, qui lui est assez ordinairement remis avant l'époque où le bâtiment doit être armé, il se présentera au commissaire du bureau des armemens, pour connaître quel jour les hommes destinés à former l'équipage seront

Le commis d'administration doit se présenter au commissaire des armemens.

3

désignés par lui, afin d'approvisionner le bord des vivres nécessaires à leur subsistance pendant les dix premiers jours.

Ce qu'il doit faire lors de l'ouverture du rôle d'équipage.
(Ordonn. du 31 octobre 1827, art. 569).

L'époque fixée par ce commissaire étant arrivée, le commis d'administration, qui a dû faire une copie du rôle d'équipage dressé par le bureau, se trouvera à bord pour y recevoir les hommes dont nous venons de parler, pour en faire l'appel, et pour enregistrer, sur ledit rôle, ceux qui y seraient destinés ultérieurement.

Ce registre, qui doit être certifié par le commissaire des armemens, est destiné à l'enregistrement de tous les mouvemens relatifs au personnel, ainsi que de tous les paiemens qui auront été faits aux officiers et marins, ou qui s'effectueront depuis l'époque de l'année où il a été ouvert, jusqu'au dernier décembre de la même année, veille de son renouvellement, ou jusqu'au jour fixé pour le désarmement, s'il a lieu dans ladite année.

Suivre les mutations avec exactitude.

Il suivra les mutations qui ont journellement lieu à bord d'un bâtiment en armement, et il a les moyens que voici pour s'assurer qu'il y a eu augmentation ou diminution d'équipage.

Ordre dont un marin doit être pourvu pour être reçu à bord.

Aucun marin, de quelque grade qu'il soit, ne peut être reçu à bord des bâtimens du Roi, que muni d'un ordre émané de l'autorité dont il dépend, enregistré au bureau des armemens, ou d'un billet de destination délivré par ce même bureau. A son arrivée à bord, attendu que le commis d'administration ne peut pas s'y trouver constamment, le marin se présente à l'officier chargé du détail, qui retient le billet. Le commis d'administration réclamera tous les jours, dudit officier chargé du détail, le billet ou les billets, tant de destination que de sortie de l'hôpital, et aura soin de porter aussitôt les individus et les mouvemens sur son rôle d'équipage.

Moyens de connaître les pertes en hommes.

Billet d'entrée à l'hôpital.

Quant aux pertes, il a également les moyens de les connaître : s'il s'agit d'envoyer un homme à l'hôpital, il lui délivre lui-même, sur le rapport de l'officier de santé de service, un billet d'entrée audit hôpital, qu'il apostille de suite sur le rôle dont nous venons de parler. Lorsque cet individu en revient, il est porteur d'un autre billet qui lui a été délivré par le commissaire de ce détail, lequel fait connaître la date de la sortie de l'hôpital, de même que celle de l'entrée. Ce billet, apostillé sur le rôle tenu au bureau des armemens, est remis le même jour, par l'individu qui en est porteur, à l'officier chargé du détail, qui, comme pour tous les hommes destinés à faire partie de l'équipage, le transmet au commis d'administration.

Pour plus de sûreté, il vérifiera souvent, au bureau des armemens, si tous les individus qui ont été envoyés à bord s'y sont rendus, et si leurs billets de destination lui ont été remis : il s'assurera en même tems, si les billets des marins envoyés à l'hôpital y ont été apostillés sur le rôle.

Pendant les appels qui seront faits durant l'armement, le commis d'administration tiendra note des hommes qui n'y ont pas paru ; il dressera, à la fin de chaque mois, un état de tous les marins qui se seront absentés un ou plusieurs jours, et le remettra au commissaire des armemens qui en opérera la retenue sur la solde acquise. Enfin, lorsque le marin sera absent depuis trois jours, sans permission, il en fera son rapport au commandant, et dressera le signalement, en double expédition, de chacun des individus absens, qu'il fera signer par ledit commandant, et qu'il remettra au commissaire des armemens pour faire poursuivre et arrêter ces individus.

Il ouvrira, à cet effet, un registre de signalemens conforme au modèle N.º 1, (1) sur lequel il portera, par ordre alphabétique, tous les marins

Vérifier souvent les mutations au bureau des armemens. (*Réglement du 1.ᵉʳ novembre 1784, art. 11*).

Marins absens du bord pendant plusieurs jours. (*Réglement du premier novembre 1785, art. 3*).

Signalement d'un marin absent.

N.º 1. Registre de signalemens.

---

(1) Au moment où nous nous occupions à mettre un peu d'ordre dans la comptabilité des bords, un document, qui jusqu'alors n'avait fait que se perfectionner, vient prendre son essor vers les innovations ennemies de l'ordre. Nous voulons parler du rôle d'équipage portant le signalement des marins embarqués sur un bâtiment.

Un rôle d'équipage portant signalement, est une conception aussi extraordinaire que l'exécution en est difficile et sans objet.

Indépendamment du travail immense que ces rôles occasionnent en pure perte, il faut tous les ans, au 1.ᵉʳ janvier, renouveler de 8 à 1200 signalemens, selon que le bâtiment armé est un vaisseau de 80 ou à 3 ponts, sans compter ceux qu'auront provoqués les nombreuses mutations survenues pendant l'année ; de sorte que si un vaisseau reste armé pendant 3 ou 4 ans, il faudra répéter autant de fois le signalement des mêmes individus. Et à quoi cela aboutira-t-il, après avoir occasionné le travail le plus ingrat et le plus infructueux, tant au bureau des armemens qu'aux commis d'administration, sans la moindre utilité ni le moindre avantage ? à rien. Un registre de signalemens tel que nous l'indiquons au N.º 1, et qui était prescrit par l'instruction du 22 juin 1822, remplissait le but sans confusion, tandis que le rôle portant signalemens ne le remplit pas mieux et offre de plus un grand embarras. Les anciens rôles doivent être réintégrés tels qu'ils étaient antérieurement à 1826, parce qu'ils n'avaient rien de défectueux ; et si l'on veut absolument un registre de signalemens autrement divisé que celui que nous présentons ici, et qui est le plus simple de tous, que l'on établisse une matricule à l'instar de celles dont font usage les corps organisés et les bureaux des classes. Elle servirait pendant toute une campagne, fût-elle de dix ans ; elle ne laisserait rien à désirer, et dispenserait de faire du rôle d'équipage une défectuosité.

de l'équipage indistinctement ; et un autre registre, conforme au N.° 2, sur lequel il enregistrera, par ordre de date, les marins à mesure qu'ils s'absenteront et qu'il les dénoncera.

Marins ramenés ou
rentrés à bord.

Plainte en désertion.

Lorsque les marins absens seront ramenés ou rentrés volontairement à bord, le commis d'administration dressera, en double expédition, le signalement de chaque déserteur rentré. Il devra dresser aussi, en même tems, une plainte en désertion. Ces signalemens et cette plainte, signés par le commandant du bâtiment, sont adressés ou remis, les premiers par le commis d'administration, au commissaire des armemens, et la dernière, avec toutes les pièces relatives à la désertion, par le signataire, au préfet maritime du port où il se trouve. Les individus dont il s'agit, sont jugés ou non, selon que le délit est plus ou moins grave, ou que le préfet maritime juge à propos de donner cours à la plainte en désertion ou de l'infirmer. Dans tous les cas, ils n'ont droit à la solde qu'à compter du jour de leur rentrée à bord, dont l'apostille est consignée sur le rôle d'équipage.

Marins morts par suite
d'accidens.

Si pendant l'armement du bâtiment un marin périssait par suite d'un accident quelconque, comme cela arrive quelquefois, le procès-verbal constatant l'événement et les circonstances qui l'ont amené, serait dressé par le commissaire rapporteur qui serait appelé sur les lieux, auquel procès-verbal il donnerait la suite convenable, et le marin décédé serait aussitôt transporté à l'hôpital.

Annoter les réclama-
tions des marins et y
faire droit.

Le commis d'administration annotera les réclamations qui lui seront faites par les marins de son bord ; il y mettra tous ses soins, et fera expédier par les bureaux des armemens et des classes du port dans lequel ou en rade duquel le bâtiment se trouvera au moment où les réclamations lui seront adressées, ce qui peut revenir aux réclamans dans ledit port ; et réclamera des bureaux des armemens et des classes des autres ports, le paiement de ce qui peut rester dû aux marins du bâtiment sur lequel il est embarqué.

Collationner le rôle
d'équipage au bureau
des armemens.

La veille du jour de la mise en rade, le commis d'administration ne négligera pas de collationner son rôle d'équipage, de le mettre conforme à celui tenu dans les bureaux du commissaire des armemens, ni de faire attester cette vérification par le visa dudit commissaire.

II.ᵉ §. SOLDE.

Les conseils d'administration recevront , du dépôt général , un livret, sur lequel le payeur de la marine fera l'inscription des paiemens au fur et à mesure qu'ils auront lieu , et un registre pour recevoir les délibérations desdits conseils.

Livret, et registre que recevront les conseils d'administration. (Régl. du 19 oct. 1825, art. 20).

La solde des équipages de ligne embarqués, sera payée par le détail des armemens , à dater du jour de l'ouverture du rôle ou de celui de l'embarquement , au moyen d'états nominatifs décomptés , dressés par les commis d'administration et certifiés par les conseils secondaires.

Par qui et en vertu de quels états la solde sera payée. (Même réglem. art. 100). (Ordonnance du 2 octobre 1825 , art. 80).

Les états de paiement seront ordonnancés au nom des conseils d'administration , qui en recevront le montant.

États de paiement ordonnancés au nom du conseil d'administration. (Ordon. du 2 octob. 1825, art. 75).

A cet effet, il sera établi à bord une caisse à trois clés où seront enfermées toutes les sommes reçues par le conseil ; ces clés seront confiées, la première au commandant , la seconde à l'officier chargé du détail général , et la troisième au commis d'administration : ladite caisse sera déposée dans la chambre du commandant.

Caisse à trois clés.

Les écritures relatives à la comptabilité de la caisse consisteront dans la tenue des trois registres ci-après ;

Registres à tenir concernant la comptabilité de la caisse. (Règlement du 19 oct. 1825, art. 108).

Savoir :

1.º Un casernet de caisse , destiné à suivre le mouvement des valeurs , modèle N.º 3.

N.º 3. Casernet de caisse.

2.º Un journal des opérations de recette et de dépense , modèle N.º 4.

N.º 4. Journal de recette et de dépense.

5.º Un livret des comptes individuels , modèle N.º 5.

N.º 5. Livret des comptes individuels.

Sur le casernet divisé , s'il y a lieu , en colonnes indiquant les différentes espèces de valeurs , seront inscrites sommairement chaque entrée et chaque sortie de fonds. Ce casernet , arrêté et signé par les dépositaires des trois clés , toutes les fois que l'effectif aura varié , restera déposé dans la caisse.

Entrée et sortie de fonds à inscrire. (Règlement du 19 octobre 1825 , art. 109).

Le journal de recettes et de dépenses demeurera entre les mains du commis d'administration , lequel y enregistrera , jour par jour , et sans lacune , toutes les opérations qui auront affecté l'encaisse.

Journal de recette et de dépense. (Même régl. art. 110.)

Le livret des comptes individuels demeurera également entre les mains du commis d'administration , et sera divisé en deux parties distinctes.

Livret des comptes individuels. (Même régl. art. 111.)

Dans la première partie, relative aux intérêts des marins présens, le commis d'administration inscrira individuellement, et jour par jour, les articles déjà portés au journal ; il le fera dans un ordre tel, que ce registre, donnant, par débit et crédit, la situation financière, sous le rapport de chacun des hommes de l'équipage, concorde,

    1.º avec le livre de compagnie ;

    2.º avec le livret individuel des marins.

Dans la seconde partie, le commis d'administration portera de même, sans retard ni lacune, les objets qui, bien que restés provisoirement en caisse, sont néanmoins dévolus à l'établissement des invalides de la marine, soit à titre de dépôt par suite de décès, soit à titre de propriété par suite de désertion.

Justification des articles portés au journal de caisse. (*Réglement du 19 octobre 1825, art. 112*).

Les articles portés au journal de caisse seront tous susceptibles de justifications.

N.º 6. Etats nominatifs.

Ces justifications consisteront, pour la première catégorie (marins présens), dans des états nominatifs, N.º 6, portant à-compte, lesquels, arrêtés et signés par le conseil d'administration, seront quittancés par les capitaines de compagnie, à la charge par eux de remettre immédiatement les fonds aux parties prenantes, de faire apostiller ce paiement sur leurs livrets par les soins des capitaines ; et s'il s'agit des sommes payées à leur acquit, pour menus achats, de joindre le récépissé du fournisseur.

Pour la deuxième catégorie (établissement des invalides), les justifications se composeront d'états nominatifs à l'appui desquels seront mis les procès-verbaux de désertion, et les actes mortuaires des décédés.

Les commis d'administration demeurent chargés, sous leur responsabilité, de la réunion et de la conservation des pièces probantes.

Le journal sera arrêté à la fin de chaque trimestre. (*Réglement du 19 octobre 1825, art. 114*).

A la fin de chaque trimestre, le conseil d'administration rapprochera entre-eux les divers élémens de la comptabilité ; il s'assurera si ces élémens sont d'accord, si les justifications sont complètes et régulières, et, ce résultat dûment établi, il arrêtera le journal que tient le commis d'administration.

III.ᵉ §. HABILLEMENT (*Equipages de ligne*).

Les hommes incorporés dans les équipages de ligne, ainsi que les marins de l'inscription appelés à y servir temporairement, seront pourvus des divers effets désignés dans le tableau ci-après :

Effets dont les marins des équipages de ligne doivent être pourvus. (Ordonnance du 2 octobre 1825. art. 9ᵉ).

DÉSIGNATION DES EFFETS.

Pour les 4 premiers maîtres.	2 Habits.	"
	1 Chapeau à cornes.	"
	1 Gilet sans manches.	"
Pour les maîtres. . . .	1 Habit.	18 mois.
	1 Paletot.	1 an.
	1 Gilet sans manches.	18 mois.
Pour tout l'équipage. .	2 Paletots.	1 an.
	1 Capote bleue.	2 ans.
	2 Pantalons de drap.	1 an.
	1 Chapeau-casque et sa coiffe.	3 ans.
	1 Casquette.	1 an.
	1 Sac de peau.	3 ans.
	1 Chemise de laine bleue teinte en laine.	18 mois.
	4 Chemises blanches.	"
	1 Cravate en soie noire.	} 1 an.
	1 Cravate en laine noire.	
	2 Mouchoirs de poche.	"
	2 Paires de bas de laine.	"
	2 Paires de souliers.	"
	1 Sac de toile.	"
	3 Pantalons de toile.	"
	1 Paire de demi-guêtres noires.	"
	1 *Idem* de toile blanche.	"
	1 Paletot de toile blanche.	"
	2 Brosses, dont une à laver.	"
	1 Peigne.	"

Les marins de l'inscription maritime embarqués en supplément avec un équipage de ligne, continueront à être habillés par les soins du magasin général. La même disposition est applicable aux équipages uniquement formés par l'inscription maritime. (1)

Les marins de l'inscription, habillés par le magasin général. (Même ordon. art. 109).

---

(1) Le magasin général du port n'est chargé de la fourniture des effet d'habillement, que pour ceux des marins des classes embarqués en supplément. (*Dépêche du 29 décembre* 1825),

Voyez ci-après, Habillement. (Inscription maritime).

Les capitaines des bâtimens feront inspecter, le livret à la main, le sac de chaque homme.

Ils feront dresser immédiatement, par les capitaines des compagnies, la demande des divers effets nécessaires pour compléter le sac, et la délivrance en sera faite par le conseil d'administration du dépôt général, et d'après le mode prescrit par l'article 65. (1)

Les commis d'administration des bâtimens seront responsables des pertes causées par leur négligence, dans l'inscription des effets délivrés aux hommes des équipages embarqués.

Les commis d'administration recevront, du dépôt général, et tiendront, sous la surveillance des conseils d'administration, des livrets où les délivrances d'effets d'habillement seront inscrites, par quantités et valeurs, par le capitaine d'habillement du dépôt général. Lesdits commis d'administration justifieront de leur délivrance et des retenues exercées sur la solde, par le compte courant comparé avec le livret des hommes et par l'attestation du commissaire des armemens.

Ils tiendront, en conséquence, un registre compte courant, conforme au modèle N.° 7, servant à inscrire les délivrances faites à chaque homme, d'après les états nominatifs rédigés en vertu dudit article 65, leur montant et les retenues opérées pour l'acquitter.

Les capitaines des bâtimens mettront à la disposition des conseils secondaires, un local convenable pour la conservation des effets d'habillement.

Le montant des effets qui seront délivrés à chaque marin, sera retenu sur sa solde, dans les proportions déterminées par le tableau annexé à l'ordonnance du 2 Octobre 1825.

---

(1) Lorsque des fournitures devront être faites pour l'habillement des équipages organisés ou des détachemens présens à terre, les capitaines de compagnie dresseront des états nominatifs des hommes qui devront y participer, en indiquant pour chacun d'eux, le nombre et l'espèce d'effets à délivrer.

Ces états, arrêtés par les capitaines, seront certifiés par les conseils d'administration des corps, vérifiés par le commissaire aux revues ou celui des armemens, suivant que les équipages seront à terre ou embarqués; ils seront ensuite remis au conseil d'administration du dépôt général qui les visera, et fournira en échange un billet de délivrance. Ledit billet comprendra en masse la quantité et l'espèce d'effets, et il servira de décharge au capitaine d'habillement.

Inspection du sac; demande des effets nécessaires pour le compléter, etc. (Ordonnance du 2 octob. 1825, art. 110). (Règlement du 19 octobre 1825, art. 86).

Les commis d'administration responsables des pertes causées par leur négligence dans l'inscription des effets délivrés. (Règlement du 19 octobre 1825, art. 89).

Livret pour l'annotation des fournitures en effets d'habillement. (Ordonnance du 2 octobre 1825, art. 107 et 116. (Règlement du 19 octobre 1825, art. 91).

N.° 7. Registre compte courant. (Ordonnance du 2 octobre 1825, art. 66).

Local à affecter au placement des effets. (Règlement du 19 octobre 1825, art. 93).

Le montant des effets retenu sur la solde des marits. (Ordonnance du 2 octobre 1825, art. 112).

HABILLEMENT. (Inscription maritime).

Les maîtres, officiers-mariniers, matelots, novices, mousses et surnumé-raires qui, destinés à servir sur les bâtimens de guerre du Roi, ne seront incorporés ni définitivement, ni temporairement dans les équipages de ligne, seront habillés d'une manière uniforme.

Il sera pourvu à leur habillement, celui des maîtres excepté, par les soins de l'administration de la marine.

La valeur des effets fournis aux marins, sera successivement précomptée sur le montant des sommes qui leur seront dues par le département de la marine et des colonies, pour raison de leurs services.

Il sera rendu, chaque année, un compte général de tout ce qui a rapport au service de l'habillement des marins de l'inscription maritime.

Les officiers-mariniers, matelots, novices et mousses, seront pourvus des effets suivans :

		POUR			
		la grande tenue.	la petite tenue.	les deux tenues.	TOTAL.
Effets. — en étoffes.	Paletots en drap bleu de roi 18 ains.	1	1	»	2
	Pantalons idem.	1	1	»	2
	Chemises en molleton bleu de roi.	»	1	»	1
— en toile.	Chemises blanches (1).	»	»	4	4
	Pantalons blancs (2).	1	1	»	2
	Idem de grosse toile.	»	1	»	1
	Vareuses idem.	»	1	»	1
Coiffure.	Bonnets de laine.	»	1	»	1
	Chapeaux ronds.	1	»	»	1
	Coiffes en toile blanche p.ᵉ le chapeau (3)	1	»	»	1
	Casquettes en drap bleu de roi 18 ains.	»	1	»	1
Chaussure.	Souliers.	»	»	2	2
	Bas de fil blanc (4).	1	»	»	1
	Idem de laine (5).	1	1	»	2
Divers effets.	Cravates en soie noire.	1	»	»	1
	Idem en laine noire tricotée.	»	1	»	1
	Mouchoirs en coton rouge.	»	»	»	»
	Idem de poche.	»	»	2	2
	Peignes.	»	»	1	1
	Brosses à habit.	»	»	1	1
	Idem à laver.	»	»	1	1
Sacs en toile pour contenir les effets (une fois délivrés).		»	»	1	1

(1) Cependant si, au moment de son arrivée, le marin possédait une ou deux chemises bleues en bon état, elles seraient admises dans la composition de son sac.

(2) Un second pantalon en toile rousse pourra être également admis dans la composition du sac du marin arrivant à bord, en remplacement de l'un des deux pantalons en toile blanche.

(3) A porter l'été et dans les colonies.

(4) A porter avec le pantalon de toile.

(5) A porter avec le pantalon de drap.

Cas dans lesquels les marins ne sont pas assujétis à une tenue uniforme.
(*Inst. minist. art.* 32.)

Dans quel cas il pourra leur être délivré des hardes.
(*Même inst. art.* 33).

N.° 8. Demande d'effets.
(*Même inst. art.* 34).

Délivrance de ces effets.
(*Même inst. art.* 35).

Effets des morts et des déserteurs.
(*Même inst. art.* 36).

Comment doivent être traités les marins pour leur habillement.
(*Même inst. art.* 37).

Époque à laquelle leur sac doit être complété.
(*Même inst. art.* 38).

Officiers chefs d'escouade chargés de veiller aux besoins des marins.
(*Même inst. art.* 39).

N.° 9 . Enregistrement à tenir par eux.

Pendant tout le tems que les marins de levée seront en *subsistance* à bord des stationnaires ou des bâtimens armés , ils ne seront point assujétis à une tenue uniforme ; ils feront usage des effets d'habillement qu'ils auront apportés, quelle que soit , d'ailleurs , la couleur et la forme desdits effets.

Si au moment de leur arrivée à bord , des marins étaient dépourvus de souliers et de chemises, il leur serait fourni une paire de souliers et une ou deux chemises ; mais alors la délivrance en sera provoquée par le commandant du bâtiment et autorisée par le major général de la marine.

Tout marin ne pourra ensuite recevoir ceux des effets de petite tenue qui lui seraient absolument nécessaires , qu'autant qu'il aurait déjà gagné une somme au moins égale à leur valeur.

La demande des effets (modèle N.° 8), sera présentée au commissaire des armemens, qui l'enregistrera et la visera , s'il y a lieu.

Cette demande sera soumise ensuite à la décision du préfet maritime.

La délivrance des effets aura lieu au magasin général , ainsi qu'il sera dit au Titre II , première section , 3.e §.

Si un marin en subsistance déserte , ou vient à mourir , les effets qu'il aura laissés à bord seront inventoriés et remis au garde-magasin de la marine qui en donnera récépissé.

Tant que les bâtimens seront en armement, en commission ou en réparation , dans l'intérieur des ports, les équipages seront traités , relativement à leur habillement, de la même manière que les marins en subsistance : en conséquence on se conformera à ce qui vient d'être prescrit.

Dans les trois jours qui précéderont celui où les bâtimens devront aller en rade, il sera pourvu , comme il sera expliqué au Titre II , première section , 5.e § déjà cité , au complément du sac des marins embarqués ; seulement les effets qui leur auront été délivrés au magasin général , ne leur seront remis qu'à bord , et lorsque lesdits bâtimens seront en rade.

Les officiers chefs d'escouade, seront personnellement chargés de constater les besoins, en effets d'habillement, des marins sous leurs ordres.

Ils tiendront un enregistrement exact (modèle N.° 9) des effets que ces marins possèderont à leur arrivée à bord , et de ceux qui leur seront successivement délivrés durant leur embarquement.

Les effets, *en bon état*, que les marins apporteront à bord, seront admis dans la composition de leur sac, de la manière suivante :

Effets autres que ceux de grande tenue. { Ceux qui, par leur forme, ne différeront pas essentiellement des modèles-types; seulement, les effets en drap devront être de couleur bleue de Roi, et les paletots garnis de boutons d'uniforme.

Effets de grande tenue { Ceux qui, excédant le nombre nécessaire pour les effets ci-dessus, seront absolument semblables aux modèles-types.

Les marins qui possèderont en outre les effets ci-après désignés, pourront aussi les conserver, s'ils sont en bon état;

S a v o i r :

1.º Une capote (caban) ou paletot de drap, ou en grosse étoffe de laine, quelle qu'en soit la couleur ou la forme;

2.º Un bonnet de laine;

3.º Les chemises en toile bleue ou blanche, pantalons en toile (même en toile rousse), cravates et mouchoirs de poche, qui excéderaient le nombre fixé par le tableau qui précède.

Mais tous autres effets ne pourront, sous aucun prétexte, être conservés à bord dans les sacs des marins.

Les commissaires de l'inscription maritime feront connaître ces dispositions aux gens de mer de leurs quartiers, qu'ils lèveront pour le service des bâtimens du Roi.

Le remplacement des effets ne pourra être proposé, par les officiers chefs d'escouade, dans les ports, à la mer, dans les colonies et en pays étrangers, que lorsqu'il aura été bien constaté que lesdits effets sont hors de service.

Mais à moins d'évènemens extraordinaires, qui auraient pu causer la prompte détérioration des effets (et dans ce cas les officiers chefs d'escouade en rendraient un compte spécial et par écrit, aux commandans des bâtimens), le remplacement de ceux de ces effets qui n'auraient pas atteint le *minimum* de durée indiqué au N.º 9, ne pourra être autorisé ni par le préfet maritime, ni par les officiers généraux et supérieurs commandant en chef, ni enfin par les commandans des bâtimens naviguant isolément.

Le remplacement doit toujours être calculé d'après la position du marin.
(*Inst. minist. art.* 42).

Le remplacement des effets devra toujours être calculé de manière que les marins puissent en rembourser la valeur, avant le congédiement, et ce, au moyen des seules retenues sur leur solde, dont il sera parlé ci-après, (Titre II, première section, 3.e §).

Tarif d'habillement.
(*Même inst. art.* 81).

Les effets d'habillement à fournir aux marins de l'inscription maritime, seront évalués d'après un tarif qui sera arrêté par le ministre.

Imprimé et affiché.

Ce tarif sera imprimé et affiché à bord de tous les bâtimens de S. M.

Les prix en seront les mêmes pour tous les ports.

Les prix en seront les mêmes pour tous les ports, et appliqués à toutes les délivrances de hardes qui seront faites aux marins.

Sa durée.

Le ministre déterminera le tems pendant lequel le même tarif devra être suivi.

Évaluation, d'après ce tarif, des effets provenant des morts et des déserteurs, ainsi que de ceux détériorés.

Les effets provenant des morts et des déserteurs, qui pourront être cédés à bord, aux marins (Titre III, première section, 3.e §), ainsi que les effets neufs ayant éprouvé quelque détérioration (Titre IV, première section, 5.e §), seront appréciés d'après ce tarif, suivant le degré d'usure constaté par les procès-verbaux.

Le remboursement des hardes fournies, se fera par forme de précompte.
(*Inst. minist. art.* 82).

Le remboursement de la valeur des effets fournis aux marins, s'opèrera par forme de précompte sur les états de paicment et non autrement.

En conséquence, aucune somme ne pourra rester, à terre ou à bord, entre les mains de qui que ce soit, sous le titre de retenues exercées pour raison de ce remboursement.

Marins qui vendraient leurs hardes.
(*Même inst. art.* 83).

Les marins au service du Roi qui vendraient tout ou partie de leurs effets, seront privés de leur solde (déduction faite des mois de famille délégués), et des supplémens auxquels ils pourraient avoir droit, jusqu'à ce qu'ils aient entièrement remboursé la somme qu'ils devaient alors pour fourniture de hardes.

Et si, au moment où ils pourraient être congédiés, leur dette n'était pas éteinte, ils resteraient au service jusqu'à ce qu'elle le fût.

Quantité de la retenue.
(*Même inst. art.* 84).

Tant que les marins feront partie des équipages des bâtimens en armement, en commission ou en réparation, il leur sera fait, par mois, une retenue égale à celle qui va être fixée ci-après (Titre II, première section, 3.e §), pour les équipages des bâtimens armés.

Si le montant de ces retenues était supérieur à la valeur des effets délivrés, l'excédant servirait à acquitter tout ou partie des fournitures qui leur seraient ultérieurement faites.

Il en serait de même s'il ne leur avait pas été délivré d'effets.

Mais, dans le cas où, d'après ce qui est prescrit à la page 25, la valeur des effets fournis à ces marins dépasserait le montant de la retenue fixée, le précompte à faire sur leur solde serait égal à l'importance de la dette contractée.

Dans le cas où la retenue serait plus forte que les délivrances. (Inst. minist. art. 85).

Lorsque le ministre en donnera l'ordre spécial, des capotes de gros drap (dites cabans), des gants en laine et même de grandes bottes, seront embarqués aux frais du Roi, et à charge d'inventaire, à bord des bâtimens destinés à naviguer dans les régions froides.

Capotes, gants et grandes bottes, à embarquer aux frais du Roi. (Même inst. art. 132).

Ces effets seront délivrés dans la proportion suivante :

Proportions dans lesquelles ils seront délivrés. (Même inst. art. 133).

Aux vaisseaux, frégates, corvettes et brigs de 18 bouches à feu, *un nombre égal à la moitié de l'effectif.*

Aux brigs au-dessous de 18 bouches à feu, goëlettes et autres petits bâtimens, *un nombre égal à l'effectif.*

Aux corvettes de charge et aux gabares, *le même nombre qu'aux vaisseaux et frégates.*

Mais l'effectif ne sera établi que depuis le grade des seconds maîtres jusques et compris les novices.

Au retour des campagnes, les effets seront remis au magasin général ; ceux qui auront pu être réparés, seront embarqués de nouveau à bord des bâtimens destinés à faire des campagnes d'une courte durée.

Réparations et emploi des effets ayant fait campagne. (Même inst. art. 135.).

TITRE PREMIER.

DEUXIÈME SECTION.

Sommaire des matières contenues dans cette Section.

TITRE PREMIER.

SERVICE A L'ARMEMENT.

DEUXIÈME SECTION.

VIVRES.

Lorsque le commis d'administration aura été fixé, par le commissaire des armemens, sur le jour où l'équipage sera destiné sur le bâtiment, il sollicitera, de l'administrateur en chef de la marine, l'ordre de fourniture de vivres de journalier. Il remettra ledit ordre au commis aux vivres, ainsi qu'un extrait de revue ou demande de vivres.

Ordre de fourniture de vivres de journalier, à solliciter du chef de l'administration.
(*Instruction du 4 Avril 1820, art. 4*).
(*Ordonnance du 31 Octobre 1827, art. 644*).

Cet extrait de revûe ne doit comprendre que les individus présens à bord, moins les officiers, qui n'ont droit à la ration que quand le bâtiment est en rade, de même que les domestiques.

Etat de revue ou demande de vivres.

Le commis d'administration fera au moins une fois par jour, et pendant tout le temps que le bâtiment séjournera dans le port, l'appel général des hommes de l'équipage, et ne permettra la distribution des vivres qu'aux marins présens ou détachés pour le service du bâtiment. Il leur délivrera par plat provisoire un bon, signé de lui et de l'officier en second, pour recevoir leurs vivres. Ces bons seront remis après la distribution, par le commis aux vivres à l'officier en second, qui les communiquera au commis d'administration, afin que celui-ci puisse présenter à la fin de chaque mois, un état de la différence qui existe entre les individus compris sur le rôle d'équipage et ceux qui ont reçu des vivres pendant le mois. Cet état, conforme au modèle N.° 10, et soumis à la fin de chaque mois à l'ad-

Appels à faire pendant l'armement ou le séjour du bâtiment dans le port.
(*Règlement du 1.er Novembre 1784, art. 8*).
(*Ordon. du 31 Octobre 1827, art. 316 et 364*).

N.° 10. Etat des économies produites par l'abstinence des marins.

ministrateur en chef de la marine, sera déduit des quantités de denrées que la direction des subsistances doit fournir pour la nourriture de l'équipage pendant le mois suivant.

En réduisant en rations les repas portés sur lesdits bons, le commis d'administration observera que *quatre* déjeûners, *deux* dîners ou *trois* soupers, équivalent à une ration complète.

Ainsi que nous l'avons dit en parlant du *Personnel*, à son arrivée à bord le marin se présente à l'officier chargé du détail, qui ordonne au commis aux vivres de lui fournir la ration. Ce commis rend journellement compte de toutes les mutations au commis d'administration, ce qui facilite quelquefois à ce dernier les moyens de se procurer celles qui pourraient lui être échappées.

Dès que le rôle d'équipage est ouvert, le commis d'administration a soin de se procurer au bureau des armemens, un rôle de rations destiné à recevoir aussitôt l'enregistrement des vivres de journalier reçus à bord; il est aussi destiné à l'enregistrement des noms, mouvemens et mutations qui se rapportent aux vivres; c'est-à-dire, que tous les individus portés sur le rôle d'équipage doivent y figurer, à l'exception des officiers composant l'état-major, des élèves et chirurgiens, qui ne doivent y être portés que lorsque le bâtiment sort du port, et des officiers généraux, supérieurs et commandant, qui ne doivent nullement y être compris, parce qu'ils n'ont pas droit aux vivres du bord. Les domestiques sont dans le même cas que les officiers de l'état-major.

Le commis d'administration ne saurait surveiller trop exactement les nombreux mouvemens qui surviennent pendant l'armement, attendu qu'il doit dresser et fournir tous les dix jours au commis aux vivres, lequel la remet ensuite à la direction des subsistances, une feuille de mouvemens qui fait connaître le nombre de rations réellement consommées pendant ce laps de temps.

Si le commis d'administration apportait la plus simple négligence dans cette partie essentielle de son service, il s'exposerait à ne plus trouver le moindre accord entre les rations délivrées journellement à chaque individu, et celles consommées dans le mois; ce qui ne manquerait pas de mettre le plus grand désordre dans sa comptabilité *Vivres*, ni de le faire accuser sinon d'incapacité au moins d'insouciance. Les rôles de rations individuelles, c'est-à-dire, la récapitulation générale de ces mêmes rations, peut quelquefois en présenter plus que les feuilles de mouvemens, attendu que certains cas, tels que des hommes envoyés en permission pour peu de jours, etc., produisent ces excédans; mais jamais ces dernières ne doivent offrir plus de rations que la récapitulation dont nous venons de parler, à moins que des mouvemens ne soient ignorés du commis d'administration, ou qu'il n'ait négligé ses devoirs.

Lorsque le commis d'administration aura reçu l'avis que les vivres de campagne doivent être mis à bord, il en réclamera de l'administrateur en chef de la marine, l'ordre d'embarquement, et le remettra au commis aux vivres qui le déposera immédiatement à la direction des subsistances.

Ordre à réclamer pour l'embarquement des vivres de campagne. (*Instruction du 4 Avril* 1820, art. 5). (*Ordon.* de 31 *Octobre* 1827, art. 189 et 364).

Aussitôt que ces vivres devront être reçus, il se transportera, avec la commission que le commandant doit nommer à cet effet, dans les magasins de la direction des subsistances, pour examiner, conjointement avec les autres membres de cette commission, les denrées et les liquides, afin de n'en recevoir que de bonne qualité.

On comprendra, dans les quantités à fournir, un supplément de *dix pour cent* sur la farine et le biscuit, et de *douze pour cent* sur les boissons, pour subvenir tant aux déchets et coulages qui ont lieu pendant la campagne, qu'au déchet de distribution.

Si, pendant l'embarquement des vivres, il tombait à la mer une barrique de vin, une caisse de biscuit, etc., il en serait dressé un procès-verbal conforme au modèle N.° 11, tant pour la décharge du commis aux vivres que pour en obtenir le remplacement, qui ne s'effectuerait, d'ailleurs, qu'autant que ledit administrateur en chef l'aurait autorisé sur le procès-verbal qui lui serait présenté à cet effet.

Pertes survenues pendant l'embarquement des vivres. (*In. t. du 4 Avril* 1820, art. 8). N.° 11. Modèle de procès-verbal à ce sujet.

Aussitôt que la totalité des vivres de campagne sera parvenue à bord, le commis d'administration délivrera un certificat d'embarquement des rations et des denrées, lequel, après avoir été visé par l'officier chargé du détail et le commandant du bâtiment, sera déposé, par le commis aux vivres, à la direction des subsistances.

Certificat d'embarquement de rations et de denrées. (*Instruction du 4 Avril* 1820, art. 7).

Il délivrera un semblable certificat quand, au retour d'une campagne, il restera à bord de son bâtiment des vivres de bonne qualité, et qu'il recevra l'ordre de les compléter pour un temps déterminé, afin de reprendre

Même certificat au retour d'une campagne.

la mer. Ce certificat devra présenter le montant des rations et des vivres récemment ordonnés, avec la distinction des quantités qui se trouvaient à bord, et celles fournies pour le complément de la campagne.

Enregistrement des vivres sur le rôle de rations.

Pour l'enregistrement des vivres de journalier à faire sur le rôle de rations, on trouve dans le casernet dont le commis aux vivres est porteur, et sur lequel la direction des subsistances transcrit soigneusement les délivrances qu'elle fait, tous les renseignemens dont on peut avoir besoin.

En conséquence, la première chose relative aux vivres dont le commis d'administration doive s'occuper, c'est d'enregistrer sur son rôle de rations, les vivres qui lui ont été fournis pendant le premier mois de l'armement.

N.º 12.ᵉ État à dresser à ce sujet.

Il doit tracer, à cet effet, un état conforme au modèle N.º 12 Il. y portera ses recettes par dixaines, ainsi que les présente ordinairement le casernet ci-dessus ; il les totalisera par espèces de denrées, et lorsque cet état sera clos, il résumera au bas, en toutes lettres, les quantités qu'il présente. Cette opération doit être datée du dernier jour du mois expiré, signée par le commis d'administration, par l'officier chargé du détail, et par le commandant.

Le commis d'administration pourrait, s'il le voulait, se dispenser de dresser cet état, en portant ses recettes sur le rôle de rations dans l'ordre où elles sont présentées par le casernet du commis aux vivres ; mais il serait forcé de faire, à la fin de chaque mois, une récapitulation semblable audit état, qui quadruplerait le travail et rendrait l'opération moins claire. Ce surcroît de besogne, inutile et superflu, nous fait supposer que notre manière de voir, à cet égard, est préférable.

Revue générale du rôle de rations et suppressions à y faire.

Pour donner une idée exacte du rôle de rations aux commis d'administration qui n'ont pas encore navigué, nous le prendrons au commencement, et nous démontrerons autant qu'il nous sera possible de le faire, sinon l'utilité de chaque tableau, car beaucoup pourraient en être distraits sans nuire à la précision des comptes vivres, au moins la nécessité de les remplir puisqu'ils existent tels qu'ils sont, et la liaison que plusieurs de ces tableaux ou états ont entre-eux.

Les premiers feuillets de ce registre sont destinés à recevoir, l'un le *coté et paraphé* du chef de l'administration ; sur le suivant doivent être

annotés les lieux de relâche, ainsi que les époques d'arrivée et de départ.
Ces opérations sont peu pénibles et n'ont rien de commun avec toutes les
autres. Au verso de ce feuillet on trouve le tableau de la composition de
la ration, tant de journalier que de campagne, suivant le système métrique,
d'après le tarif annexé à l'ordonnance royale du 5 février 1823.

Les feuillets suivans sont affectés à l'enregistrement de la recette, de quelle
nature qu'elle puisse être, ordinaire ou extraordinaire.

C'est donc au f.° 5 de ce registre, que doit être tracé l'état de recette de
vivres de journalier, dont nous avons déjà donné le modèle à la page précédente, et c'est à la suite de cette première recette que doivent être transcrites,
par ordre de dates, toutes celles qui s'effectueront dans le courant d'une
année. Ces vivres étant ainsi enregistrés, sont ensuite portés sommairement
à la balance en denrées, qui est placée au f.° 195 du rôle de rations.

Le premier mois écoulé, et toutes les recettes effectuées pendant ce mois, *Opérations à faire dès que le premier mois est expiré.*
tant en denrées qu'en ustensiles, étant portées à la balance, ainsi que nous
venons de le dire, le commis d'administration se fait donner par le commis
aux vivres, d'après les feuilles de mouvemens qu'il lui a fournies tous les
dix jours, et dont il a fait enregistrement sur le rôle de rations, la consommation en denrées.

Cette consommation se justifie par ladite feuille de mouvemens et par le *Comment se justifie la consommation en denrées.*
casernet de distribution des repas tenu à la cambuse, à chacun desquels
est indiquée la denrée avec laquelle l'équipage a été nourri.

L'état de consommations, dressé par le commis aux vivres, faisant connaître
le nombre de rations de chaque espèce de denrée distribuée à chaque repas
pendant tout le mois, il est facile au commis d'administration, après s'être
assuré que le nombre de ces rations est conforme, quant au nombre
d'individus, à la feuille de mouvemens qu'il a lui-même remise au commis
aux vivres, et au casernet de cambuse, quant aux denrées ; il lui est,
disons-nous, très-facile de calculer à combien s'élève la quantité de chaque
espèce de denrée dépensée pendant le mois.

Ces quantités, déterminées d'une manière invariable et forcées des *trois* *Les quantités consom- mées seront portées à la récapitulation.*
pour cent sur le pain, les boissons et la viande fraîche, seront portées aux
tableaux qui commencent au f.° 53 et qui sont timbrés : *service de journalier,*

et ensuite à la récapitulation qui suit ces mêmes tableaux. La même opération sera répétée chaque mois. A la fin de l'année ou de la campagne, si elle se termine avant le 31 décembre, ladite récapitulation sera totalisée, et le résultat en sera porté à la balance en denrées, qui, comme nous l'avons dit, est placée au f.° 195.

Indépendamment des tableaux mensuels et de la balance, il faut que le commis d'administration remplisse et tienne à jour, chaque mois, de même que le commis aux vivres, une situation où sont portées sommairement les quantités reçues dans le courant de chaque mois, celles dépensées pendant le même mois, et enfin celles restant à la fin dudit mois, qui forment la première recette du mois qui commence. Cette situation est placée au f.° 219 du rôle de rations.

A la suite de toutes ces opérations compliquées, viennent les rôles de distributions individuelles de rations. Ces rôles sont remplis, à gauche par les noms de ceux qui ont droit à la ration, et par les mouvemens que chacun d'eux a subis pendant une année ; à droite par la quantité de rations qui a été distribuée mensuellement à chacun pendant l'année, d'après les mêmes mouvemens. (1)

---

(1) Voyez à la suite des modèles nos observations sur le rôle de rations.

TITRE PREMIER.

TROSIÈME SECTION.

Sommaire des matières contenues dans cette Section.

TITRE PREMIER.

SERVICE A L'ARMEMENT.

TROISIÈME SECTION.

MATÉRIEL.

Pendant que le bâtiment est en armement, les directions des constructions, du port, de l'artillerie et des approvisionnemens, concourent seules à cette opération.

Ces directions dressent chacune les diverses feuilles qu'elles ont à fournir au bâtiment, d'après le réglement du 30 octobre 1807 ; elles en délivrent une copie au commandant, qui fait prendre, par les maîtres chargés et par le magasinier du bord, dans les ateliers ou magasins desdites directions, les matières, munitions et objets qu'elles comportent.

La partie délivrante apostillera et certifiera par sa signature, sur les feuilles des maîtres, la délivrance effectuée ; et la partie prenante donnera reçu sur l'extrait de la feuille déposée entre les mains du chef de l'atelier ou du magasin.

Le commis d'administration ne peut, durant l'armement, adresser aucune demande au magasin général, concernant le matériel ; c'est aux directions qu'elles devraient être adressées, s'il y avait lieu.

En conséquence, si, par rapport à la nature de la campagne que le bâtiment est destiné à faire, il était accordé au capitaine, pendant l'armement, tel ou tel objet qui ne fût point prévu par le réglement, la demande devrait en être adressée à la direction qui doit le délivrer ou

3

l'appliquer. Cette demande ne doit pas être dressée par primata et duplicata, attendu que l'objet qui y sera spécifié sera délivré à charge d'inventaire; mais elle devra être approuvée par le préfet maritime.

Toutes les demandes en supplément qu'un bâtiment serait dans le cas de faire, avant d'être tout à fait armé, seront soumises aux mêmes formalités.

Remplacement d'objets perdus ou détériorés. Tout remplacement, pendant l'armement, d'objets perdus ou détériorés, sera fait par les soins de la direction à laquelle appartient la première application de l'objet, après, toutefois, que la perte ou la détérioration aura été justifiée par un procès-verbal en forme, d'après le modèle N.° 11, qui devra être approuvé par le préfet maritime, et mis à l'appui de la demande en remplacement.

TITRE DEUXIÈME.

SERVICE EN RADE.

SECTIONS
contenues dans ce Titre.

TITRE DEUXIÈME.

PREMIÈRE SECTION.

Sommaire des matières contenues dans cette Section.

1.ᵉʳ §. PERSONNEL.

II. §. S O L D E. (Equipages de ligne).

S O L D E. (Inscription maritime).

III. §. H A B I L L E M E N T. (Equipages de ligne).

H A B I L L E M E N T. (Inscription maritime).

TITRE DEUXIÈME.

SERVICE EN RADE.

PREMIÈRE SECTION.

Personnel, Solde et Habillement.

I.ᵉʳ §. PERSONNEL.

Aussitôt que le bâtiment sera en rade, le commis d'administration recevra, de l'officier en second, la liste des marins destinés à remplir les fonctions de chefs de hune, gabiers, chefs de pièce, chargeurs, sondeurs, etc. Il en dressera un état nominatif, conforme au modèle N.° 13 : il s'assurera qu'il est, quant aux nombres, tel que le prescrit l'ordonnance du 17 mars 1824, article 6, et après avoir apostillé sur son rôle d'équipage tous les individus qui y sont compris, il l'adressera ou le remettra lui-même au commissaire des armemens. (1)

Il lui sera en outre donné connaissance, par ledit officier chargé du détail, de toutes les mutations qui s'y rapporteront.

A la même époque, le commis d'administration formera un état de tous les individus de l'équipage qui délèguent une portion de leur solde à leurs familles. Cet état, signé par qui de droit, sera remis par lui au commissaire des armemens, après en avoir fait apostille sur son rôle, en marge du nom de chacun des individus qui y sont compris. Les officiers embarqués pourront déléguer à leurs familles jusqu'à concurrence de la moitié de leurs appointemens, et les marins de tous grades, du tiers de leur paie.

Marins jouissant d'un supplément à titre de chefs de hune, gabiers, chefs de pièce, etc. (*Ordonn. du 31 octobre 1827, art. 196 et 313*).

N.° 13. État nominatif à ce sujet.

Délégation aux familles; état à ce sujet. (*Arrêté du 23 brumaire an 11, art. 13*). (*Ordonnance du 20 octobre 1825, art. 8, *).

---

(1) Voyez à la suite des modèles, le tarif qui fait connaître le nombre d'individus ayant droit au supplément.

7

Remises des sommes
déléguées.
(*Ordonnance du 2 octobre
1825, art. 83*).

Marins qui entrent
à l'hôpital ou qui en
sortent.

Marins destinés par le
bureau des armemens.

Marins déserteurs pen-
dant le séjour en rade.
(*Réglement du premier
novembre 1784, art. 21*)

Marins morts à bord
d'une chute, etc.

N.° 14. Procès-verbal
à ce sujet.

Tenir la main aux
mutations.

Visites à faire dans les
hôpitaux.

Etats à fournir au
bureau des armemens
et au dépôt général.
(*Ordon. du 31 Octobre
18.., art. 559*).
(*Réglement du 19 octobre
1821, art. 96*).

La remise des sommes déléguées par les marins se fera exactement, à l'expiration de chaque trimestre, par les soins des commissaires préposés aux armemens.

En rade, de même que pendant le séjour du bâtiment dans le port, on envoie les malades à l'hôpital, munis d'un billet d'entrée, et on reçoit ceux qui en reviennent et qui sont accompagnés d'un billet de sortie (1).

On reçoit aussi les hommes nouvellement destinés par le bureau des armemens, en remplacement de ceux qui, par maladie ou tout autre motif, sont hors d'état de faire la campagne (2).

Si quelques hommes de l'équipage, autres que des soldats, désertent, le commis d'administration en dressera les signalemens, et les enverra au commissaire des armemens (3); et par rapport aux soldats, il en fera parvenir seulement la mutation audit commissaire.

Lorsque pendant le séjour du bâtiment en rade, un individu périra par suite d'une chute ou de tout autre évènement, le commis d'administration dressera, d'après le modèle N.° 14, un procès-verbal constatant cet évènement, lequel procès-verbal accompagnera le mort à l'hôpital, et sera remis en même temps au commissaire de ce détail.

Le commis d'administration doit tenir la main à toutes ces mutations, de l'exactitude desquelles dépend la concordance la plus parfaite, comme le plus grand désordre dérive de la moindre négligence. Et pour parvenir au point le plus désirable d'ordre et de régularité, il se transportera deux ou trois fois par mois dans les hôpitaux, pour s'assurer que les marins qui y ont été envoyés ou qui en sont sortis, s'y sont rendus ou ont rejoint le bord.

Tous les quinze jours, à partir de celui pendant lequel le bâtiment est allé en rade, le commis d'administration ne doit pas manquer de dresser et de remettre au commissaire des armemens, ainsi qu'au dépôt général, si l'équipage comporte des marins de l'inscription maritime et d'un corps organisé :

---

(1) Voyez ce que nous disons à ce sujet à la page 18.
(2) *Idem*   *idem*   *idem* 18.
(3) *Idem*   *idem*   *idem* 19.

1.º Un état de situation de l'équipage, à cette époque, lequel fera connaître sommairement les marins présens à bord, ceux en congé et aux hôpitaux, ceux désertés pendant le mois expiré, et enfin les passagers qui ont été embarqués pour telle ou telle destination.

Etats de situation de l'équipage.

2.º Et tous les quinze jours aussi, deux états (un pour l'équipage de ligne et un pour les marins de l'inscription maritime) des mutations et mouvemens survenus parmi l'équipage, depuis le jour où le rôle a été collationné et certifié au bureau des armemens. Toutes ces mutations ont dû être préalablement et soigneusement apostillées, par le commis d'administration, sur ledit rôle.

Etats de mutations et mouvemens.

L'état de mutations relatif à l'équipage de ligne devra être fourni en même temps au dépôt général. En cours de campagne, l'envoi de ces mouvemens et de la situation aura lieu par toutes les occasions qui se présenteront.

Pour que les apostilles de mouvemens soient exactes, que les rôles de solde soient parfaitement tenus, et que les décomptes à dresser soient faits avec régularité, le commis d'administration observera :

Ordre à observer pour les apostilles.
(Règlement du premier novembre 1784, art. 84).

1.º Que le jour de la désertion d'un homme ne doit point être compté pour le bord, de même que le jour de passage sur un autre bâtiment ;

2.º Que le jour de l'entrée à l'hôpital ne compte pas non plus pour le bord, et que le jour de la sortie dudit hôpital compte pour le bâtiment ;

3.º Que le jour de la mort d'un homme sur le bâtiment compte pour le bord ;

4.º Que le marin qui déserte perd la solde qui peut lui être due au moment de sa désertion.

Les capitaines des vaisseaux ennemis exigeant toujours les rôles d'équipage des vaisseaux qu'ils prennent, le commis d'administration ouvrira, en temps de paix comme en temps de guerre, et avant de prendre la mer, un double rôle d'équipage, aussi portatif que possible, pour qu'en cas de prise du vaisseau, il puisse toujours rendre compte à son retour, de tous les mouvemens des marins.

Double du rôle d'équipage.
(Même régl. art. 86).
(Ordon. du 31 octobre 1827, art. 373).

Le jour du départ du bâtiment, avant de mettre à la voile, le commis d'administration fera un appel à bord, et s'il est resté à terre quelques gens de l'équipage, il en transmettra la liste nominative au commissaire des armemens.

Appel à faire avant de mettre à la voile.
(Règlement du premier novembre 1784, art. 25.)

IIe §. SOLDE (Équipages de ligne).

Avances de solde et de traitement de table.
(*Règlement du 19 octobre 1825, art. 102*).

Les équipages de ligne embarqués seront admis, suivant les principes consacrés dans le service de la marine, à recevoir, au moment de leur départ, des avances de solde et de traitement de table.

Ces avances continueront à être calculées d'après les bases fixées par les instructions réglementaires du 28 Octobre 1819 ;

Savoir :

Pour les bâtimens affectés aux stations d'Afrique et d'Amérique. { Quatre mois de solde et de supplément ; six mois de traitement de table, dont deux sur le pied d'Europe et quatre sur celui des colonies.

Pour les bâtimens tenant station à Bourbon. { Cinq mois de solde et supplément ; six mois de traitement de table, dont trois sur le pied d'Europe et trois sur celui des colonies.

Pour les bâtimens de la station des mers du sud. { Huit mois de solde et supplément ; dix mois de traitement de table, dont quatre sur le pied d'Europe et six sur celui des colonies.

Les bâtimens destinés à faire campagne seulement dans les colonies, et non à y stationner, continueront à recevoir, lors de leur départ, les avances ci-après :

Afrique ou Amérique, trois mois de solde et de traitement de table.

Bourbon, quatre mois de solde et de traitement de table.

Inde, six mois de solde et de traitement de table.

Le montant des avances compté à terre au conseil secondaire.
(*Même règl. art. 104.*)

Provisoirement, et jusqu'à ce qu'il ait pu être statué sur le retour au système qui attribuait le transport des fonds en rade aux agens même du ministère des finances, le montant des avances sera compté à terre, par le payeur de la marine, sur un mandat du préfet maritime, dressé au nom du conseil secondaire.

Mesures de précaution à prendre lors du comptage et du transport des fonds.
(*Règlement du 19 octobre 1825, art. 105*).

Le mandat appuyé et quittancé comme il a été dit au Titre Ier, page 21, opère la décharge du payeur, et alors commence la responsabilité du conseil secondaire.

En conséquence, ses délégués devront prendre de concert, tant pour la vérification des comptes chez le payeur de la marine, que pour leur transport, toutes les mesures de précaution usitées en pareil cas, sans qu'ils puissent jamais les négliger ou les restreindre.

Aussitôt que l'exactitude de la recette aura été reconnue à bord par le conseil secondaire, il sera pourvu à la mise en sûreté des fonds ; le conseil s'assemblera pour déterminer la portion qui, sur le total, lui paraîtra devoir être réservée, et celle à distribuer actuellement entre les officiers mariniers et marins de l'équipage. Cette distribution s'opèrera dans les vingt-quatre heures, et le procès-verbal de la séance, où le conseil aura réglé les proportions dont il vient d'être parlé, sera remis, dans le même délai, au préfet maritime pour être annexé au rôle du bureau des armemens.

Les avances restant à distribuer seront renfermées, en totalité, dans la caisse à trois clés, dont il a été question à la page 21.

A l'égard des bâtimens formant la station des mers du sud, lesquels n'avaient pas été compris dans le tableau inséré aux instructions du 28 Octobre 1819, ils seront considérés comme les bâtimens stationnaires des mers de l'Inde ; c'est-à-dire, qu'ils recevront une avance de huit mois de solde et de dix mois de traitement de table.

Le conseil d'administration réservera sur les avances de solde allouées aux marins de l'équipage, la portion qu'il croira nécessaire pour leur assurer les moyens d'acquitter leurs menues dépenses pendant la durée de la campagne.

A cette réserve, et lorsque les bâtimens devront stationner dans des parages étrangers où le Roi n'entretient point de consuls, il pourra être embarqué sur lesdits bâtimens, par forme de prévoyance, une certaine somme ultérieurement applicable tant aux besoins du personnel qu'à ceux du matériel, dans les proportions et les valeurs déterminées ci-après.

Ledit fonds sera réalisé en traites du caissier général de la caisse du service sur lui-même.

Ces traites seront à l'ordre de l'officier commandant, pour en disposer en leurs qualités.

Elles seront fournies en quadruple expédition ; les trois premières seront remises au conseil d'administration, qui les renfermera immédiatement dans

Mise en sûreté des fonds et distribution d'une partie à l'équipage.
(Même règl. art. 106).

Comment seront traités les bâtimens destinés à la station des mers du sud. Il pourra en outre être embarqué un fonds de prévoyance.
(Ordon. du 2 octobre 1825 art. 89).
(Réglement du 19 octobre 1825, art. 103 et 118).

Comment ce fonds sera réalisé.
(Même règl. art. 119.)

la caisse, et le duplicata restera déposé chez le trésorier général des invalides à Paris, afin de garantir, au cas de sinistre, les intérêts de l'équipage ; mais ladite expédition ne sera point éventuellement passée, par l'officier commandant, à l'ordre de ce comptable ou de tout autre personne.

Comment se réglera le fonds de prévoyance. (*Règlement du 19 octobre 1825, art. 120*).

Le fonds de prévoyance, embrassant des besoins de plusieurs natures, se réglera ainsi qu'il suit :

En ce qui concerne le matériel (chapitre 7, approvisionnemens, et chapitre 4, vivres), l'aperçu des besoins sera déterminé par le ministre, pour chaque bâtiment expéditionnaire, sur le rapport des directions administratives, la quatrième direction entendue.

Relativement à la portion destinée pour les besoins du personnel, elle sera calculée de telle manière, qu'en la combinant, d'une part, avec les avances proprement dites, et, d'autre part, avec la durée présumée de la campagne, la solde ne puisse jamais s'arriérer de plus de six mois, et le traitement de table, de plus de trois mois par an, à partir de la seconde année jusques et y compris celle du retour.

Il sera, s'il y a lieu, pourvu successivement et en temps utile, aux envois nécessaires pour maintenir la solde et le traitement de table sur cette ligne.

Comptabilité relative au fonds de prévoyance. (*Ordon. du 2 octob. 1825, art. 8).* (*Règlement du 19 octobre 1825, art. 123).*

La comptabilité relative au fonds de prévoyance ne comportera point la tenue de registres séparés ; cette comptabilité sera décrite sur le même casernet et le même registre dont il a été fait mention à la page 21.

Seulement, le livre des comptes individuels recevra les coupures nécessaires pour maintenir, au moyen des comptes spéciaux, la destination des chapitres, les traites étant, comme il a été dit, imputées et ordonnancées d'avance sur les services respectifs.

Le conseil d'administration comptera du tout, sous sa responsabilité, dans les formes ci-dessus prescrites.

Lorsqu'un marin passera d'un bâtiment sur un autre. (*Même règl. art. 113).*

Lorsqu'un marin passera d'un bâtiment sur un autre, la somme qu'il avait dans la caisse du premier sera remise dans la caisse du second, et il en sera donné quittance par le conseil d'administration du bâtiment sur lequel le marin aurait été destiné ; inscription sera faite, par le conseil d'administration du bâtiment d'où l'homme viendra, sur le livret du commis d'administration du nouvel équipage dont il fera partie.

En arrivant dans un des ports du royaume, lors même qu'il ne s'agira pas d'y désarmer, le conseil d'administration devra faire verser à l'établissement des invalides tout ce dont la caisse lui serait redevable, à titre de produits de désertion ou de succession.

Verser à la caisse des invalides les produits de désertions et de successions.
(*Règlement du 19 octobre 1825, art. 113.*)

Il est défendu au conseil d'administration d'ajourner ces versemens.

Il lui est pareillement interdit de compter, ni même d'entrer en aucune communication directe avec les héritiers : ce soin continuera d'appartenir exclusivement aux administrateurs de l'inscription maritime ; assistés des trésoriers des invalides, ils y procéderont sur leur responsabilité ; bien entendu que le simple récépissé du trésorier suffit pour faire cesser pleinement et immédiatement celle du conseil d'administration, soit envers les familles, soit envers le département, ou la cour des comptes, par rapport à toutes suites et à toutes éventualités concernant lesdits fonds.

S O L D E. (Inscription maritime).

Lorsque le bâtiment est sorti du port, et que l'équipage qui est destiné à faire campagne ne doit plus éprouver que des mutations non prévues, le commissaire des armemens et un sous-contrôleur de la marine se transporteront à bord, et y passent la revue dite d'armement.

Revue d'armement.

Le premier fait, en présence du sous-contrôleur, l'appel nominatif de tous les hommes composant l'équipage, et donne en même tems, connaissance à chacun d'eux, de la somme qu'il doit recevoir, tant pour solde arriérée que pour solde et supplémens de tant de mois d'avances, déduction faite, toutefois, d'une portion des hardes et effets reçus, et des délégations aux familles.

Cette opération terminée, le commis d'administration se rend au bureau des armemens, où il reçoit le mandat de paiement du montant de ladite revue. Il va ensuite chez le payeur de la marine avec un officier de corvée et le monde nécessaire pour le transport de l'argent à bord du bâtiment.

Devoirs du commis d'administration après cette opération.

Ne pouvant en pareil cas, prendre trop de précautions, le commis d'administration doit se conformer exactement à ce que prescrit l'art. 106 du règlement du 19 octobre 1825, cité à la page 53.

Des accidens aussi imprévus que nombreux ont démontré que ces précautions, futiles en apparence, étaient cependant indispensables.

Rendu à bord avec ses fonds et une copie exacte de l'état de paiement joint au mandat, il prend les ordres du commandant sur le moment qu'il veut fixer pour en faire la distribution à l'équipage (1).

Le commis d'administration ayant reçu du commandant l'autorisation de faire son paiement, déduit préalablement les *trois pour cent et la passe du sac* qui lui ont été retenus par le payeur de la marine, et fait son paiement individuel ou remet la somme nette ainsi qu'un état nominatif au chef d'escouade, selon la manière dont les marins des classes sont administrés à bord.

A bord des bâtimens montés par des équipages de ligne et par des marins de l'inscription maritime, les sommes payées à titre d'avances, pour ces derniers, ne leur seront remises qu'en partie, par analogie avec ce qui se pratique dans les équipages de ligne, et le surplus sera déposé dans la caisse du bord pour être réparti aux hommes, selon leurs besoins, pendant la campagne.

A cet effet, chaque conseil d'administration embarqué tiendra trois registres séparés, entièrement semblables à ceux dont la tenue est prescrite par l'article 108 du réglement du 19 octobre 1825 (modèles N.ᵒˢ 3, 4 et 5), et il justifiera de cette partie de sa gestion auprès d'une commission que le préfet maritime désignera au retour des campagnes.

III.ᵉ §.   HABILLEMENT (Equipages de ligne).

Il sera placé à bord des bâtimens destinés à faire campagne, un approvisionnement de précaution, en effets d'habillement, dont l'espèce et les quantités seront réglées sur la proposition du commandant du bâtiment, par le préfet maritime ou par le chef maritime du port, d'après la nature et la durée de la campagne.

---

(1) Une dépêche ministérielle du 21 Juin 1823 prescrit formellement que les fonds de la solde des marins leur soient remis aussitôt que la revue aura été passée, et que la remise de ces fonds ne pourra être suspendue sous quelque prétexte que ce soit, sans un ordre par écrit du commandant, qui, dans ce cas, répondra lui-même du préjudice qui aura pu en résulter pour les équipages et pour le trésor.

Les effets à embarquer en approvisionnement de précaution, seront fournis sur les demandes rédigées par le conseil secondaire embarqué, et visées par le commissaire des armemens.

Ces demandes, faites par primata et duplicata, seront acquittées par le capitaine d'habillement du dépôt général, sur l'autorisation du conseil d'administration dudit dépôt. *Demande desdits effets.*

Le conseil secondaire sera responsable de l'emploi et de la conservation des effets, et en comptera avec le dépôt général à son retour.

Les effets ne pourront être remplacés qu'à l'expiration de leur durée légale, à moins de circonstances extraordinaires; et, dans ce cas, le remplacement ne pourra avoir lieu qu'avec l'autorisation du commandant supérieur à la mer, ou du préfet maritime dans le port. *Remplacement des effets; quand il pourra avoir lieu. (Ordonnance du 2 octobre 1825, art. 111).*

Si, à l'époque du renouvellement légal, quelques-uns des effets étaient encore propres à servir, le remplacement en sera ajourné; l'économie qui résultera de l'excédant de leur durée, tournera au profit du marin.

Les effets nécessaires pour le renouvellement de l'habillement, seront fournis, sur les demandes du conseil d'administration de chaque corps, par le dépôt général auquel il appartiendra, ou par le dépôt général le plus voisin. *Par qui les effets nécessaires pour le renouvellement de l'habillement seront fournis. (Même ordon. art. 114).*

Dans ce dernier cas, les dépôts compteront entre-eux des effets qui auront été délivrés.

Tous les registres relatifs à l'habillement des équipages de ligne, seront vérifiés et arrêtés, à la fin de chaque mois, par les conseils d'administration respectifs. *Quand les registres relatifs à l'habillement seront vérifiés et arrêtés. (Même ordon. art. 67).*

HABILLEMENT. (Inscription maritime).

Immédiatement après l'embarquement d'un marin, il sera procédé à la visite de son sac. *Visite du sac. (Inst. minist. art. 91).*

Une demande (modèle N.° 15), des effets nécessaires à ce marin pour former ou compléter son sac, sera dressée par l'officier chef d'escouade. *N.° 15. Demande formée par le chef d'escouade.*

L'officier chargé du détail examinera les propositions que cette demande renfermera, et il la visera s'il y a lieu.

Après quoi ladite demande sera présentée, par le chef d'escouade, au commandant qui prononcera.

On suivra la marche ci-dessus indiquée, lorsqu'il s'agira du remplacement successif des effets hors de tout service.

La demande au magasin général (modèle N.° 16) des effets nécessaires aux marins, sera approuvée par l'officier général commandant la division ou l'escadre, et, après avoir été enregistrée au bureau des armemens, elle sera soumise à la décision du préfet maritime.

Le commissaire des approvisionnemens, à qui la demande sera portée, fixera, de concert avec le commandant du bâtiment, le jour et l'heure des délivrances.

Les marins à habiller seront conduits au magasin général, où les effets seront délivrés en présence d'un officier du bâtiment, qui en donnera reçu au garde-magasin.

Lorsque les marins ne pourront pas descendre à terre, les effets demandés pour eux seront délivrés, suivant les tailles indiquées sur la demande, en présence d'un officier de vaisseau, au magasinier, qui en donnera récépissé.

La distribution de ces effets aura lieu ensuite à bord, en présence du commis d'administration et de chaque officier d'escouade, qui en donnera reçu au magasinier sur le duplicata de la demande.

Les effets des marins morts à bord ou désertés, seront inventoriés et remis au magasin général, ainsi qu'il est dit à la page 26.

Aussitôt que les bâtimens devront prendre la mer, les commandans feront passer une revue générale du sac des marins, et feront faire la demande des effets nécessaires pour le seul remplacement de ceux reconnus hors de tout service, les approvisionnemens de prévoyance existant à bord devant pourvoir ultérieurement aux besoins des marins.

Il sera embarqué, à titre d'approvisionnement de prévoyance, des effets d'habillement sur les bâtimens du Roi qui devront faire campagne.

D'après la nature de la mission des bâtimens, les préfets maritimes détermineront le nombre de mois de campagne pour lequel l'approvisionnement de prévoyance devra être fait.

L'assortiment de prévoyance sera calculé, pour cent hommes, de la manière suivante.

Son assortiment.
(Inst. minist. art. 56).

POUR UNE CAMPAGNE DE.			
12 Mois.	18 Mois.	24 Mois.	30 Mois.
Paletots et pantalons en drap bleu..... 10	20	25	30
Chemises de molleton............. 15	30	35	45
Chemises et pantalons en toile....... 100	200	250	300
Chapeaux en feutre et coiffes en toile... 5	10	12	15
Casquettes.................. 15	30	35	45
Bonnets de laine.............. 5	10	12	15
Visières et couvre-nuques.......... 10	20	25	30
Souliers................... 75	150	185	225
Bas de laine................. 10	20	25	30
Guêtres................... 100	200	250	300
Cravates en soie noire........... 5	10	12	15
Idem de laine................ 10	20	25	30
Mouchoirs de poche............. 15	30	35	45

Lorsque les bâtimens auront à remplir des missions qui exigeront que l'approvisionnement de prévoyance ci-dessus, soit assorti d'une manière ou dans une proportion différente, le ministre donnera des ordres spéciaux à ce sujet.

Cas où il devra changer.
(Même inst. art. 57).

Les effets pour approvisionnement de prévoyance, devront autant que possible, être assortis d'après la taille des marins composant les équipages.

Il devra être fait suivant la taille du marin.
(Même inst. art. 58).

Suivant l'effectif des officiers mariniers, matelots, novices et surnuméraires présens à bord au moment où l'ordre d'embarquer un approvisionnement de prévoyance sera donné, le commis d'administration dressera, d'après les bases ci-dessus, la demande des effets nécessaires (modèle N.° 8).

Demande desdits effets d'approvisionnement.
(Même inst. art. 59).

Cette demande, après avoir été enregistrée au bureau des armemens et approuvée par le préfet maritime, sera portée au commissaire aux approvisionnemens, qui fera délivrer les effets ainsi qu'il est dit à la page 26.

Les effets d'approvisionnement seront à la charge du magasinier; ils seront déposés à bord dans les lieux déterminés par les réglemens, et il sera pris toutes les précautions nécessaires pour les préserver de l'humidité et de toute espèce de détérioration.

Les effets à la charge du magasinier.
(Même inst. art. 60).

Ils seront visités au moins une fois par mois , en présence de l'officier chargé du détail et du commis d'administration.

Il sera rendu un compte exact du résultat de cette visite au commandant du bâtiment.

Qualité des retenues.
(Inst. minist. art. 86).

Les retenues à faire aux marins , pour le remboursement des effets dont ils seront pourvus , par les soins de la marine , sont fixées , par mois , aux sommes suivantes :

> Seconds maîtres. . . . . 13 *francs.*
> Quartiers-maîtres et matelots. . . . . 12.
> Novices. . . . . 10.
> Mousses. . . . . 8.
> Surnuméraires , les mêmes que ci-dessus, suivant les paies.

Retenue plus forte.

Il pourra être exercé , sur la solde des marins qui en formeront la demande , une retenue plus considérable que celle ci-dessus.

Sur quoi les retenues seront opérées.
(Même inst. art. 87).

Les retenues seront opérées , tant sur la solde acquise que sur les mois d'avance , et ce , pendant tout le tems que les marins et surnuméraires seront au service du Roi , lors même que dans quelques circonstances le montant de la retenue excéderait leur dette.

Cet excédant leur serait rendu à leur congédiment, et il en serait tenu compte aux familles ; mais tout marin qui aura voulu que la retenue soit plus forte que celle ci-dessus, ne sera plus passible de cette dernière retenue , du moment où sa dette aura été éteinte.

Cas où elles devront être augmentées.
(Même inst. art. 88).

Si dans les six mois qui précèderont l'époque présumée du congédiment d'un marin , il était constaté que la retenue ci-dessus ne fût pas suffisante pour le libérer pendant ce laps de tems , la retenue serait augmentée dans une proportion qui serait subordonnée à l'importance de sa dette , et au besoin qu'il pourrait encore avoir de quelques effets.

Bâtimens absens lors de la régularisation des dépenses d'un exercice.
(Même inst. art. 89).

Lorsque , conformément à l'article 69 de l'instruction ministérielle du 1.ᵉʳ janvier 1824 , la comptabilité financière d'un exercice devra être close , on précomptera, dans les ports d'armement, sur la solde de chaque mois des marins composant les équipages des bâtimens absens, la susdite retenue ; en conséquence, il ne sera versé à la caisse des gens de mer, que la somme *nette* revenant à chaque individu.

TITRE DEUXIÈME.

DEUXIÈME SECTION.

Sommaire des matières contenues dans cette Section.

TITRE DEUXIÈME.

SERVICE EN RADE.

DEUXIÈME SECTION.

VIVRES.

LES demandes de vivres de journalier se font pendant le séjour en rade comme durant l'armement du bâtiment, et les feuilles de mouvemens continuent à se fournir à la direction des subsistances, tous les dix jours, ainsi qu'il a été dit aux pages 33 et 54.

Il est d'usage et indispensable que les ouvriers qui vont travailler à bord d'un bâtiment y soient nourris : si ces ouvriers reçoivent la ration complette, le commis d'administration les portera sur le rôle des rations, afin de les comprendre tant sur la feuille de mouvemens que sur le rôle de distributions individuelles ; mais s'il ne leur était délivré que des portions de rations, il les porterait seulement sur un état numérique conforme au modèle N.º 17, qu'il arrêtera chaque mois et dont il réclamera le remboursement en le remettant à la direction des subsistances. Il est bien entendu qu'il le transcrira sur le rôle de ration avant de s'en dessaisir, et qu'il en portera le montant en dépense à la balance en denrées.

Quand il existera à bord des vivres avariés, une commission nommée par le commandant et dont le commis d'administration fera partie, les examinera et dressera procès-verbal de leur état.

Les vivres reconnus mauvais par ladite commission, ne seront pas jetés à la mer, le bâtiment étant en rade ; mais ils seront remis dans les magasins de la direction des subsistances, après avoir obtenu de l'administrateur en chef de la marine, l'autorisation de les mettre à terre.

Lorsque des denrées ou liquides auront été ainsi remis en magasin, on n'aura pas manqué d'en reconnaître préalablement le déchet ni de le constater par un procès-verbal ou un certificat, afin de pouvoir en demander au besoin le remplacement.

Si cette opération n'avait pas été faite, et que dans le cours de la campagne de semblables cas se fussent renouvelés, le bord resterait chargé de quantités qui n'y existeraient pas, et dont il aurait, à la fin, beaucoup de peine à justifier la dépense.

Transport de vivres à bord. — Ce qu'il faut faire en cas d'évènem.ᵗ *(Instruction du 4 Avril 1820, art. 8).*

Si, dans le transport, les vivres venaient à être avariés ou perdus, soit par des voies d'eau, abordages, échouages, naufrages, incendies et démâtages des embarcations, soit par des accidens qu'on n'aurait pu prévoir ou éviter, il en serait immédiatement dressé procès-verbal conforme au modèle N.° 11, auquel il serait donné la suite indiquée à la page 35.

Dans le cas où le mauvais tems obligerait d'entamer les vivres de campagne. *(Inst. du 19 Mai 1787, art. 32).*

Si, pendant le séjour en rade, un très-mauvais tems obligeait d'entamer les vivres de campagne, le commis d'administration en demanderait le remplacement, afin qu'au départ tout fût au complet.

Ordre à observer pour les mouvemens. *(Règlement du 1.ᵉʳ Novembre 1784, art. 84).*

Pour que les mouvemens soient exacts et que les rôles de distributions individuelles concordent parfaitement avec les feuilles de ces mêmes mouvemens, le commis d'administration se rappellera,

1.° Que la désertion d'un homme ne doit point être comptée pour la ration, de même que le jour du passage sur un autre bâtiment;

2.° Que le jour de l'entrée à l'hôpital compte pour l'hôpital, et que le jour de la sortie compte pour le bord;

3.° Que le jour de la mort d'un homme sur le bâtiment compte pour le bord.

Etat à réclamer de la direction des subsistances avant le départ. *(Instruction du 4 Avril 1820, art. 11).*

Au moment du départ du port d'armement, ou d'un autre port de France, le commis d'administration réclamera, de la direction des subsistances, un état détaillé des espèces et quantités de vivres et ustensiles qui auront été fournis, tant pour le service de journalier que pour celui de campagne. Cet état devra mentionner également les remises en magasin qui pourraient avoir eu lieu pendant le séjour ou la relâche du bâtiment. Cette pièce sera rapportée par le commis d'administration à l'appui de son rôle de rations, sur lequel il n'aura pas négligé toutefois d'en faire la transcription.

TITRE DEUXIÈME.

TROISIÈME SECTION.

Sommaire des matières contenues dans cette Section.

TITRE DEUXIÈME.

SERVICE EN RADE.

TROISIÈME SECTION.

MATÉRIEL.

L'ARMEMENT d'un bâtiment est considéré comme terminé le quatrième jour exclusivement de sa mise en rade.

A compter de ce moment, aucune délivrance directe ne sera plus effectuée par les directions Toute délivrance ultérieure, quel qu'en soit le motif, fût-ce même pour compléter l'armement, concerne le magasin général.

Lorsque l'armement sera terminé, le commis d'administration s'entendra avec les officiers chefs des divers détails du bâtiment, et avec les directions du port, pour vérifier les délivrances qui auront été effectuées et arrêter l'inventaire définitif (1).

Cet inventaire, rédigé en double expédition, sera signé par lui et par l'officier en second, et visé du capitaine. Il en conservera une expédition à bord, et l'autre sera remise par le commandant du bâtiment à l'administration du port, qui s'assurera si les deux expéditions sont conformes et au bas desquelles elle apposera son visa (2).

---

(1) Une dépêche du 25 septembre 1826 arrête que les armes portatives des équipages de ligne embarqués seront réparées par le maître armurier ou par un aide, lorsque l'équipage sera réparti sur plusieurs bâtimens, et fixe le prix annuel de la réparation de chaque arme. Au moyen de cette allocation, l'armurier sera obligé de se pourvoir, à ses frais, de tous les outils, instrumens et ustensiles d'armurerie, et de toutes les pièces de rechange portées au réglement d'armement, et il lui sera fourni par le magasin général une forge, un soufflet, une enclume, un banc et un coffre d'armurier.

(2) Voyez à la suite des modèles les observations sur l'inventaire, et l'extrait de l'ordonnance du 31 octobre 1827.

Le commis d'administration fera signer les maîtres, chacun à son article, au bas dudit inventaire, ce qui constituera leur responsabilité, et ne laissera aucun doute sur l'exactitude des recettes par eux faites pendant l'armement. Il est superflu de dire ici que lesdits maîtres seront présens à la vérification de ce document.

A partir du quatrième jour de la mise en rade, toutes les demandes que le bâtiment serait dans le cas de faire, doivent être adressées au magasin général. Elles se divisent comme il est dit ci-dessous :

1.º Demande à remettre en magasin comme hors de service ;
__________ à changer comme inutile à bord ;

2.º __________ à réparer ;

3.º __________ à délivrer en remplacement d'objets de consommation ordinaire ;
__________ en remplacement d'objets hors de service remis en magasin ;
__________ en remplacement d'objets perdus ;
__________ en supplément ;
__________ à charge de rendre ;
__________ en remplacement d'objets cédés à d'autres bâtimens.

Ces divers billets doivent être faits par primata et duplicata. Ils seront signés par le commis d'administration, par l'officier chargé du détail, et visés par le commandant.

Toutes les demandes au magasin général et aux directions devant être revêtues de ces formalités, nous nous dispenserons désormais de les indiquer.

Le commis d'administration tiendra un enregistrement sommaire de ces diverses demandes, et leur affectera une série de numéros.

Les billets pour remettre en magasin les objets hors de service, à changer, devront être faits par section du magasin général, et ne comprendre que des objets appliqués à l'armement par la même direction.

Ils seront préalablement présentés aux directeurs compétens, c'est à-dire, à celui qui en aura fait l'application lors de l'armement, et qui, après l'examen, certifiera au bas du primata si le changement doit avoir lieu.

Les directeurs annuleront le billet de tout objet qu'ils reconnaîtront susceptible de servir encore tel qu'il est ou d'être réparé. Dans ce dernier cas, le billet de remise sera annulé et l'objet restera en dépôt dans l'atelier qui devra le réparer, et ce billet sera remplacé par une demande à réparer qui sera tirée sur la direction.

S'il n'est présenté qu'une portion de l'objet à remettre, le commis d'administration indiquera sur le billet le motif de la perte de l'autre portion; et s'il s'agit d'un objet d'une valeur de quelque importance, le billet devra être accompagné d'une expédition du procès-verbal constatant l'évènement et approuvé du préfet maritime.

Le primata des billets de remise, revêtu du visa du directeur, sera présenté au visa du contrôleur, et ensuite à celui du commissaire aux approvisionnemens; il sera signé du garde-magasin et remis, en même tems que l'objet détérioré, au sectionnaire qui donnera récépissé dudit objet, sur le duplicata que gardera le maître qui effectuera la remise.

Le commis d'administration doit avoir soin de faire dépense de ces remises dans ses écritures mensuelles, afin qu'au désarmement la commission chargée de l'apurement des comptes, puisse connaître les mouvemens qui auront eu lieu pendant la campagne (1).

Lorsqu'il existera à bord d'un bâtiment des objets inutiles au service, le commis d'administration en fera la demande à remettre en magasin, après, toutefois, qu'elle aura été provoquée par le commandant.

Cette demande pourra comprendre tous les objets ressortissant à la même section, et ne sera point soumise au visa du directeur que l'objet pourrait concerner.

Les demandes à réparer seront adressées, sans l'intermédiaire du magasin général, aux directions que les réparations concernent; elles seront faites par ateliers, et seront soumises au visa du directeur avant de présenter l'objet à l'atelier où la réparation doit avoir lieu.

Dans le cas où un objet à réparer devrait être remplacé de suite, soit à cause du départ du bâtiment, soit parce qu'il serait d'un usage de tous les instans, il sera fait remise au magasin général dudit objet, comme

____

(1) Voyez les observations à ce sujet à la suite des modèles.

Articles que les directeurs annuleront.
(*Dépêche du 14 décembre 1819*).

S'il n'est présenté qu'une portion d'objet.
(*Même dépêche*).

Le primata du billet sera visé par le directeur.
(*Même dépêche.*)

Faire dépense des billets de remise en magasin.

Objets inutiles à bord remis en magasin.
(*Dépêche du 14 décembre 1819*).

Demandes à réparer.
(*Instruction du premier juin 1819, art. 40*).
(*Dépêche du 14 décembre suivant*).

Cas dans lequel un objet à réparer devrait être remplacé de suite.

impropre au service et à changer, et son remplacement aura lieu comme celui des objets classés dans cette dernière catégorie.

Demandes à délivrer.
(*Instruction du premier juin 1819, art. 25*).
(*Dépêche du 14 décembre suivant*).

Les demandes à délivrer doivent être faites par section du magasin général.

En remplacement d'objets consommés.

Les demandes en remplacement d'objets consommés seront soumises au visa du contrôleur, qui s'assurera si elles n'excèdent pas la fixation du réglement ; elles seront ensuite présentées au commissaire des approvisionnemens qui ordonnera, et au garde-magasin qui fera opérer la délivrance par le sectionnaire.

La partie prenante donnera reçu sur le primata, et le sectionnaire apostillera sur le duplicata les quantités délivrées.

En remplacement d'objets hors de service remis en magasin pour être changés.

Les billets en remplacement d'objets remis en magasin doivent être accompagnés du reçu de l'objet remis et en relater la date.

Ils seront soumis aux mêmes formalités que les précédents.

En remplacement d'objets perdus.

Ceux en remplacement d'objets perdus devront être accompagnés des procès-verbaux constatant la perte.

Ils seront soumis à la signature du préfet maritime, après quoi ils suivront les formes ordinaires.

En supplément.

Les demandes en supplément seront d'abord soumises à l'approbation du préfet maritime, et suivront ensuite le cours ordinaire.

À charge de rendre.

Tout billet à charge de rendre doit être approuvé par le préfet maritime, après quoi il suit le cours ordinaire (1).

En remplacement d'objets cédés à d'autres bâtimens.

Les billets en remplacement d'objets cédés à d'autres bâtimens, relateront le reçu donné par le bâtiment auquel la cession a été faite, et seront accompagnés de ce reçu.

Établissement des recettes des bâtimens armés (*Dépêche du 14 décembre 1819*).

Toute demande entraînant délivrance étant faite en double expédition, dont l'une reste entre les mains de la partie prenante, apostillée de la délivrance effectuée, le commis d'administration se fera remettre les duplicata des demandes et établira lui-même, par article de maître, les recettes sur

____

(1) Si en partant un bâtiment ne remettait pas en magasin les objets qu'il avait reçus à charge de rendre, ils seraient portés à son compte à titre de supplément.

le registre à ce destiné, lequel pourrait être conforme au modèle N.º 18. Il arrêtera ce registre chaque mois, en présence des maîtres, de concert avec l'officier chargé du détail (1).

Il s'assurera chaque mois, et au moment du départ, que ses écritures sont conformes à celles du garde-magasin, et en fera certifier par celui-ci l'exactitude.

Après la mise en rade du bâtiment, et malgré que tous les maîtres chargés aient été présens à la vérification de l'inventaire d'armement dressé par le commis d'administration, en vertu de l'article 565 de l'ordonnance royale du 31 octobre 1827, le même commis d'administration doit porter sur son registre imprimé, timbré *Inventaire servant de balance*, toutes les quantités que comporte ledit inventaire d'armement, et vérifier de nouveau avec chaque maître, pour s'assurer si pendant la vérification qui a été déjà faite en leur présence, il ne se serait pas glissé quelque erreur, par oubli ou de toute autre manière. Si cette dernière vérification ne faisait naître aucune réclamation de la part des maîtres, le commis d'administration considèrerait son opération comme très-régulière; et dans le cas où elle révèlerait quelque erreur, il en écrirait au directeur compétent pour la faire rectifier.

Il y a aujourd'hui, à bord de tous les bâtimens du Roi, un magasinier qui est seul chargé de tous les objets d'approvisionnement et de rechange consommables. Comme les autres maîtres, il a sa feuille d'armement qui comporte les mêmes quantités que l'inventaire et la balance du commis d'administration.

Le magasinier a dû recevoir avant la mise en rade, par les soins dudit commis d'administration, une *feuille-balance* et un *livre-journal* (2).

N.º 18. Registre de recettes.

Nouvelle vérification de l'inventaire par le commis d'administration.

Magasinier. (Règlement du 31 octobre 1822, art. 5).

Pièces que le commis d'administration doit remettre au magasinier. (Ordon. du 31 Octobre 1827, art. 655 et 659).

---

(1) Voyez à la suite des modèles les observations au sujet de l'établissement des recettes.

(2) Ce livre-journal, tel qu'il est distribué, n'est ni commode, ni économique. Nous préférerions qu'il fût divisé en deux cahiers séparés, dont un pour la recette et l'autre pour la dépense. Ils seraient infiniment plus clairs, et les erreurs que le rapprochement de la recette et de la dépense peut occasionner n'auraient jamais lieu. Et comme pendant la campagne la dépense emploie dix fois plus de papier que la recette, nous ne voyons dans cette innovation rien que d'avantageux pour le gouvernement.

N.° 19. Livre-journal
du magasinier.
(Règlement du 30 octobre
1822, art. 15).

Ledit livre-journal, conforme au modèle N.° 19, servira au magasinier à enregistrer, par ordre de dates, les recettes qu'il fera pendant le premier mois de rade, d'après les demandes timbrées de son article qui auraient été adressées au magasin général du port.

Feuille-balance du
magasinier.
(Même régl. art. 15).

Ce comptable portera d'abord sur le registre qui est timbré *feuille-balance du magasinier*, la nomenclature, par ordre alphabétique, de tous les articles dont il est susceptible d'être dépositaire, et qui d'ailleurs se trouve à la suite du réglement du 30 octobre 1822 ; et après le premier mois écoulé, depuis que l'inventaire a été clos, la recette dudit mois, dans la colonne qui est placée à droite de la première. Mais avant de porter cette dernière recette sur sa balance, ainsi que nous venons de le dire, le magasinier doit faire, d'après son registre-journal, où elle est enregistrée telle qu'elle a été opérée, c'est-à-dire telle que la présentent les duplicata de demandes, un dépouillement des objets de même nature, porter ensuite le résultat de ce dépouillement au bas de la recette enregistrée dans son livre-journal, en forme de récapitulation,

N.° 20. Récapitulation
des recettes effectuées
par le magasinier.
(Même régl. art. 28).
(Ordon. du 31 octobre
1827, art. 659 et 660).

et la transcrire ensuite sur un imprimé conforme au modèle N.° 20 qui est affecté aux recettes mensuelles que peut faire ce maître chargé, tant dans les ports de France qu'ailleurs, et qui est exactement semblable à la récapitulation dont nous venons de parler.

Lorsque cet état est clos, il le présente au commis d'administration, ainsi que ledit livre-journal et les pièces à l'appui, afin que celui-ci puisse vérifier si les opérations sont exactes. Ladite vérification ayant été faite attentivement par le commis d'administration, il rend au magasinier son livre-journal qu'il signe ; il garde par devers lui les pièces qui constatent la recette dudit magasinier pendant ce mois et les conserve soigneusement. Il signe aussi la copie du résumé du livre-journal ; il la remet au magasinier, qui la fait signer par les autorités compétentes et la lui rend après l'avoir fait revêtir de toutes les formalités qu'elle exige. C'est lorsque toutes ces formalités ont été remplies, que le magasinier doit porter, en toute sûreté, ce résumé sur sa balance.

Comme nous avons parlé à la page 71 du registre de recette du commis d'administration, de sa distribution et de la manière dont il doit être tenu, nous croyons être dispensé d'en parler davantage.

Consommations en rade.

A peine un bâtiment est-il en rade, que des consommations journalières ont lieu. Pour y faire face, les maîtres adressent au magasinier, pour les besoins de leur service, des demandes conformes au modèle N.º 21, motivées de manière à faire connaître à l'avance l'emploi ultérieur des matières; elles doivent être visées par toutes les personnes qui y sont désignées. Sur la présentation de cette pièce ainsi légalisée, le magasinier opère les délivrances. Il fait mettre au bas le récépissé de la personne qui a effectivement reçu l'objet, et l'enregistre sur son livre-journal au titre : *Dépense.*

Le premier du mois qui commence, le magasinier arrête ses dépenses de la même manière qu'il a arrêté ses recettes. L'opération qu'il doit faire pour les établir et les présenter au commis d'administration, ne diffère pas de celle qu'il a déjà faite, et il serait superflu de s'étendre à ce sujet. Nous dirons seulement que quand le magasinier aura fait revêtir sa dépense des formalités qu'elle exige, et remis au commis d'administration sa feuille de consommations conforme au modèle N.º 22, il en portera sommairement les quantités sur la balance, dans la colonne timbrée du mois pendant lequel ladite dépense a eu lieu.

Au renouvellement de chaque mois, les maîtres chargés remettent aussi, au commis d'administration, les feuilles des consommations qu'ils ont faites pendant le mois expiré. Celles-ci ne doivent se composer que d'objets qui, d'après le réglement, ne devant ou ne pouvant pas entrer au magasin général, sont restés à leur charge. Ces feuilles de consommations doivent être conformes au modèle N.º 22, motivées en termes clairs, intelligibles et plausibles, au point de ne laisser aucun doute sur l'emploi de chaque objet et sur l'utilité réelle de ce à quoi il a été affecté : elles doivent être signées par les personnes qui sont désignées au bas du modèle.

Quelques commis d'administration négligent de faire signer ces feuilles originales par le commandant, considérant cette formalité comme insignifiante, attendu que ledit commandant vise le registre sur lequel elles sont transcrites. Mais comme dans ce cas la surabondance d'une signature ne peut qu'être avantageuse, nous pensons que faire signer ces pièces par le commandant, ne peut tendre qu'à l'amélioration des comptes, et à un résultat d'autant plus satisfaisant, que celui-ci peut, en parcourant lesdites feuilles de consommations, avant de les signer, rectifier quelque erreur qui s'y serait glissée, et qu'il prend en même tems sa part de la responsabilité qui pèse sur les signataires de semblables documens.

10

Transcription des consommations sur le registre à ce affecté.

Lorsque toutes ces pièces ont été remises au commis d'administration, c'est-à-dire après avoir reçu ce caractère officiel que leur donnent les signatures qui y sont apposées, ledit commis d'administration les transcrit sur un registre en blanc, qu'il a reçu du magasin général du port, pour cet objet : ce registre, dont nous désirerions vivement que l'on ordonnât l'impression ainsi que de tous les documens dont les commis d'administration font usage,

N.º 23. Modèle du registre de consommations.

pourrait être tracé en tableaux conformes au modèle N.º 23, après avoir été subdivisé par maître, à l'instar du registre des recettes.

Lorsque, disons-nous, toutes les feuilles de consommations mensuelles ont été remises au commis d'administration, il les enregistre, chacune à l'article du maître qu'elle concerne, les arrête, les signe et les fait signer, tant par l'officier chargé du détail que par le commandant. Comme à la reddition des comptes on exige toutes les pièces originales, il aura soin de les conserver dans un dossier timbré de l'article de chaque maître, pour les exhiber au besoin.

Les recettes et les dépenses du mois expiré ayant été portées par le commis d'administration sur ses registres de recette et de consommations, et toutes les formalités qu'indiquent lesdits registres ayant été remplies, il doit porter les unes et les autres sommairement sur la balance imprimée, dans les colonnes du mois pendant lequel elles ont eu lieu. (1)

---

(1) Voyez à la suite des modèles les observations sur la balance.

TITRE TROISIÈME.

SERVICE A LA MER
ET DANS LES PAYS ETRANGERS.

SECTIONS
contenues dans ce Titre.

TITRE TROISIÈME.

PREMIÈRE SECTION.

Sommaire des matières contenues dans cette Section.

I.ᵉʳ §. PERSONNEL.

IIe §. — SOLDE.

III.ᵉ §. — HABILLEMENT. (Equipages de ligne.)

HABILLEMENT. (Inscription maritime).

TITRE TROISIÈME.

SERVICE A LA MER ET DANS LES PAYS ÉTRANGERS.

PREMIÈRE SECTION.

Personnel, Solde et Habillement.

Ier §. PERSONNEL.

APRÈS le départ du bâtiment, le commis d'administration fera, aussitôt que les travaux de l'appareillage le permettront, l'appel général de l'équipage. Il s'assurera que toutes les personnes présentes à bord y ont répondu, et il arrêtera définitivement la liste des rationnaires. Au départ de chaque relâche il ne devra jamais manquer de faire cette opération importante.

Si, par suite de cet appel, il s'aperçoit que quelques hommes du bord sont restés à terre, il en dressera la liste nominative, qu'il fera parvenir, par la première occasion , au commissaire des armemens du port qui compte de la dépense du bâtiment.

Malgré toutes les précautions qui auront été prises pour empêcher la fraude, s'il se trouvait à bord des individus qui fussent étrangers à l'équipage, il en rendrait compte au commandant, et il réclamerait l'ordre de les porter sur le rôle d'équipage, avec l'indication de leur signalement et de la profession qu'ils auront déclarée; il en dresserait également la liste nominative qu'il ferait aussi parvenir au commissaire des armemens.

11

Si ces individus sont français, le commandant les mettra à la disposition de l'administration de la marine, dans le premier port français où il abordera, ou à la disposition de l'agent consulaire de France, s'il relâche en pays étranger. Dans le cas où ces individus ne seraient pas français, il les remettra à l'agent de leur nation, au premier port où il arrivera, et, à défaut d'agent, il les débarquera, à moins que l'autorité locale n'y mette empêchement.

Rencontre d'un bâtiment qui demanderait un secours en hommes. (*Ordon. du 31 octobre 1827, art. 128*).

Si on rencontrait à la mer un bâtiment du Roi ou du commerce, qui, par suite d'épidémie ou d'autres calamités, eût perdu assez de monde pour ne pouvoir plus manœuvrer faute de bras, et que le commandant d'un autre bâtiment du Roi fît passer des officiers et des marins de son équipage sur le bâtiment qui en manquerait, le commis d'administration expédierait un billet de destination, après avoir reçu du commandant l'ordre de faire cette opération, et ne négligerait pas d'en consigner l'apostille sur son rôle d'équipage, en marge du nom de chacun des marins ainsi destinés.

Billet de destination.

Le commis d'administration fera, en même tems que le billet de destination ci-dessus, le décompte de chaque individu qui y sera porté ; ce décompte devra être établi sur le livret que, d'après l'article 53 de l'ordonnance du 17 mars 1824, chaque marin doit avoir.

Établir le décompte de chaque marin débarqué.

Lorsque des marins de l'équipage d'un bâtiment du Roi déserteront en pays étrangers, le commis d'administration en dressera le signalement en double expédition, que le commandant signera : ce dernier en remettra lui-même une expédition aux autorités du lieu, pour faire poursuivre et arrêter ces individus ; et si, au départ, ils n'avaient pas été ramenés ou n'étaient pas rentrés à bord, le même commis d'administration les comprendrait sur le premier état de mouvemens qu'il aurait à adresser au commissaire des armemens, auquel état il joindrait la deuxième expédition du signalement.

Marins déserteurs en pays étrangers.

S'il est pris extraordinairement quelque pilote étranger ou français pour l'entrée ou la sortie d'un port, le commis d'administration lui délivrera un certificat du service qu'il aura rempli à bord.

Certificat à délivrer aux pilotes. (*Réglement du premier novembre 1786, art. 70.*)

Toutes les fois qu'un bâtiment relâchera dans un port de France ou étranger, le commis d'administration aura soin de rédiger un état conforme au modèle N.° 24, de l'enregistrer en tête de ses rôles d'équipage et de rations, et de l'adresser au commissaire des armemens.

Lieux de relâche.

N.° 24. État à ce sujet.

A la fin de chaque quinzaine et même à l'arrivée dans chaque lieu de relâche, le commis d'administration aura soin de dresser deux états de situation de l'équipage, et deux autres états des mutations et mouvemens survenus parmi les marins des équipages de ligne et de l'inscription depuis la date des derniers de ces états fournis, et de les envoyer au dépôt général et au commissaire des armemens, ainsi que l'état de relâche dont nous venons de parler, et toutes les autres pièces relatives au personnel qu'il aurait à adresser à ce dernier. Et si dans le lieu de relâche il n'y avait point d'occasion pour France, il déposerait ces pièces, sous enveloppe, entre les mains du consul ou de toute autre personne de confiance, qui les ferait parvenir dès qu'il y aurait possibilité.

États à adresser au dépôt général et au bureau des armemens.

Parmi les pasagers qu'un bâtiment du Roi est souvent chargé de transporter dans telle ou telle colonie française ou étrangère, il peut se trouver des femmes enceintes dont la grossesse soit assez avancée, pour qu'elles accouchent avant d'arriver au lieu de leur destination.

Actes de naissance. (Code Civil).

Si, d'après ce qui précède, un enfant vient à naître pendant une traversée, l'acte de naissance, conforme au modèle N.º 25, en sera dressé dans les vingt-quatre heures par le commis d'administration, en présence du père s'il est à bord, et de deux témoins pris parmi les officiers de l'état-major, ou, à leur défaut, parmi les gens de l'équipage.

N.º 25. Modèle dudit acte.

Cet acte sera transcrit en original sur le rôle du bord, et deux expéditions, aussi originales, seront adressées par ledit commis d'administration, au commissaire des armemens. (1).

Si, le bâtiment étant en mer, quelqu'un des gens de l'équipage indistinctement, voulait faire son testament, ses dernières volontés seraient reçues, en présence de deux témoins, par le commandant ou par l'officier chargé du détail du bâtiment, conjointement avec le commis d'administration, qui les écrira et en fera la transcription sur son rôle d'équipage.

Testament. (Règlement du 1.er Novembre 1814, art. 1). (Code Civil).

Cet acte devra être conforme au modèle N.º 26, et il en sera fait deux expéditions originales qui seront transmises, pendant la campagne, ou remises au retour au commissaire des armemens. (2)

N.º 26. Modèle de testament.

---

(1) Voyez à la suite des modèles l'extrait du Code civil.

(2)   *Idem*   *idem.*

Dans le cas où, pendant une traversée ou une campagne, des officiers ou des marins mourraient à la mer ou dans les pays étrangers, le chirurgien-major en donnerait avis au commis d'administration, qui en dressera, dans les vingt-quatre heures, et en présence de deux témoins, pris parmi les officiers de l'état-major, ou, à leur défaut, parmi les gens de l'équipage, les actes mortuaires en double expédition, suivant le modèle N.° 14, qu'il adressera, après en avoir fait la transcription sur son rôle d'équipage, au commissaire des armemens, ou dont il lui ferait la remise à son retour (1).

Lorsque, dans une relâche, le chirurgien-major jugera que des malades ne peuvent être traités à bord sans inconvénient, et qu'il est nécessaire de les envoyer à l'hôpital, il dressera et signera une double liste de ces malades, portant indication de leurs maladies, et en remettra une expédition au commis d'administration qui délivrera des billets d'hôpital.

En escadre, lorsqu'il sera envoyé des malades à bord d'un vaisseau servant d'hôpital, ils y seront conduits par un chirurgien, qui se chargera aussi de remettre les hardes mentionnées au dos des billets d'hôpital.

Le commis d'administration retirera de l'hôpital, au départ du bâtiment, les extraits mortuaires des gens de l'équipage décédés ; il laissera à l'administrateur dudit hôpital, dans les colonies françaises, ou au consul en pays étrangers, une liste de ceux qui y seront restés malades.

Si dans le nombre des soldats, il s'en trouve quelques-uns qui se soient constamment portés aux manœuvres hautes, ce qui sera attesté par un certificat de l'officier chargé du détail, visé par le commandant, le commis d'administration en fera l'apostille sur son rôle, et en donnera avis au commissaire des armemens, pour les faire jouir, pendant toute la campagne, du supplément de *trois francs* par mois accordé aux soldats dans ce cas.

D'après l'article 39 de l'ordonnance royale du 17 mars 1824, et l'article 55 de celle du 2 octobre 1825, il ne pourra être donné d'avancement, soit en grade, soit en classe, qu'au désarmement des bâtimens, lorsque la campagne durera moins d'un an, ou qu'après douze mois d'armement lorsqu'il y aura continuation de campagne ; et en vertu de l'article 46 de

---

(1) Voyez à la suite des modèles l'extrait du Code civil.

la première ordonnance, de même qu'en vertu de l'article 62 de la dernière, s'il arrivait qu'un bâtiment fût absent pendant plusieurs années d'un port de France, le conseil d'avancement pourrait s'assembler d'année en année pour désigner les officiers mariniers et marins susceptibles d'être portés à une classe ou à un grade immédiatement supérieur, et pour en rédiger le procès-verbal d'après le modèle N.° 27 (1).

N.° 27. Procès-verbal d'avancement.

A bord des vaisseaux du Roi, la justice est administrée par des conseils de justice, conformément à ce qui est prescrit par le décret du 22 juillet 1806, qui renouvelle en certaines parties, et qui remplace dans d'autres, la loi du 22 août 1790, connue sous le nom de code pénal des vaisseaux.

Administration de la justice à bord. (Procédure maritime).

Aussitôt que les marins sont à la mer, et pendant tout le temps qu'ils y restent, ils sont justiciables de ces tribunaux pour les délits de discipline dont ils se rendent coupables.

Le conseil de justice se tient à bord du bâtiment où le délit a été commis ; il doit être composé de cinq officiers embarqués sur le même bâtiment, parmi lesquels est compris le président : l'un de ces officiers fait les fonctions de rapporteur et le commis d'administration celles de greffier.

Composition d'un conseil de justice. (Décret du 22 juillet 1806, art. 25). N.° 28. Formule de jugement.

Ainsi, lorsque, d'après la loi et le décret déjà cités, un marin se sera rendu coupable d'un délit qui y est prévu, le commis d'administration se rendra au lieu indiqué par la lettre de convocation qu'il aura reçue de l'autorité compétente, et y remplira ses fonctions. C'est pour le mettre à même de satisfaire à toutes ses obligations à cet égard que nous annexons à cet ouvrage la formule de jugement sous le N.° 28.

Obligations du commis d'administration dans ce cas.

S'il est reçu à bord des matelots naufragés ou maléficiés par cas fortuit de guerre ou autre cause, ils seront portés sur le rôle du bord, et recevront la ration seulement si l'équipage est complet ; et si, par les pertes que le vaisseau aurait pu faire en gens de mer, il y avait lieu à un remplacement, ils jouiraient de la paie de leur grade.

Matelots naufragés, reçus à bord. (Règlement du 1.ᵉʳ novembre 1784, art. 82).

Avant le combat, le commis d'administration aura la plus grande attention à mettre en sûreté les registres, les états et autres pièces relatives à sa comptabilité, et il les renfermera dans un coffre, qu'il fera descendre dans

Mettre les papiers en sûreté avant le combat. (Même régl. art. 8). (Ordon. du 31 octobre 1827, art. 5).

---

(1) Voyez à la suite des modèles l'extrait de l'ordonnance royale du 17 mars 1824 et celui de l'ordonnance du 2 octobre 1825.

la cale et mettre en un lieu retiré. Il se tiendra pendant le combat, soit au passage des poudres, soit au poste des blessés, suivant l'ordre qu'il recevra du capitaine.

Après le combat, il prendra les ordres du capitaine pour faire un appel général de l'équipage, apostillera sur son rôle les hommes tués et blessés, recueillera, autant que possible, les effets des morts et en dressera l'inventaire.

Le chirurgien-major du bâtiment doit dresser un procès-verbal pour constater la mort des officiers, officiers mariniers, matelots et soldats tués, et la quantité de blessures de ceux qui en auront reçu. Le commis d'administration remettra à son retour, à l'administrateur en chef du port où il abordera, ce procès-verbal signé par lui, par l'officier chargé du détail et visé par le commandant ; et il aura soin d'apostiller sur son rôle, non-seulement la mort de ceux qui auront été tués, mais d'en expliquer la cause, et d'apostiller également l'espèce et le nombre de blessures de chaque blessé.

Le commis d'administration remettra au capitaine une liste par extrait des individus tués et blessés.

En cas d'incendie ou d'échouage, et si la perte du bâtiment est inévitable, le commandant veillera à la conservation des rôles et autres pièces relatives à la comptabilité et au sauvetage des effets de l'équipage, etc.

Si le vaisseau est pris, le commis d'administration aura soin de jeter à la mer tous les papiers à l'exception de ses rôles d'équipage et de rations. Il fera en sorte de se procurer la liste de tous les gens de l'équipage qui auront été tués dans le combat ; il profitera de toutes les occasions qui se présenteront pour en faire passer des copies au bureau des armemens qui compte de la dépense de son bâtiment, de même que celle de tous les individus qui seront morts pendant la campagne, pour qu'en conséquence de ces listes, on puisse faire délivrer des extraits mortuaires aux familles. Il conservera lui-même cette liste qu'il remettra à son retour au bureau des armemens.

A l'époque du 1.er janvier de chaque année, et dans quelque lieu que se trouve le bâtiment, le commis d'administration doit rédiger, d'après le rôle d'équipage, un état nominatif des officiers et individus de tous grades et même des passagers, présentant avec exactitude tous les mouvemens

survenus, tous les à-comptes payés, n'importe à quel titre, soit en argent,
soit en effets ou matières, depuis le départ du port comptable jusqu'au
31 décembre pour la première année de campagne, et depuis le 1.ᵉʳ janvier jusqu'au 31 décembre pour chacune des années suivantes.

Ce relevé du rôle, arrêté sous la certification du commandant et du
commis d'administration, devra être disposé en double expédition avant le
10 janvier.

On recherchera tous les moyens pour le faire parvenir promptement au
port qui compte de la dépense du bâtiment, et, à cet effet, aucune des
occasions, même indirectes, ne sera négligée. Les commandans demeurent
personnellement responsables de cette transmission.

Lorsque cet état sera terminé, le commis d'administration renouvellera
son rôle d'équipage, lequel doit comprendre tous les individus présens à
bord le 31 décembre au soir, et présenter les mêmes renseignemens que le
précédent, moins les apostilles qui se rapportent à l'exercice écoulé.

Renouvellement du rôle d'équipage.

II.ᵉ §. SOLDE. (Equipages de ligne).

Les traites ne devront être négociées, que dans la proportion des dépenses
faites, s'il s'agit du matériel, ou dans celle des droits acquis à satisfaire,
s'il s'agit de solde ou de traitement de table.

*Dans quelle propor-
tion les traites seront
négociées.
(Réglement du 19 octobre
1825, art. 121).*

L'intention du Roi étant que ces dernières allocations soient toujours
payées intégralement, sans égard aux variations de change, tous les paiemens
de l'espèce s'effectueront sur le pied de la valeur intrinsèque des monnaies
étrangères.

*Tenir un compte spécial
de leur négociation.
(Même régl. art. 122).*

Pour cet effet, le commis d'administration tiendra un compte spécial de
la négociation des traites ; il y portera exactement le résultat du change,
dans le sens du bénéfice ou de la perte ; et il appuiera, autant que possible,
chaque opération des certificats semblables à ceux que les consuls envoient
avec le compte de leurs dépenses.

Cet objet sera apuré et définitivement réglé au retour.

Les à-comptes de solde et de traitement de table, à donner sur les fonds
de prévoyance, seront assujétis aux mêmes règles que les distributions sur
les avances réservées.

*A-comptes à donner sur
le fonds de prévoyance.
(Même régl. art. 124).*

Dépenses acquittées sur ledit fonds.
(Règlement du 19 octobre 1825, art. 125.)

Toutes les dépenses acquittées sur les fonds de prévoyance, seront justifiées par des pièces établies distinctement par exercice et par chapitre.

Ces pièces, les mêmes qu'il était prescrit d'envoyer en justification des traites à bord, étant destinées à subir le jugement de la cour des comptes, devront être de tous points complètes et régulières.

Elles seront, aussitôt après un premier apurement dans le port, transmises en leur ensemble au ministre de la marine, à l'effet d'être rattachées aux ordonnances par lui fournies, pour obtenir les traites du caissier sur lui-même.

Décomptage annuel des rôles.
(Même règl. art. 126).

Sont maintenus, en ce qui touche le décomptage annuel des rôles des bâtimens à la mer, les articles 67 et 70 de l'instruction réglementaire du premier janvier 1824, pour l'exécution, dans la marine, de l'ordonnance du 14 septembre 1822, sur la comptabilité publique.

Toutefois, les états d'à-comptes individuels qui, arrêtés le 31 décembre de chaque année, doivent être transmis au port d'armement, pour y préparer le décomptage annuel du rôle, ne comprendront plus seulement les sommes jusque là distribuées ; à ladite époque du 31 décembre, les commis d'administration établiront la répartition individuelle de ce qui n'aurait pas encore été distribué dans l'avoir du chapitre II, Solde, sur le fond de prévoyance, et ils porteront, en la distinguant, cette somme non payée, mais éventuellement disponible, en regard de chaque article, sur leurs-dits états nominatifs, ce qui préviendra les versemens, par double emploi, à la caisse des gens de mer, dans le port où le rôle est décompté.

A-comptes payés dans les colonies.
(Instruction du 28 octob. 1819, art. 5).

N.° 29. État à ce sujet.

Dans le cas où il serait payé dans les colonies françaises des à-comptes aux états-majors et équipages, le commis d'administration veillera, sous sa responsabilité personnelle, à ce que les administrateurs desdites colonies apostillent soigneusement ces paiemens sur le rôle d'équipage. Les paiemens faits, il sera adressé, par le commis d'administration, un état en double expédition, conforme au modèle N.° 29, pour être déposé au bureau des armemens de la colonie.

En cas de naufrage.
(Règl. du 1.ᵉʳ novembre 1784, art. 92 et 93).

Si le vaisseau fait naufrage, le commis d'administration ne négligera rien pour sauver les papiers du Roi, et surtout son rôle d'équipage. Après le naufrage il donnera tous ses soins pour procurer aux gens de l'équipage les moyens de s'en retourner chez eux ou dans le port le plus voisin de l'endroit du naufrage. Il devra, dans ce cas, leur être payé, d'après un tarif de conduite qui lui aura été remis, avant le départ, par le commissaire des armemens, des frais de route proportionnés à la distance qu'il y aura du lieu du naufrage à celui où ils seront envoyés. Il en dressera un rôle nominatif, qui fera connaître les sommes payées à chaque individu : il le certifiera, le fera signer par l'officier chargé du détail et le commandant, et le remettra à son retour audit commissaire (1).

Si le naufrage a lieu dans un pays éloigné de tout port de France, il pourra, en sus de la conduite, payer un mois de solde à l'équipage, mais il ne prendra ce parti qu'autant que les marins auraient gagné leurs avances et qu'il leur serait dû plus d'un mois. Il dresserait alors un état ou rôle, lequel comporterait deux colonnes qui mentionneraient, l'une les sommes payées pour solde, et l'autre celles payées pour frais de route.

Mois de solde à payer dans ce cas. (Régl. du 1.ᵉʳ novembre 1784, art. 94).

Il suivra, pour se procurer des fonds, la marche que nous avons tracée à l'article *Recettes de vivres en pays étranger.*

III.ᵉ §. HABILLEMENT. (Equipages de ligne).

Il sera adressé, par toutes les occasions qui se présenteront, et, autant que possible, de quinzaine en quinzaine, au conseil d'administration du dépôt général, pour le mettre à même de tenir à jour la matricule d'habillement, et au commissaire des armemens, des états conformes au modèle N.º 30, indicatifs des délivrances faites aux hommes en effets d'habillement.

Envoi au dépôt général d'états indicatifs des délivrances d'effets. (Réglement du 19 octobre 1825, art. 99). N.º 30. Modèle dudit état.

HABILLEMENT. (Inscription maritime).

Il pourra être fait des envois de hardes aux bâtimens dont les croisières ou les stations devront se prolonger au-delà du tems pour lequel l'approvisionnement de prévoyance aura été calculé.

Ces envois n'auront lieu que d'après les ordres du ministre.

Les envois à faire aux bâtimens doivent être ordonnés par le ministre. (Inst. minist. art. 61).

Les commandans des bâtimens qui seront dans cette position, auront à adresser exactement au ministre, par la voie des navires du commerce ou autrement, un état de situation de l'approvisionnement de prévoyance, et un aperçu des besoins présumés des marins. (Modèle N.º 31.)

N.º 31. Etat de situation à transmettre.

---

(1) Voyez à la suite des modèles, l'arrêté du 23 Messidor an 3 (11 Juillet 1795), relatif aux indemnités dues aux marins dans ce cas.

Dans quelle position les bâtimens pourront se faire des cessions.
(*Inst. minist. art.* 62).

A la mer, dans les colonies françaises et en pays étrangers, les bâtimens pourront se faire, réciproquement, des cessions d'effets d'habillement.

Remise d'effets à d'autre bâtimens.
(*Même inst. art.* 63).

Lorsqu'un bâtiment devra opérer son retour en France, le commandant pourra remettre tout ou partie de son approvisionnement de prévoyance, à celui ou à ceux des autres bâtimens de Sa Majssté qui resteront dans les parages qu'il quittera.

Demande ; par qui elle sera faite.
(*Même inst. art.* 64).

Dans l'un et l'autre des cas qui viennent d'être prévus, la demande des effets à céder sera faite par le commis d'administration ; elle sera visée par l'officier chargé du détail et par le commandant du bâtiment qui devra recevoir lesdits effets ; elle sera ensuite approuvée par le commandant du bâtiment qui fera la cession.

Effets des morts ou désertés employés à la mer.
(*Même inst. art.* 65).

Les effets d'habillement des marins morts ou désertés pourront être fournis, à la mer ou hors de France, aux individus auxquels des remplacemens de hardes devront être faits : les effets ayant appartenu aux marins débiteurs du Roi, seront délivrés les premiers.

Etat ou le degré d'usure des hardes ; par qui constaté.
(*Même inst. art.* 66).

L'état ou le degré d'usure des effets des morts ou des déserteurs, dont la délivrance aura été autorisée à bord, sera constaté en présence de l'officier chargé du détail et du commis d'administration, par un quartier-maître et deux matelots choisis dans l'escouade du décédé ou du déserteur.

Leur déclaration à ce sujet, sera consignée en marge du procès-verbal d'inventaire à dresser aux termes de l'article 72 du réglement du Roi, du premier novembre 1784 (modèle N.° 32), sur les fonctions des commis aux revues et aux approvisionnemens, à bord des bâtimens de Sa Majesté.

N.° 32. Inventaire des hardes des morts ou désertés.

Hardes non utilisées à bord, à remettre au magasin général.
(*Inst. minist. art.* 67).

Si la nature des effets inventoriés permet de les garder sans craindre le dépérissement, ils pourront être fournis aux marins ainsi qu'il est dit ci-dessus ; ceux qui n'auront pas été utilisés pendant la campagne, seront remis au magasin général du port de France où le bâtiment effectuera son retour : on se conformera à ce qui est indiqué à la page 26.

Hardes jetées à la mer.
(*Règlement du* 1.er *novembre* 1784, *art.* 74).
(*Ordon. du* 31 *octobre* 1827, *art.* 629).
N.° 33. Procès-verbal à ce sujet.

Dans le cas où le chirurgien-major reconnaîtrait la nécessité de jeter les hardes des morts à la mer, de crainte de contagion, ledit commis d'administration en ferait mention au bas de l'inventaire, suivant le modèle N.° 33 ; il en ferait l'estimation en présence des officiers et de l'équipage, et il la porterait à la marge de son rôle, laquelle estimation pourrait servir dans le cas où S. M. jugerait à propos d'en tenir compte aux familles par forme de gratification.

D'après les dispositions qui précèdent, le service de l'habillement des marins embarqués devant être assuré pendant leur éloignement des ports du royaume, S. M. recommande aux commandans de ses bâtimens de ne provoquer aucun achat d'effets, soit dans les colonies soit en pays étrangers.

Cependant, si des demandes de hardes y étaient faites, les gouverneurs et les consuls de S. M. ne devraient y satisfaire qu'autant qu'elles leur paraîtraient suffisamment justifiées par l'urgence des besoins.

Les demandes d'urgence seront faites de la même manière que dans les ports du royaume. (Modèle N.° 16).

Les achats d'effets se feront conformément à ce que prescrivent les articles 51 , 52 et 53 du réglement du Roi du premier novembre 1784 , et l'instruction ministérielle du 21 octobre 1819.

Les traites tirées sur la métropole, pour le remboursement des achats , seront imputées sur les fonds du chapitre II , Solde. (*Dépenses assimilées à la solde.*)

Les remplacemens des effets pendant la durée de la campagne, se feront ainsi qu'il est prescrit aux pages 27 et 57 ; ils seront autorisés par les officiers généraux commandant les escadres ou divisions, ou par les commandans, si les bâtimens naviguent isolément.

Les demandes faites par les officiers chefs d'escouade, (modèle N.° 15), et dûment autorisées, seront enregistrées par le commis d'administration qui les remettra au magasinier, pour opérer la délivrance des effets.

Quoique les premiers maîtres et les maîtres soient tenus de se procurer, à leurs frais, les effets d'habillement qui leur sont nécessaires, il pourra, cependant, leur en être délivré à bord , pendant les longues campagnes : ils en feront alors la demande *par écrit* , et cette demande sera soumise aux formalités ci-dessus.

Lorsque les domestiques se trouveront, pendant les campagnes, dépourvus d'effets d'habillement (1) , il pourra leur en être délivré de ceux provenant de l'approvisionnement de prévoyance, ou du sac des marins morts à bord ou désertés ; mais la valeur desdits effets ne devra pas excéder le montant des salaires qu'ils auront acquis à l'époque de ces délivrances.

---

(1) Les domestiques pourvoiront à leur habillement dans les ports et rades du royaume ; des effets ne pourront leur être délivrés, que pendant les campagnes de long-cours. (*Même inst. art.* 25.)

Ne provoquer aucun achat , à moins de circonstances extraordinaires. (*Inst. minist. art.* 68).

Les Gouverneurs et consuls appelés à constater les besoins. (*Même inst. art.* 68).

Demande. (*Même inst. art.* 69).

Régularisation de la dépense relative aux achats. (*Même inst. art.* 70).

Par qui les remplacemens seront autorisés. (*Même inst. art.* 71).

Demande. (*Même inst. art.* 72).

Cas où les premiers maîtres et maîtres pourront recevoir des hardes. (*Même inst. art.* 73).

Mêmes dispositions pour les domestiques. (*Même inst. art.* 74).

La valeur des effets, précomptée au retour des campagnes.
(Instruc. ministérielle, art. 90 et 91).

Au retour d'une campagne, la somme que chaque marin devra pour ses hardes, sera prélevée intégralement sur le montant de son décompte, dont le réglement n'aura pas été fait de la manière indiquée à la page 60.

Les dispositions du paragraphe qui précède, sont applicables aux premiers maîtres et maîtres auxquels des délivrances d'effets auront pu être faites hors des ports du royaume.

Il en sera de même pour les domestiques.

Effets des morts aux hôpitaux ou dans les colonies.
(Même inst. art. 96).

Les effets des marins qui mourront dans les hôpitaux maritimes, seront remis au garde-magasin de la marine qui en donnera reçu.

Lorsque les marins mourront dans les colonies, ou en pays étranger, leur sac sera réintégré à bord des bâtimens sur lesquels ils étaient embarqués : dans le cas où les bâtimens seraient partis, les effets seraient vendus, et il en serait donné avis au commissaire du port d'armement.

TITRE TROISIÈME.

DEUXIÈME SECTION.

Sommaire des matières contenues dans cette Section.

TITRE TROISIÈME.

SERVICE A LA MER ET DANS LES PAYS ÉTRANGERS.

DEUXIÈME SECTION.

VIVRES.

Dans le cas où, au moment du départ du bâtiment, il y aurait encore à bord des vivres de journalier dont la consommation dût être justifiée, le commis d'administration en rédigerait la feuille de mouvemens, et l'adresserait, par la première occasion, au directeur des subsistances du port qui compte de la dépense du bâtiment.

Si, après l'appel fait au départ, il se trouvait à bord des individus étrangers à l'équipage, il réclamerait du commandant l'ordre de leur fournir la ration.

Lorsque les vivres de journalier sont consommés et que l'on commence à nourrir l'équipage avec les vivres de campagne, le commis d'administration doit ouvrir une feuille de mouvemens de vivres de campagne, qu'il remet, à la fin de chaque mois, au commis aux vivres, après l'avoir enregistrée sur son rôle de rations, au commencement des tableaux qui portent en titre : *Service de campagne.* Cette feuille doit être signée comme elle l'indique elle-même, et adressée, aussitôt que possible, comme toutes les pièces relatives à ce service, au directeur des subsistances (1).

Le commis d'administration aura le plus grand soin d'indiquer, sur chacune des feuilles de mouvemens, la nature des passagers qui y figureraient, et de distinguer ceux qui recevraient la ration à charge d'en payer la valeur.

Vivres de journalier restant à bord au départ.
(*Instruction du 4 Avril 1820, art. 13*).

Fournir la ration aux individus étrangers à l'équipage trouvés à bord après le départ.
(*Règlement du 1.er novembre 1784, art. 66*).

Feuille de mouvemens à la mer.
(*Instruction du 4 Avril 1820, art. 13*).

Indiquer sur chaque feuille la nature des passagers qui y figureront.
(*Même inst. art. 13*).

---

(1) Voyez à la page 102 la suite de cette feuille.

Recettes de vivres dans les colonies françaises.
(*Instruction du 4 Avril 1820, art.* 20).
(*Ordon. du 31 octobre 1827, art.* 630).

Les demandes de vivres, dans les colonies françaises, ne doivent jamais excéder les besoins les plus urgens, et se font de la même manière qu'en France, c'est-à-dire, sur extraits de revue, et autant que possible en rations assorties ; mais comme assez ordinairement les bâtimens du Roi qui ne stationnent pas dans lesdites colonies, et qui n'y font que passer, se bornent à demander du pain frais, de la viande fraîche, des légumes verts et des rafraîchissemens, le commis d'administration aura soin de faire mettre par le commis aux vivres, au dos dudit extrait de revue, les quantités de denrées auxquelles donne lieu le nombre d'individus qui y sont compris.

Lorsqu'il faudra pourvoir au remplacement des médicamens et autres objets nécessaires pour le service des malades, le chirurgien-major en dressera un état qu'il remettra au capitaine.

Régularisation de ces recettes.

Avant le départ du bâtiment, si c'est une simple et courte relâche, ou à la fin de chaque mois, si le bâtiment fait un long séjour dans la colonie, il sera dressé par la direction des subsistances un état en plusieurs expéditions constatant ces fournitures ; une expédition restera entre les mains du commis d'administration pour être enregistrée sur son rôle de rations et pour être conservée à l'appui de ses comptes.

Cet état devra indiquer les quantités de denrées en poids et mesures, selon le système métrique ; il sera arrêté par les administrateurs qui auront fait les livraisons, certifié par le commis d'administration, acquitté par le commis aux vivres, et visé tant par l'officier chargé du détail, que par le commandant du bâtiment.

Recettes de vivres dans les pays étrangers où il y a un consul français.
(*Instruction du 4 Avril 1820, art.* 21).
(*Ordon. du 31 octob. 1827, art.* 124, 234 *et* 572).

Lorsque les bâtimens du Roi relâchent dans un port étranger et qu'ils ont besoin de vivres ou de rafraîchissemens, la demande doit en être adressée au consul dans les mêmes formes que celles qui se font dans les colonies françaises dont nous venons de parler. Ce consul y pourvoit par des achats faits de concert avec les autorités du bord, qui y interviennent.

S'il était question de fournir des vivres à une armée, escadre ou division, le commandant en chef nommerait une commission composée du chef d'état-major, d'un officier de la marine et d'un officier de santé, laquelle commission passerait des marchés de concert avec le consul et l'officier chargé en chef du service administratif.

Et si un bâtiment naviguant isolément se trouvait dans la nécessité de faire de semblables achats, le capitaine formerait une commission composée de l'officier en second du bâtiment, de l'officier chargé du détail des vivres, du commis des subsistances, et du commis d'administration qui rédigerait les marchés.

Les marchés à passer par ces commissions, de concert avec l'agent consulaire, seront rédigés d'après le modèle N.° 34, et signés par toutes les personnes convoquées et présentes à leur passation. Il en sera fait autant d'expéditions qu'il y aura de bâtimens, afin que chaque commis d'administration, dont les comptes sont spéciaux, puissent en mettre une au soutien, et ensuite autant d'autres expéditions qu'il en faudra pour qu'il soit possible d'en transmettre deux au ministre de la marine, une à chacune des directions des subsistances qui compteront de la dépense de tels ou tels bâtimens, une pour rester entre les mains du consul, et une autre pour être remise au fournisseur.

N.° 34. Marché à ce sujet.

Les marchés seront soumis à l'approbation du commandant en chef, qui les adressera au ministre de la marine.

Les fournitures qui auront été faites à l'escadre, d'après ces marchés, devront être régularisées à la fin de la relâche, si elle se termine dans le courant d'un mois, ou à l'expiration de chaque mois, si le séjour de l'escadre se prolongeait. Chaque commis d'administration devrait dresser, à cet effet, un état en triple expédition, conforme au modèle N.° 55. Une expédition de cet état serait remise au consul pour lui servir à délivrer au fournisseur, des traites sur le payeur principal des dépenses des ministères à Paris ; les deux autres resteraient entre les mains du commis d'administration, dont une pour être mise à l'appui de ses comptes, et l'autre pour être adressée au directeur des subsistances.

N.° 35. État de recette.

Si une armée, escadre ou division, ou un bâtiment naviguant isolément, relâchait dans un port étranger où il n'y eût point de consul français, et que le commandant en chef crût nécessaire de procurer des vivres frais à ses équipages, fatigués par une plus ou moins longue navigation, il ordonnerait aux personnes mentionnées ci-dessus de faire les achats qu'exigerait la circonstance.

Recettes de vivres dans les pays étrangers où il n'y a point de consul français.
(Instruction du 4 avril 1820, art. 32).
(Ordon. du 31 octobre 1827, art. 124).

Ces marchés seraient passés de la même manière, avec les mêmes formalités, et en même nombre d'expéditions que ci-dessus, moins celle qui,
dans l'autre cas, devait rester entre les mains du consul.

Les fournitures faites à l'escadre, doivent se régulariser, dans cette circonstance, à peu près comme dans les pays où il y a des consuls français.

Les états à former pour ces recettes ne diffèrent de ceux dont il vient
d'être question, que par rapport au reçu que le fournisseur doit mettre
au bas, ce qui est indiqué dans le modèle N.º 35. De même que les
précédens, ils doivent être rédigés en triple expédition, dont une pour être
remise au fournisseur, et les deux autres pour rester entre les mains du
commis d'administration, auquel on a déjà fait connaître la marche qu'il
doit suivre en pareille occurrence.

Dès qu'à la fin du mois ou de la relâche un de ces états sera terminé
et revêtu de toutes les formalités désignées dans le modèle, le commis
d'administration tirera sur le payeur principal des dépenses des ministères à
Paris, une traite du montant net dudit état, attendu que chaque traite ne
doit comporter que le total présenté par chaque état.

Il pourrait se faire, toutefois, que plusieurs mois s'étant écoulés durant
la relâche, divers états de recette de vivres eussent été arrêtés. Dans ce cas,
ces états pourraient être réunis en une seule traite, ou donner lieu à autant
de traites qu'il y aurait d'états particuliers ; mais on n'aura jamais la faculté
de découper un état pour en faire l'objet de plusieurs lettres de change.
Cependant, on pourra cumuler divers chapitres de dépense dans une même
traite, lorsque la somme totale ne dépassera pas *quatre cents francs*.

Ainsi, lorsqu'un bâtiment aura donné lieu à des dépenses *Vivres*, le
commis d'administration expédiera des traites sur le chapitre 4. Ces traites
seront conformes au modèle N.º 56, tirées par première, deuxième, troisième, etc., à l'ordre du fournisseur, et à un nombre de jours de vue
gradué sur l'échelle suivante ; savoir :

Un mois pour l'Europe ;

Deux mois pour l'Amérique ;

Trois mois pour l'Inde et les mers du sud.

N.º 36. Traite à l'ordre du fournisseur.
(*Dépêche du 27 no-vembre 1818*).

Mais si les tireurs, c'est-à-dire les commis d'administration, avaient disposé les pièces justificatives, dont nous allons parler, de manière à ce qu'il y eût transmission simultanée, les termes pourraient être abrégés de moitié.

Indépendamment de la traite tirée pour la somme nette présentée par chaque état, comme les conditions des marchés passés en pays étrangers, ne stipulent jamais que le fournisseur se soumet à supporter la retenue de *trois pour cent* au profit de la caisse des invalides de la marine, et que cette caisse doit nécessairement jouir de ses droits sur toutes les dépenses acquittées par le département, le commis d'administration ajoutera au montant de chaque état de recette, les *trois pour cent* à l'infini auxquels il donne lieu.

La première traite ayant été lancée pour la somme nette, le commis d'administration dressera une nouvelle traite du montant desdits *trois pour cent*, conforme au modèle N.° 37, à l'ordre du trésorier général des invalides de la marine à Paris.

N.° 37. Traite à l'ordre du trésorier général des invalides. (*Dépêche du 27 novembre 1818*).

Après que les traites auront été remises au fournisseur, et que celui-ci en aura donné son reçu au bas de chaque état, le commis d'administration dressera le bordereau des états de recette et des traites émises pour leur paiement. Ce bordereau sera conforme au modèle N.° 38, signé par le commis d'administration et le commandant seulement. Lorsqu'il sera arrêté, il y joindra une expédition de chaque état, ainsi que la traite à l'ordre du trésorier général des invalides, et un certificat du cours du change ; il adressera le tout par duplicata, et par deux occasions différentes, au ministre de la marine, ou le remettra au commandant en chef, ou à la personne chargée de la centralisation des opérations administratives.

N.° 38. Bordereau des états de recette et des traites émises. (*Même dépêche.*)

Dans tous les cas où des bâtimens du Roi auront donné lieu à des dépenses dans des pays étrangers, qu'il y ait ou non des consuls français, les pièces justificatives de ces dépenses devront être accompagnées d'un certificat du cours du change des monnaies du pays en argent de France. Ce certificat pourrait être conforme au modèle N.° 39, délivré par deux négocians et visé par le consul, s'il y en a dans le pays.

Certificat du cours du change. (*Instruction du 4 avril 1820, art. 22*).

N.° 39. Modèle à ce sujet.

Lorsqu'un bâtiment aura relâché dans une colonie ou dans un port étranger, sans qu'il lui ait été fait aucune fourniture de vivres, le commis d'administration se fera délivrer, par les autorités de la colonie ou par les

Certificats négatifs. (*Instruction du 4 avril 1820, art. 24*).

consuls, un certificat constatant qu'aucune livraison n'a été faite à son bâtiment; et si c'est dans un pays étranger, où il n'y ait point de consul français, il en fera lui-même mention sur le casernet portatif du commis aux vivres : cette attestation, qui tiendra lieu de certificat négatif, sera signée par lui, par l'officier chargé du détail et par le commandant.

Recettes de vivres pour prolongation de campagne.
(Instruction du 4 avril 1820, art. 28).

Il est quelquefois envoyé de France, à des bâtimens en mer, des vivres pour prolongation de campagne. Arrivé à sa destination, le bâtiment qui en est chargé en fait la remise à ceux auxquels ils sont destinés. Le commandant du bâtiment qui doit recevoir, nomme une commission composée de l'officier chargé de la surveillance des vivres, du chirurgien-major et du commis d'administration, laquelle donne son avis sur la qualité des denrées. Le commis aux vivres procède ensuite à la recette des quantités, en présence de l'officier chargé du détail, dudit officier chargé de la surveillance des vivres, de l'officier de quart et du commis d'administration.

Aussitôt après cette opération, on s'assure des différences qui existent par l'effet du coulage qui est survenu pendant le séjour à bord du bâtiment, et des déchets qu'ont éprouvés diverses denrées. On reconnaît ces différences en comparant les quantités reçues sur les lieux avec les factures d'envoi. On dresse ensuite, de concert avec le capitaine de ce dernier bâtiment, ou avec la commission qu'il a nommée, un procès-verbal à peu près dans la même N.° 40. Procès-verbal à ce sujet. forme que le modèle N.° 40, dans lequel on mentionne les quantités envoyées, celles trouvées à la recette, et, par conséquent, les différences ou déchets; la commission devra, avant de signer, indiquer sur ledit procès-verbal, les motifs qui peuvent les avoir occasionnés.

Ce procès-verbal sera fait en double expédition, dont une pour rester à l'appui des comptes du commis d'administration, et une pour la décharge de l'officier commandant le bâtiment de transport, lequel doit, à son retour, justifier des livraisons qu'il a faites en conséquence des ordres dont il était porteur. Le commis d'administration qui reçoit, transcrira ce procès-verbal sur son rôle de rations, le communiquera au commis aux vivres ou lui en fournira une copie certifiée, et l'adressera enfin à la direction des subsistances du port qui compte de la dépense du bâtiment.

Bois provenant de coupes faites pendant la campagne.
(Instruction du 4 avril 1820, art. 33).

Si le bâtiment se trouvait dans des parages où l'on pût se procurer du bois gratuitement, et que le commandant jugeât à propos de s'en approvisionner, les quantités qui proviendraient des coupes seraient constatées par un procès-verbal conforme au modèle N.° 41, et le compte du commis aux vivres en serait débité, afin que la totalité du bois de chauffage qui se trouverait à bord, lors du désarmement, fût remise dans les magasins de l'administration des subsistances (1). N.° 41. Procès-verbal à ce sujet.

Toutes les recettes de vivres et de rafraîchissemens, tant dans les colonies françaises qu'en pays étranger, donnent lieu à des opérations très-compliquées, dont nous ne croyons pas pouvoir nous dispenser de donner une idée aussi précise que nous pourrons, aux commis d'administration qui n'en ont pas encore fait l'expérience, et pour lesquels elles sont toutes nouvelles.

Les états de recette, légalisés ainsi qu'il a été dit, seront transcrits, en entier, par le commis d'administration, sur son rôle de rations, à l'endroit timbré : *Enregistrement des pièces de la comptabilité des vivres*, qui commence au f.° 207 et finit au 218.ᵉ compris; il en relatera les signatures, signera lui-même son enregistrement, et le fera signer par l'officier chargé du détail, ainsi que par le commandant. Transcription des pièces de recette.

Il portera ensuite, aussi brièvement que possible, aux feuillets qui commencent au f.° 6 et qui sont timbrés : *Recettes de vivres pendant l'année*, les motifs de l'achat, le lieu où il a été fait et les quantités reçues; cet enregistrement sommaire devra être encore revêtu de la signature des autorités du bord. Opérations auxquelles cette transcription donne lieu.

Il portera enfin les mêmes motifs et quantités sur la balance en denrées qui commence au f.° 195, et qui indique suffisamment de quelle manière l'opération doit être faite.

Il opèrera de même dans tous les cas analogues.

Il est spécialement recommandé aux commandans des bâtimens du Roi, de procurer, avant le départ, au commis d'administration, les moyens nécessaires pour la régularisation de toutes les pièces de comptabilité, et dans le cas d'empêchement, résultant d'un appareillage forcé, le fait sera constaté par un procès-verbal, signé des officiers de l'état-major et visé par le commandant. Régularisation des pièces de comptabilité avant le départ. (*Inst. du 4 avril 1820*).

---

(1) Une dépêche ministérielle en date du 12 mars 1818, accorde aux équipages la moitié de la valeur, sur le pied du fret, du bois à brûler qu'ils auront coupé en pays étranger.

Opérations relatives à la feuille de mouvemens de campagne.

Marche à suivre relativement aux vivres consommés d'après cette feuille.

Os moëlliers, jarrets, etc. jetés à la mer.
(*Règlement du premier novembre 1784, art. 3o*).

Fournitures extraordinaires et hors du service en rations.
(*Ordon. du 5 févr. 1823*)

Proportions dans lesquelles ces consommations seront réglées.
(*Même ordonnance*).

A la page 95 nous avons parlé de la feuille de mouvemens à la mer ou de campagne. Nous l'avons placée immédiatement après la feuille de mouvemens des vivres de journalier qui restaient encore à bord au départ, attendu que l'équipage a dû recevoir des vivres de campagne aussitôt que ceux de journalier ont été absorbés en totalité; mais nous n'avons pas fait connaître les opérations que nécessite cette feuille, et c'est ce que nous allons indiquer en débutant dans la carrière des consommations diverses qui ont lieu pendant une longue navigation.

Le commis d'administration suivra, relativement aux rations de campagne consommées, la marche que nous avons tracée en nous occupant des vivres de journalier, dans le port ou à l'armement, page 37. Le tableau de la composition des rations, qui est placé en tête du registre, le fixera sur les quantités de denrées et d'assaisonnemens qu'il doit porter en dépense, eu égard au nombre d'individus tant sains que malades, et en ayant soin de comprendre dans ses dépenses mensuelles, le déchet de *trois pour cent* sur le pain et les boissons.

S'il se trouvait dans les salaisons, des os moëlliers, jarrets, etc., le commis d'administration les ferait jeter à la mer, et pourrait en donner un certificat de décharge au commis aux vivres; ce certificat devrait être signé par l'officier chargé du détail et par le commandant.

Indépendamment des distributions applicables à la ration ordinaire du marin, dont le détail est contenu dans le tarif qui est placé en tête du rôle de rations, il est d'autres consommations qui se font habituellement à bord des bâtimens à la mer, et qui, variant selon les climats où ils se trouvent, sont, en raison de leur éventualité, considérées comme fournitures extraordinaires.

Les proportions de ces consommations seront réglées de la manière suivante:

1.º Il sera délivré aux équipages des bâtimens en mission à Terre-Neuve ou naviguant dans les mers boréales ou australes, c'est-à-dire, au-delà du 5o.ᵉ degré de latitude Nord ou Sud, un supplément de biscuit qui est fixé à 6o *grammes* par homme et par jour.

2.º Les bâtimens devant former la station de Terre-Neuve recevront de la mélasse destinée à faire, avec les bourgeons du sapin du Nord, la boisson habituelle du marin , désignée à bord sous le nom de *sapinette.* Cette fourniture sera calculée à raison de 3o *grammes* par homme et par jour, et aura lieu pendant tout le tems du séjour des bâtimens dans les parages du banc de Terre-Neuve.

3.° Les équipages des bâtimens en station dans les colonies françaises d'Amérique ou naviguant entre les deux tropiques , jouiront, indépendamment des boissons entrant dans la composition de la ration ordinaire, d'une boisson habituelle composée comme suit :

Eau-de-vie , tafia ou rum. . . 25 *millilitres.*	⎞	Par homme et par
Sucre-cassonade. . . . . 1o *grammes.*	⎬	jour, pour être mêlés
Vinaigre. . . . . 2 *centilitres.*	⎠	à l'eau des charniers.

Les deux centilitres de vinaigre seront remplacés par un demi citron , ou par la moitié d'une orange amère , lorsque les bâtimens pourront se procurer de ces fruits.

4.° Enfin , dans les climats tempérés , l'eau des charniers sera acidulée dans la proportion convenable , au moyen du vinaigre embarqué à cet effet; mais cette dernière consommation ne donnera lieu à aucune justification de dépenses extraordinaires.

Quant aux distributions supplémentaires de biscuit, à la fourniture de mélasse et à celle des denrées composant les boissons alcoolisées, elles seront justifiées par des états de fournitures extraordinaires, conformes au modèle N.° 42.

N.° 42. Etat de dépense.

La recette du tafia , du rum et de la cassonade , se régularisera comme nous l'avons dit aux pages 96 et 97 , selon qu'elle s'effectuera dans les colonies françaises ou dans les pays étrangers.

Lorsque le chirurgien-major jugera nécessaire de faire à l'équipage, des distributions extraordinaires , soit pour cause de maladie ou pour toute autre cause , il en indiquera l'espèce et la proportion, et il en adressera la proposition écrite et motivée, au commandant. Les états relatifs à ces dépenses seront conformes au modèle N.° 43 , motivés et détaillés de manière à faire connaître quelle portion de denrée chacun a reçue; ils seront signés comme tous les autres , par les autorités du bord et par le chirurgien-major ; ils devront présenter le nombre d'hommes qui y ont eu part, le tems pendant lequel elles ont eu lieu, et les proportions dans lesquelles elles ont été faites.

Fournitures extraordinaires aux malades. (*Instruction du 4 avril 1820, art.* 13.) (*Ordon. du* 31 *octobre* 1827, *art.* 624).

N.° 43. Etat constatant lesdites fournitures.

Il est rare qu'il n'y ait pas à bord des bâtimens du Roi, des hommes atteints de boulimie ; lorsqu'il y en a, c'est au chirurgien-major qu'ils doivent se présenter, afin qu'il s'assure de leur état. Si celui-ci reconnaît que l'individu éprouve, par l'effet de ladite maladie, le besoin d'une quantité d'alimens plus considérable que ne comporte la ration ordinaire, il lui délivre un certificat qui mentionne la quantité de pain ou de biscuit qui doit être ajoutée à la ration. Ce certificat sera visé par l'officier chargé du détail, et remis au commis d'administration qui l'enregistrera sur son rôle de rations, et ordonnera au commis aux vivres d'opérer la délivrance.

A la fin de chaque mois ou de chaque trimestre, le commis d'administration dressera, pour constater cette dépense, un état en double expédition, conforme au modèle N.° 44, dont une pour être remise au commis aux vivres, après avoir été transcrite sur le rôle de rations, et l'autre pour être adressée à la direction des subsistances.

Il arrive souvent que des anniversaires ou des solennités d'un autre genre, sont célébrés à la mer ou en pays étranger : dans de semblables occasions, le commandant en chef fait connaître, par un ordre du jour, combien de doubles rations seront distribuées aux équipages.

Le capitaine d'un bâtiment naviguant isolément, peut ordonner aussi la célébration de ces solennités, et faire connaître, par un ordre particulier, et par écrit, au commis d'administration, que des doubles rations seront délivrées. Les officiers, élèves et chirurgiens en sont toujours exceptés.

Lorsque les doubles rations sont distribuées, le commis d'administration a soin de se munir de l'ordre en vertu duquel elles l'ont été ; à l'appui de cet ordre il met un état de dépense qui doit comprendre le nombre d'individus qui ont reçu une ou plusieurs doubles rations, et les calcule par la quantité dont se compose celle délivrée à chaque individu, de manière à avoir le montant total de la dépense, à laquelle il ne doit jamais oublier d'ajouter le déchet de *trois pour cent.* (1)

Il est généralement reconnu que ces doubles rations se composent de vin ou eau-de-vie. Le commis d'administration arrête cette dernière pièce, la fait signer et l'enregistre sur son rôle de rations, en la faisant précéder de l'ordre qui l'a provoquée.

---

(1) Il est entendu, toutefois, que l'ordre donné pour une double ration en boisson, ne doit s'appliquer qu'à la quantité revenant pour un repas seulement. (*Ordon. du 5 février* 1823).

Le commandant d'un bâtiment a aussi la faculté d'ordonner, dans certaines occasions, telles que des travaux extraordinaires et forcés, que des doubles rations soient distribuées à son équipage; le commis d'administration doit se borner, dans ces occasions, à constater la dépense par un simple certificat ou procès-verbal, motivé cependant sur des faits dont la nature puisse la justifier, ou sur un ordre écrit du commandant, si aucune circonstance assez marquante n'y avait donné lieu, et ensuite, le commis d'administration opèrera comme nous l'avons indiqué pour les anniversaires.

Il ne sera dressé de procès-verbaux de pertes à bord, que dans les cas de force majeure, tels que combats, voies d'eau, échouage, naufrage, incendie, démâtage, ou par suite d'autres évènemens qu'on n'aurait pu prévenir ou éviter. Ceux pour déchets, coulages, et autres pertes semblables, ne seront pas admis.

Seuls cas où il peut être dressé des procès-verbaux. (Inst. du 4 avril 1820, art. 14.)

Toutefois, comme pendant le cours d'une longue campagne, des coulages extraordinaires ont lieu, on ne peut se dispenser de les constater sans compromettre la santé de l'équipage et la responsabilité du commis aux vivres. En conséquence, lorsqu'une pièce aura coulé en totalité ou en partie, le commis aux vivres, accompagné du maître préposé à l'arrangement de la cale, devra prévenir le commis d'administration, ainsi que l'officier chargé de la surveillance des vivres et l'officier chargé du détail, de l'accident qui est survenu. Les personnes prévenues se transporteront dans la cale au vin, s'assureront de la vérité et de la perte qui peut être résultée du coulage. Le commis d'administration dressera alors un certificat constatant ladite perte, il le fera signer, mais ne le portera en dépense ni ne le fera parvenir à la direction des subsistances. Cette pièce qui, comme on le voit, n'est rédigée que pour mémoire, n'a d'autre but que d'être présentée à la commission, lors de l'apurement des comptes, et de justifier les coulages extraordinaires qui pourraient avoir eu lieu dans le courant de la campagne.

Coulages : comment les constater.

On rencontre quelquefois à la mer des bâtimens qui manquent ou qui sont près de manquer de vivres ; si le capitaine d'un de ces bâtimens fait connaître ses besoins, et que celui auquel il adresse sa demande soit assez approvisionné pour y satisfaire, le commandant ordonne au commis d'administration de faire préparer, par le commis des subsistances, tant de jours de vivres pour le nombre d'individus composant l'équipage du bâtiment demandeur.

Versemens de vivres de d'autres bâtimens. (Inst. du 4 avril 1820, art. 31). (Ordon. du 31 octobre 1827, art. 106 et 257).

Cette opération achevée et les vivres disposés pour être embarqués à bord du même bâtiment, le commis d'administration dresse, en triple expédition, un état de versement conforme au modèle N.° 45 , qui doit être signé ainsi qu'il l'indique lui-même. On le transporte en même tems que les denrées à bord du bâtiment qui reçoit, et on fait revêtir les trois expéditions du récépissé du capitaine et des officiers du navire secouru. Si c'est un bâtiment du commerce, l'état devra indiquer le port d'armement du navire, les noms et la résidence des armateurs.

N.° 45 État de versem.ᵗ

Si c'est un bâtiment du Roi, le récépissé doit être d'abord donné par le commis aux vivres, pour prendre charge des quantités; on le fait ensuite revêtir de la signature du commis d'administration, de l'officier chargé du détail et du commandant du bâtiment secouru.

Une expédition dudit état doit rester à bord du bâtiment secouru, et les deux autres doivent retourner au commis d'administration du bâtiment qui fait le versement, pour en garder une à l'appui de ses comptes et pour faire parvenir l'autre à la direction des subsistances du port qui compte de la dépense du bâtiment qui reçoit.

Vivres détériorés à la mer. (Inst. du 4 avril 1820, art. 14). (Ordonn. du 31 octobre 1827; art. 253 et 649).

Lorsqu'il lui sera rendu compte, par le commis aux vivres, qu'il existe à bord des vivres avariés et que le commandant en aura été informé, celui-ci nommera une commission pour les examiner et dresser procès-verbal de leur état. Cette commission sera composée de l'officier en second, de l'officier chargé du détail des vivres, du commis d'administration et de celui des subsistances; et suivant la nature des objets à visiter, le boulanger, le boucher et le tonnelier y seront appelés. Si cette visite a lieu dans un port étranger où il existe un agent consulaire de France, le capitaine se concertera avec cet agent pour statuer sur l'emploi des denrées avariées. Mais s'il y avait à craindre que ces denrées ne causassent de l'infection à bord et ne compromissent le salut de l'équipage, le procès-verbal constaterait le jet à la mer ainsi que les motifs qui l'auraient déterminé. Le commis d'administration remettra à celui des vivres , une copie du procès-verbal qui sera dressé à cette occasion.

Futailles dont l'encombrement gênerait. (Inst. du 4 avril 1820, art. 24).

Les futailles dont l'encombrement gênerait, seront vendues dans les lieux de relâche; et si quelques circonstances obligeaient d'en brûler ou d'en jeter à la mer , il en serait également dressé procès-verbal.

Quoique le commis aux vivres ne soit pas spécialement chargé de la garde et de la distribution du bois à brûler, il ne doit pas moins en surveiller l'emploi, afin que la consommation n'excède pas les proportions d'après lesquelles ce combustible est embarqué; mais cette surveillance doit être également et plus efficacement exercée par le commis d'administration et l'officier chargé du détail.

S'il arrive que l'on soit obligé d'employer du bois de chauffage pour le brai ou pour le lessivage du linge et des hamacs de l'équipage, il sera dressé, à la fin de chaque mois, par le commis aux vivres, un état des quantités ainsi consommées extraordinairement; et cet état, après avoir été revêtu des signatures exigées sur les autres pièces de consommation, sera enregistré sur le rôle de rations et transmis à la direction des subsistances.

Tous certificats ou états de fournitures extraordinaires, doivent être spéciaux, arrêtés tous les mois ou tous les trimestres, selon leur importance, et régularisés comme il vient d'être dit : tous ceux qui ne présenteraient pas les détails indiqués ci-dessus, ne seraient point admis, et resteraient pour le compte des signataires.

Les feuillets du rôle de rations, à partir du 21.ᵉ jusqu'au 52.ᵉ inclusivement, sont destinés à l'enregistrement des dépenses extraordinaires qui peuvent avoir lieu à bord, pendant une année; ils sont timbrés : *Dépenses de vivres pendant l'année.* Nous entendons par dépenses extraordinaires, toutes celles qui n'entrent point dans la composition de la ration, ce qui nous en épargne l'énumération.

Le commis d'administration opèrera, pour les dépenses extraordinaires, de la même manière que pour toutes les recettes faites hors des ports de France, c'est-à-dire qu'il transcrira littéralement sur le rôle de rations, aux feuillets en blanc qui commencent au f.° 207, et sans séparation d'avec les recettes, la pièce qui constate cette dépense; il en portera les motifs et les quantités aux feuillets qui commencent au f.° 21, et les portera de même sur la balance en denrées, ainsi que nous l'avons expliqué pour les recettes.

S'il y avait lieu de débarquer, dans les colonies, quelques portions de vivres, il en serait dressé, par le commis d'administration, des états en triple expédition, conformes au modèle N.° 46; et après y avoir fait apposer le récépissé de la partie prenante, à laquelle deux expéditions doivent rester,

Consommation de bois de chauffage. (*Inst. du 4 avril 1820, art. 13 et 15*).

Caractère que doivent présenter les pièces de fournitures extraordinaires. (*Même inst. art.* 13).

Enregistrement des dépenses extraordinaires.

Retour de vivres dans les magasins des colonies. (*Même inst. art. 15*). N.° 46. État à ce sujet.

ledit commis d'administration en rapportera une à l'appui de ses comptes, dont il donnera copie, certifiée par lui, au commis aux vivres.

Copies à remettre au commis aux vivres.
(Instruction du 4 avril 1820, art. 14).

Le commis d'administration remettra à celui des vivres, une copie certifiée par lui de tous les procès-verbaux, états, certificats, etc., qui seront faits à bord.

Retranchement d'une portion de la ration.
(Même inst. art. 16).
(Ordon. du 31 Octobre 1827, art. 253 et 648).
N.° 47. Procès-verbal à ce sujet.

Si, par suite de circonstances forcées, à la mer, on était obligé de retrancher une portion de la ration à l'équipage, il en sera dressé un procès-verbal, conforme au modèle N.° 47, indiquant les espèces et quantités de denrées non délivrées, afin qu'il en soit tenu compte à l'équipage, au retour dans le port.

Il remettra une copie de ce procès-verbal au commis aux vivres.

Envoi des pièces de comptabilité. -- Inventaires des denrées et des ustensiles.
(Instruction du 4 avril 1820, art. 12).

Il est expressément recommandé au commis d'administration de ne négliger aucune occasion pour envoyer, au port d'armement, les feuilles de mouvemens à la mer ou de campagne, ainsi que toutes les pièces relatives aux vivres qu'il aurait par devers lui. Il doit aussi joindre aux feuilles de mouvemens de décembre, tous les états de consommations extraordinaires, ceux des recettes et des remises effectuées depuis le départ du bâtiment, les procès-verbaux et autres pièces à employer, tant au débit qu'au crédit du comptable; enfin l'inventaire des vivres et des ustensiles restant à bord au 31 décembre.

Protection à accorder au commis aux vivres.
(Même inst. art. 2).

Si le commis aux vivres, après avoir reçu quelque mauvais traitement de la part des gens de l'équipage, éprouvait un déni de justice, il en ferait le sujet d'une plainte, qu'il remettrait au commis d'administration, lequel l'adresserait au préfet maritime.

Comptes à rendre lors des changemens de commis aux vivres.
(Même inst. art. 2 et 43).

Lorsque, à bord d'un bâtiment en mer, le commis aux vivres se rendra coupable de quelque délit de nature à exiger qu'il soit suspendu de ses fonctions, le commandant ordonnera son remplacement, après s'être fait indiquer, par le commis d'administration, celui des agens des vivres, ou à défaut, celui des gens de l'équipage le plus en état de remplacer ce comptable. Il sera alors dressé un inventaire des vivres et ustensiles existant à bord, lequel sera signé du commis d'administration, des deux comptables, de l'officier chargé du détail, et visé par le commandant; et il sera rendu compte du tout à l'administrateur du premier port de France où le bâtiment abordera.

Le commis d'administration devra seulement, dans ce cas, totaliser les recettes et les dépenses en denrées et ustensiles inscrites jusqu'alors sur le rôle de rations, les balancer, et remettre une copie de cette balance pour servir de contrôle au compte à présenter par la direction des subsistances.

Sauf les circonstances aggravantes, il pourrait être opéré de la même manière lorsqu'un commis aux vivres débarquerait volontairement, ou par un motif quelconque, mais qui ne donnerait lieu à aucune suspicion, et serait remplacé par un autre commis qui ne voudrait pas se charger, sans examen, de la gestion de son prédécesseur.

Le commis d'administration vérifiera, de temps à autre, les poids et mesures du commis aux vivres, au moyen de ceux étalonnés qui auront été remis au maître canonnier.

Vérifier les poids et mesures.
(*Réglement du premier novembre 1784, art. 28*).

Il tiendra la main à ce que ledit commis ne change pas les espèces de denrées qui composent la ration, à ce que la qualité des vivres ne soit altérée par aucun mélange, et qu'ils ne soient employés à d'autres usages qu'à la subsistance de l'équipage.

Tenir la main à ce que les denrées ne soient altérées, ni détournées.
(*Même régl. art. 29*).

La ration en nature accordée aux officiers et aux maîtres chargés, se composera toujours des mêmes élémens qui entreront dans la ration du matelot, et ne pourra jamais être dénaturée ni débarquée. Toute compensation qui pourrait augmenter la consommation d'un comestible par le refus d'un autre, est expressément défendue.

La ration ne pourra jamais être dénaturée ni débarquée.
(*Arrêté du 7 ventôse an 5, art. 4 et 5*).

Il aura une attention particulière au traitement des malades ; il veillera à ce que les rafraîchissemens embarqués pour eux seuls, ne soient point consommés par d'autres ; que le vin qui leur est accordé, que l'état de leur santé ne leur permet pas de boire, et qui ne sera point employé au pansement des blessés, ne soit pas porté en consommation ; il en tiendra note au profit du Roi, et en dressera des états de recette extraordinaire tous les mois, ou, au moins, tous les trimestres.

Attention particulière au traitement des malades.
(*Réglement du premier novembre 1784, art. 38*).

S'il est transporté des malades à terre et qu'ils soient nourris par le bord, le commis d'administration veillera à ce que celui des vivres ne débarque que les quantités de denrées fixées par le chirurgien-major.

Malades à terre, nourris par le bord.
(*Même régl. art. 77*).

A la fin de l'année ou de la campagne, les récapitulations diverses seront totalisées, et les résultats en seront portés à la balance en denrées ; ladite

Récapitulations à la fin d'un exercice.

balance en denrées, ainsi que celle des ustensiles, seront aussi totalisées ; les dépenses seront déduites des recettes, et le restant au 31 décembre, formera la première recette de l'année qui commence, ou sera remis en magasin, soit que le bâtiment désarme, soit qu'il doive recevoir un long radoub.

Les rôles de distributions individuelles de rations seront de même totalisées au bas de chaque folio, et les totaux portés ensuite à la récapitulation générale, qui est placée immédiatement après lesdits rôles.

La récapitulation générale dont nous venons de parler, peut quelquefois présenter plus de rations que les feuilles de mouvemens, par les motifs que nous avons fait connaître à la page 55 ; mais, dans aucun cas, à moins d'une mauvaise gestion, lesdites feuilles ne doivent être au-dessus de cette récapitulation.

Renouvellement du rôle de rations.

A l'époque du 1.ᵉʳ janvier de chaque année, le commis d'administration doit ouvrir un nouveau rôle de rations, qui, quant au personnel, n'est, comme nous l'avons déjà vu, que la copie exacte du rôle d'équipage. Nous avons parlé assez longuement des opérations auxquelles ce registre donne lieu, depuis le moment où l'armement a commencé jusqu'à celui-ci. Nous ne dirons donc plus qu'un mot sur la manière d'opérer à cette époque relativement aux vivres.

Lorsque toutes les opérations seront arrêtées sur l'ancien rôle, et que le nouveau sera ouvert, le commis d'administration transcrira, comme il l'a déjà fait pour les premières recettes opérées en France et aux feuillets à ce destinés, le restant à bord au 31 décembre dernier que donnera la situation mensuelle, laquelle doit être parfaitement d'accord avec le restant présenté par la balance en denrées ; il portera aussitôt sur la balance de ladite année le restant au 31 décembre en denrées et ustensiles, et il continuera à recevoir et dépenser comme pendant l'année précédente.

TITRE TROISIÈME.

TROISIÈME SECTION.

Sommaire des matières contenues dans cette Section.

TITRE TROISIÈME.

SERVICE A LA MER ET DANS LES PAYS ÉTRANGERS.

TROISIÈME SECTION.

MATÉRIEL.

A la mer, comme en rade, les maîtres adressent au magasin général du bord, des billets de demande pour assurer le service dont ils sont chargés. Ces billets sont les mêmes que ceux désignés sous le N.° 21; ils doivent être revêtus des mêmes signatures, et à la fin de chaque mois les consommations tant du magasinier que des maîtres se justifient ainsi que nous l'avons indiqué à la page 73.

Les recettes que le magasinier aura pu faire à la mer, de mois en mois, se régularisent aussi comme nous l'avons fait connaître à la page 72.

Toutefois, si, dans le courant d'un mois, les maîtres lui remettent des objets ou des matières, il les recevra d'après un billet de remise conforme au modèle N.° 48, revêtu de toutes les formalités qu'il indique. Après s'être assuré que les quantités portées sur ce billet sont exactes, il en donnera reçu au bas, l'enregistrera sur son livre-journal au titre *Recette*, et le rendra aussitôt au maître, pour lui servir de décharge, et pour le présenter, si c'était nécessaire, au commis d'administration, dans le cas où celui-ci voudrait se convaincre de l'exactitude des opérations dudit magasinier.

Les billets de remise en magasin ne pouvant être mis, à la fin du mois, à l'appui des comptes de ce dernier, par la raison qu'il est obligé de les rendre au maître qui a déposé les objets, il ne serait pas inutile de dresser ces billets en double expédition, ce qui dispenserait le commis d'administration

15

de recourir aux maîtres toutes les fois que les billets présentés par le magasinier, au soutien de ses comptes mensuels, ne seraient ni surchargés ni raturés.

Recettes dans les colonies françaises. (Instruction du 28 octob. 1819, art. 1.ᵉʳ).

N.º 49. État à ce sujet.

Les demandes d'objets d'approvisionnement indispensables au service du bâtiment, ne se dressent pas, dans les colonies françaises, comme dans les ports de France. Le commandant signe et adresse au Gouverneur et Administrateur pour le Roi, une demande conforme au modèle N.º 49, laquelle est rédigée par le commis d'administration (1).

Ladite demande ayant été approuvée et les objets délivrés, l'administrateur chargé des approvisionnemens en fait dresser un état qui, revêtu de toutes les signatures qu'il exige de la part de l'administration coloniale, est envoyé à bord en plusieurs expéditions, selon que la colonie doit en retirer une ou plusieurs. Le commis d'administration et l'officier chargé du détail, s'assurent qu'il comporte exactement les objets parvenus à bord, et lorsqu'ils en ont acquis la certitude, ils signent toutes les expéditions qui leur ont été présentées, les font viser par le commandant, et les renvoient audit administrateur chargé du détail des approvisionnemens, moins une qui doit rester à l'appui des comptes du commis d'administration. Il doit la transcrire sur son registre de recette à l'article de chacun des maîtres qui y sont compris, et porter à la fin du mois, sur sa balance, les quantités qui sont mentionnées sur ledit état.

Recettes faites dans les pays étrangers.

Dans les pays étrangers, qu'il y ait ou non des consuls français, lorsque des bâtimens du Roi éprouvent des besoins, en objets d'approvisionnement, il doit être opéré de la manière indiquée aux pages 96 et suivantes.

Marchés, États, Traites, etc.

Les marchés à passer, les états d'objets reçus à dresser, les traites sur le payeur principal des dépenses du ministère à Paris, à emettre pour le paiement des fournitures tant à l'ordre du fournisseur qu'à l'ordre du trésorier général des invalides, et les bordereaux des états d'objets reçus et des traites émises pour le remboursement des dépenses qu'ils ont occasionnées, doivent être conformes aux modèles que nous avons déjà signalés (2).

---

(1) Nous avons supposé qu'on a omis au bas du modèle N.º 3, présenté par l'instruction du 28 octobre 1819, le visa du commis aux revues et de l'officier chargé du détail, qui sont les vrais administrateurs du bord, et nous avons redressé cette omission dans notre modèle qui porte le N.º 49.

(2) Marchés, N.º 34. — États de recette, N.º 35. — Traite à l'ordre du fournisseur, N.º 36. — À l'ordre du trésorier général des invalides, N.º 37. — Bordereau des états de recette et des traites émises pour le remboursement des dépenses, N.º 38.

Le commis d'administration suivra, pour faire parvenir les uns et les autres, soit au commandant en chef, si on navigue en escadre ou division, soit au ministre de la marine, si le bâtiment navigue isolément, la marche que nous avons tracée à l'article *Vivres*, pages 97 et 99. Il conservera par devers lui, comme dans tous les cas semblables, une copie de chaque état de recette qu'il apportera au soutien de ses comptes, et dont il chargera la balance après en avoir fait la transcription sur son registre de recette, à l'article de chaque maître. *Envoi de ces pièces.*

Quant aux traites, il n'est pas nécessaire qu'il en conserve une expédition, mais il aura soin de garder une ampliation du bordereau où elles sont relatées, indépendamment de celles qu'il doit remettre au commandant en chef, ou adresser directement au ministre de la marine, en ne négligeant jamais de les expédier par duplicata et par deux occasions différentes, ni d'y joindre un certificat du cours du change.

Si, étant à la mer, on éprouvait le besoin de quelques objets dont serait pourvu un bâtiment avec lequel on naviguerait de conserve, ou que l'on rencontrerait, et que le capitaine de ce bâtiment consentît à se dessaisir d'une portion de son approvisionnement, le commis d'administration du premier bâtiment dresserait un état en double expédition, conforme au modèle N.° 45. Il serait rempli à cet égard, par les diverses autorités qui doivent y concourir, les formalités que nous avons fait connaître aux pages 105 et 106, et les deux commis d'administration transcriraient, chacun de son côté, ces pièces, l'un à la recette, l'autre à la dépense; et les quantités en seraient portées à la fin du mois, sommairement à la balance. *Recettes provenant de versemens.*

Les bâtimens mouillent quelquefois dans des rades, des baies ou des hâvres, dont le fond est excessivement rocailleux; quand ils lèvent l'ancre, il arrive souvent que la partie du câble qui est la plus rapprochée de l'étalingure, est raguée au point de ne pouvoir plus résister à un coup de vent qui surprendrait le bâtiment dans un mouillage quelconque, ce qui l'exposerait peut-être à se perdre. Aussi, dès que l'ancre est au bossoir, le commandant ne manque jamais de faire visiter le câble par le maître de manœuvre. Lorsque celui-ci rend compte que le câble est endommagé, ledit commandant nomme une commission à l'effet de vérifier si le rapport du maître est exact. Cette commission, dont le commis d'administration fait partie, après avoir reconnu l'exactitude dudit rapport, en rend compte *Recette provenant de câbles ragués.*

au commandant, qui ordonne que le câble soit coupé à l'endroit où il
cesse d'être altéré. On mesure en mètres le morceau coupé, on le pèse, et
le commis d'administration dresse un procès-verbal conforme au modèle
N.° 50, dans lequel il mentionne les parages où le bâtiment était mouillé,
la qualité du fond, le nombre de mètres et le poids en kilogrammes dudit
bout de câble ; il fait recette, à la fin du mois, de la quantité de vieux
câble produite par ledit morceau, et il opère de la même manière pour
tous les cas analogues.

Lorsque la campagne qu'entreprend un bâtiment se prolonge au-delà
du terme qui lui était prescrit, ou que des circonstances imprévues lui font
sentir vivement des besoins, on se trouve quelquefois dans la nécessité de
condamner certains objets peu utiles, pour en confectionner d'autres qui
sont indispensables, dont on est privé, qu'on ne peut se procurer, parce
qu'on est à la mer ou dans un pays qui en est totalement dépourvu, ou
qu'on n'a pas non plus à bord, les matières premières nécessaires à leur
confection.

Dans ce cas le commandant fait connaître les objets qui sont indispensables
au service du bâtiment, et en désigne d'autres qui existent à bord, et qui
pourraient, sans inconvénient, être détournés de leur destination particulière.
Si l'objet que le commandant veut consacrer auxdites confections, est de
quelque importance et doit être dénaturé, il sera préalablement condamné
par une commission, qui rédigera un procès-verbal indiquant les motifs de
la condamnation.

En conséquence, ledit commandant nomme une commission dont le
commis d'administration fait partie, à laquelle sont adjoints le maître qui
est chargé de l'objet mis en délibération, ainsi que le maître qui doit en
employer les matières, lui ordonne de s'assurer de l'état dans lequel il se
trouve, et du parti qu'on pourrait en tirer.

La commission, composée des officiers désignés par le commandant, fait
examiner par les maîtres et examine elle-même l'objet en question : elle
s'assure de son état, de ce qu'il peut produire, des avantages ou des in-
convéniens qu'il y aurait à le dénaturer ou à le laisser subsister dans son
état actuel ; enfin elle fait toutes les observations qu'elle croit fondées, et
dans le cas de dissidence d'opinion entre les membres de la commission,

elle rédige un rapport qu'elle remet au commandant ; celui-ci partage ou non l'avis de la commission, et fait connaître ses intentions par écrit au bas dudit rapport.

Si ses intentions sont que l'objet soit condamné, sous sa responsabilité personnelle, le commis d'administration rédigera un procès-verbal à peu près conforme au modéle N.° 51, dans lequel il fera mention de la manière dont la commission a été convoquée, de la sévérité avec laquelle elle a examiné l'objet, et du rapport qu'elle a adressé au commandant. Passant ensuite à l'objet, il en relatera l'état, la qualité, les dimensions et le poids en kilogrammes, ou la quantité en mètres. Il fera connaître aussi l'objet à la confection duquel il doit être affecté, et indiquera que les produits de la démolition ont été portés en recette à l'article du magasinier ou de tel autre maître. Ledit procès-verbal, signé par tous les membres de la commission, ainsi que par les maîtres désignés, et visé par le commandant, sera transcrit sur le registre à ce destiné, et il sera précédé du rapport de la commission, dont le commis d'administration conservera l'original.

Le commis d'administration portera, à la fin du mois, sur son registre de recette et à l'article de chaque maître, les produits de ladite démolition, ainsi que les objets confectionnés, et il portera de même en dépense l'objet condamné.

Indépendamment de ce qui a été confectionné avec les produits des démolitions, on fait aussi certains objets avec des cordages neufs, du fer, du bois, de la toile, etc., embarqués pour remplacer ceux qui se perdent ou qui s'usent.

Lorsqu'un maître a confectionné un objet pour le compte d'un autre maître, il en fait la remise au magasin général du bord, et celui qui doit l'employer en fait aussitôt la demande. Alors la recette et la dépense concernent le magasinier.

Si cet objet ne pouvait ou ne devait pas, par sa nature, être versé au magasin général, le maître qui l'aurait confectionné, s'en ferait donner, par le maître à l'usage duquel il serait destiné, le reçu signé de l'officier chargé de son détail particulier et de l'officier chargé du détail du bâtiment. Il le comprendrait dans ses consommations du mois et en motiverait la dépense, qu'il appuierait du reçu dont il s'agit.

N.° 51. Procès-verbal de condamnation.

Objets confectionnés avec les matières premières.

Les motifs des consommations indiquent assez le but auquel ils tendent. Si le maître de manœuvre, par exemple, a demandé au magasin général tant de mètres de cordage de telle dimension, et qu'il ait fait connaître sur sa demande, signée par qui de droit, que ce cordage doit servir à la confection d'une écoute de grand hunier, il est évident qu'à la fin du mois le magasinier, qui a enregistré la demande du maître, sans négliger les motifs, portera en consommation le même nombre de mètres de cordage, et mettra pour motif de sa dépense qu'il a été employé à la confection d'une écoute de grand hunier, dont le commis d'administration chargera ledit maître, tant sur son registre de recette qu'à sa balance. Il pourra être opéré de même à l'égard de toutes les consommations de matières susceptibles de produire divers objets, et le comptable qui les surveillera, sera certain de ne se trouver jamais dans l'embarras.

Toutes les fois qu'un bâtiment qui relâchera dans les colonies, devra y débarquer des objets d'approvisionnement, pris sur ceux qui sont à la charge des maîtres, le commis d'administration opèrera comme nous l'avons dit à la page 107, en traitant des vivres.

Outre les consommations dont nous venons de nous occuper, il s'en fait d'autres qui se justifient par des procès-verbaux. Comme nous croyons nous être assez appesanti sur toutes les autres, nous ne parlerons plus que de celles-ci.

A la suite d'un coup de vent violent, à la mer, il n'est pas sans exemple qu'un hunier soit enfoncé et même emporté ; un mât, une vergue cassés, et beaucoup d'objets tombés à la mer par suite de la même cause qui produit presque toujours de semblables effets.

Comme les évènemens de mer sont variés à l'infini, et que pour les déterminer tous d'une manière, sinon positive, au moins probable, il faudrait entrer dans des détails interminables, nous n'en ferons connaître que deux ou trois qui serviront de base à tous les cas extraordinaires qui pourraient se présenter.

Si, d'après ce qui précède, un hunier était enfoncé et emporté, en tout ou en partie, le commis d'administration en dresserait un procès-verbal conforme au modèle N.° 52, constatant l'évènement ainsi que la perte dudit hunier. Pour être certain de ne pas commettre d'erreur dans la rédaction de ce procès-verbal, ledit commis d'administration aura soin de consulter la table de loch sur laquelle l'officier aura écrit le quart pendant lequel l'accident sera survenu ; c'est d'après ce document qu'il parviendra à motiver convenablement son procès-verbal, dont nous ne pouvons donner ici qu'une esquisse.

S'il restait des débris dudit hunier, la quantité et la qualité en seraient spécifiées dans ledit procès-verbal, et portées en recette à l'article du magasinier, comme le hunier serait porté en dépense à l'article du maître voilier.

Si par suite de semblables évènemens, un mât, une vergue ou tout autre objet important venait à casser, il en serait aussi dressé procès-verbal dans la forme du modèle ci-dessus, en y apportant les changemens que nécessiteraient les circonstances particulières dans lesquelles on serait placé ; et pour ce qui est relatif aux portions que l'on aurait pu sauver desdits objets, elles seraient portées en recette à l'article des maîtres qu'elles concerneraient, de manière à ce que les intérêts du Roi ne fussent jamais lésés.

Mât, vergue ou autre objet cassé.

Si des objets confectionnés d'une moindre importance et même d'une valeur très-modique, tombent à la mer, le maître qui en est responsable en rend compte à l'officier de quart, qui, après s'être assuré par lui-même qu'il est impossible de les sauver, en fait mention, comme nous l'avons dit, sur la table de loch. Le commis d'administration en dresse aussitôt le procès-verbal, qui, comme pour les cas ordinaires, pourrait être conforme au modèle N.º 11 ; il sera signé par l'officier de quart, l'officier chargé du détail, et visé par le commandant (1).

Objets non consommables tombés à la mer.

Tous les objets dont la perte est constatée par des procès-verbaux, doivent être compris dans les feuilles de consommations mensuelles des maîtres. Nous croyons que cette marche est la seule qui doive être suivie ; et nous voudrions même que les objets versés sur d'autres bâtimens fussent aussi compris chaque mois dans lesdites feuilles de consommations. Le commis d'administration économiserait le temps qu'il est obligé d'employer à des

Objets dont la perte est constatée par un procès-verbal.

----

(1) L'article 45 du réglement du 1.ᵉʳ novembre 1784 n'exige de procès-verbaux que lorsque des accidens considérables donnent lieu à des consommations de mature, de câbles, d'ancres, etc., ce qui nous fait supposer, avec beaucoup de fondement, que dans tous les cas ordinaires les feuilles de consommations des maîtres suffisent pour justifier des pertes si minimes. (Voyez à la suite des modèles nos observations sur les procès-verbaux.)

recherches fastidieuses, lorsque tous les élémens de sa comptabilité sont disséminés sur des points très-éloignés les uns des autres, et les comptes en deviendraient plus clairs.

Comme ce que nous venons de dire abonde dans le sens de l'article 104 du réglement du 1.ᵉʳ novembre 1784, nous pensons que les commis d'administration n'hésiteront pas à s'y conformer.

Opération après le combat.
(*Ordon. du 21 Octobre 1827, art. 280*).

Après le combat, il sera fait par le commis d'administration, de concert avec les officiers chargés des détails particuliers des maîtres et l'officier chargé du détail général, un recensement des munitions restant à bord, qui sera remis au capitaine du bâtiment.

Tenir ses écritures à jour.

C'est en tenant ses écritures constamment à jour, que le commis d'administration obtiendra d'excellens résultats ; c'est en ayant l'œil toujours ouvert sur les recettes et les dépenses, qu'il forcera les maîtres à ne pas consommer en écritures plus qu'ils n'ont reçu en nature ; et, soit qu'il débarque pour un motif quelconque, soit que son bâtiment désarme, il sera toujours en mesure de présenter des comptes aussi satisfaisans que promptement expédiés.

TITRE QUATRIÈME.

SERVICE AU RETOUR
OU AU DÉSARMEMENT.

SECTIONS
contenues dans ce Titre.

TITRE QUATRIÈME.

PREMIÈRE SECTION.

Sommaire des matières contenues dans cette Section.

I.ᵉʳ §. PERSONNEL.

II.ᵉ §. SOLDE. (Equipages de ligne).

SOLDE. (Inscription maritime).

TITRE QUATRIÈME.

SERVICE AU RETOUR OU AU DÉSARMEMENT.

PREMIÈRE SECTION.

Personnel, Solde et Habillement.

I.ᵉʳ §. PERSONNEL.

Lorsqu'un bâtiment revient, après avoir fait une longue absence des ports de France, et que le ministre ordonne qu'il reste en rade ou qu'il entre dans le port pour y être réparé ou désarmé, le premier soin du commis d'administration doit être d'informer l'administrateur en chef du port où il aborde, de l'arrivée du bâtiment, ainsi que des circonstances extraordinaires dans lesquelles il aurait pu se trouver pendant la campagne.

Lors du débarquement d'un équipage de ligne ou d'une portion d'équipage, le conseil secondaire fera dresser, par le commis d'administration, des états semblables à ceux que le dépôt général a rédigés, lors de l'embarquement; il les vérifiera et les fera viser par le commissaire des armemens : ces états seront remis au commissaire chargé des revues. La même formalité sera observée à l'égard des hommes qui débarqueront isolément.

Il doit, aussitôt que possible, remettre au bureau des armemens et au dépôt général,

L'état de situation de l'équipage à l'époque du jour de l'arrivée ;

L'état des mouvemens survenus à bord depuis la date du dernier état fourni ; et au bureau des armemens seulement,

L'état des lieux où le bâtiment a relâché depuis l'envoi du dernier état ;

Les actes de naissance, les testamens, les actes de décès et les inventaires des hardes des marins morts ou désertés, qu'il n'aurait pas encore expédiés, ainsi que les sacs cachetés contenant les hardes et effets qui n'auraient pas été délivrés au marins ;

Les états faisant connaître la cession de quelques portions ou de la totalité desdites hardes, et les individus qui les ont achetées, au compte desquels elles ont dû être préalablement apostillées sur le rôle du bord ;

Les états des sommes qui auraient été payées, à titre d'à-compte de solde ou de traitement de table, tant à l'état-major qu'à l'équipage.

Opérations concernant le rôle d'équipage.

Dès que tous ces états et pièces auront été fournis, ainsi que tous ceux que le commis d'administration pourrait encore avoir concernant ce détail, il transportera son rôle à terre et le collationnera avec celui du bureau, pour s'assurer que les mouvemens qu'il a envoyés sont parvenus, et qu'ils ont été exactement apostillés sur ce dernier rôle ; que les paiemens qui ont été effectués, tant dans les colonies françaises que dans les pays étrangers, et dont il aura rapporté des états en forme, auront été transcrits sur le même rôle.

Quant aux paiemens faits en France pendant l'absence du bâtiment, comme le bord n'a pu les connaître qu'au retour, le commis d'administration se bornera à copier fidèlement sur son rôle, ceux qu'il trouvera consignés sur celui du bureau des armemens.

Marins qui sont à l'hôpital, qui s'absentent ou qui désertent.

Si, pendant le séjour en rade ou le désarmement, des hommes doivent entrer à l'hôpital, il leur délivrera, sur le rapport du chirurgien-major, des billets pour y être admis ; si des marins s'absentent pendant plusieurs jours, il tiendra note des jours durant lesquels ils se seront absentés, et en dressera l'état, qu'il remettra au commissaire des armemens à la fin du mois ou au désarmement définitif ; et si leur absence se prolonge au-delà de trois jours, il en rédigera les signalemens en double expédition ; enfin, si ces individus étaient ramenés, il dresserait de nouveaux signalemens, aussi en double expédition, et des plaintes en désertion, auxquels il serait donné la suite indiquée à la page 20.

Nous croyons devoir renouveler ici, au commis d'administration, la recommandation que nous lui avons faite en traçant, le mieux que nous avons pu, ses devoirs pendant l'armement, de ne pas perdre de vue les nombreuses mutations qui ont lieu avant qu'un bâtiment soit désarmé définitivement. Beaucoup d'individus vont à l'hôpital ou en sortent, d'autres débarquent ou s'absentent sans permission : c'est un mouvement perpétuel, qui exige la plus grande attention et les soins les plus minutieux de la part du commis d'administration.

Lorsque le commis d'administration aura rempli toutes ses obligations à l'égard des derniers paiemens à faire aux marins des classes et de leur congédiement, qu'il aura prouvé par des billets de remise ou autres pièces, au commissaire des armemens, que les vêtemens reçus à bord pendant la campagne, ont été versés au magasin général du port, ou cédés ou délivrés, et qu'il n'aura plus à s'occuper que de terminer ses comptes, il apostillera sur son rôle les mutations auxquelles le désarmement a donné lieu. Il y enregistrera aussi les paiemens faits à l'équipage depuis ceux qu'il y a portés, et comparera de nouveau ce rôle avec celui tenu dans les bureaux du commissaire des armemens.

Il fera certifier cette opération par ledit commissaire ; il établira le décompte des sommes acquises par chaque individu durant l'année, tant pour solde que pour traitement de table et supplémens quelconques ; il totalisera ensuite les sommes payées aux mêmes individus, à quel titre que ce soit ; déduira les paiemens effectués des sommes acquises, et formera le restant à payer à chacun, ou le trop payé à quelques-uns d'entre eux.

Il additionnera ensuite, par page, lesdites sommes acquises, payées, etc., et les portera, dans l'ordre où les feuillets les présentent, à la récapitulation générale qui est placée à la fin du rôle. Enfin, cette dernière opération terminée, le commis d'administration la fera certifier par le commissaire des armemens et vérifier par le sous-contrôleur près ce détail, entre les mains duquel il déposera ledit rôle, et dont il ne négligera pas de retirer un reçu qui mentionne l'état dans lequel ce document lui aura été remis.

II.e §.   S O L D E   (Equipages de ligne).

Arrêté de comptes au désarmement.
(*Réglement du 19 octobre 1825, art. 116*).

Au désarmement, chaque compte sera arrêté et balancé, et le solde acquitté à chaque homme. Lesdits comptes seront arrêtés et certifiés par le conseil d'administration.

Produire devant une commission les registres, pièces, etc.
(*Même régl. art. 117*).

A l'arrivée des bâtimens dans le port, soit pour y désarmer ou y relâcher, les conseils secondaires produiront, devant une commission nommée par le conseil d'administration du port, et dont le commissaire des armemens fera partie, les divers registres relatifs à la comptabilité des avances ; ils les accompagneront de toutes les pièces justificatives, et il sera procédé, par cette commission, ainsi que par ledit conseil d'administration, à l'apurement de la comptabilité.

Les conseils secondaires des bâtimens seront responsables de la régularité desdits comptes, et les officiers qui en feront partie, ne pourront recevoir le paiement de leurs appointemens, qu'après qu'elle aura été constatée par la délibération du conseil d'administration du port.

Perte de fonds par évènemens de force majeure.
(*Même régl. art. 127*).

En cas d'allégation de perte de fonds par évènemens de force majeure, il y sera statué par le ministre de la marine, sur le rapport d'une commission, et sur l'avis en révision du comité de la marine du conseil d'état.

Si le prononcé est contraire aux responsables, il leur sera permis d'en appeler au Roi, en son conseil d'état, dans les délais fixés par l'acte du 22 juillet 1806.

Dans la supposition inverse, la décision du ministre, approuvée par le Roi, opèrera leur décharge.

S O L D E   (Inscription maritime).

Revue de désarmement.

Le jour du désarmement, de même qu'après la mise en rade, le commissaire des armemens et le sous-contrôleur près ce détail, se rendent à bord, et y passent la revue dite de désarmement. Comme nous l'avons déjà dit, le commis d'administration reçoit, après cette opération, du même commissaire, un mandat du montant des sommes à payer aux marins pour parfait paiement de ce qu'ils ont acquis pendant la campagne, ou pour à-compte seulement sur ce qui leur est dû. Le commis d'administration touche ces sommes et les distribue, sous le plus bref délai possible, aux gens de l'équipage, attendu que ceux-ci sont la plupart congédiés, et qu'il est urgent de ne pas retarder leur départ.

III.e §.   HABILLEMENT (Équipages de ligne).

Les comptes de l'habillement des corps à la mer, ne seront rendus qu'au retour des bâtimens [dans les ports d'armement, et jusqu'à cette époque, les effets qu'ils auront reçus à titre d'approvisionnement de prévoyance, seront considérés comme des dépenses faites par le dépôt général, pour le compte desdits corps.

Comptes de l'habillement rendus au retour. (*Réglement du 19 octobre 1825, art. 6*).

Lorsque les conseils secondaires auront justifié de l'emploi des effets confiés à leurs soins et des retenues exercées pendant le cours de la campagne pour en acquitter le montant, le compte sommaire en sera remis au préfet maritime.

Si les bâtimens rapportent des effets dont la délivrance n'ait pas eu lieu, ils seront réintégrés dans les magasins du dépôt général.

Il examinera la dépense de chaque corps, et il en fera la comparaison avec les fournitures faites aux hommes et inscrites à leur compte, afin de s'assurer si la valeur de ces fournitures a été reprise sur la solde, et si le gouvernement est à couvert de ses avances, soit par des retenues déjà exercées, soit par des annotations faites sur les contrôles, à l'article de chaque homme.

Au retour de la campagne, les effets faisant partie de l'approvisionnement de prévoyance, qui n'auront pas été délivrés, seront versés au dépôt général.

A qui les effets seront remis. (*Même régl. art. 94*).

Le conseil d'administration du dépôt en donnera décharge.

Si, au retour de la campagne, tout ou partie des effets embarqués, et dont la délivrance n'aurait pas été faite, se trouvaient avariés ou hors d'état de servir, une commission, composée du capitaine de frégate du dépôt, d'un lieutenant de vaisseau et d'un enseigne aussi du dépôt, en dresserait procès-verbal pour en constater l'état; sur sa déclaration, remise serait faite au dépôt, des effets susceptibles de réparations, et les autres seraient déposés au magasin général.

Commission qui devra examiner les effets avariés. (*Même régl. art. 95*).

Ceux des effets dans le même cas, fournis par le magasin général, seront examinés par la commission ordinaire des recettes, et le procès-verbal qu'elle rédigera, servira à autoriser la destination qui leur sera donnée.

HABILLEMENT. (Inscription maritime).

Cas où un bâtiment
désarme.
(*Inst. minist. art.* 75).

Si, au retour d'une campagne, un bâtiment doit désarmer, il ne sera plus fait de délivrances d'effets à bord, aussitôt que le bâtiment sera en rade; et le reste de l'approvisionnement de prévoyance sera remis, le plus promptement possible, au magasin général.

Bâtiment restant armé.
(*Même inst. art.* 76).

Tout bâtiment qui, restant armé après le retour d'une campagne, ne recevra pas dans les quinze jours qui suivront son arrivée, une destination qui comportera l'existant à bord, d'un approvisionnement de prévoyance, remettra au magasin général le restant de son approvisionnement; toutefois on en prélèvera les effets nécessaires aux marins devant continuer leur service et ayant droit à des remplacemens.

Bâtiment en réparation.
(*Même inst. art.* 77).

Les bâtimens qui devront entrer dans le port pour se réparer, ne remettront leur approvisionnement de prévoyance au magasin général, qu'autant qu'ils ne seraient pas destinés à faire une nouvelle campagne.

S'ils conservent cet approvisionnement, il pourra en être prélevé les effets de petite tenue, dont les marins auraient un besoin indispensable.

Ces délivrances devront être faites ainsi qu'il est prescrit à la page 26.

Visite des effets
restant à bord.
(*Même inst. art.* 78).

Lorsqu'un bâtiment sera autorisé à conserver ce qui lui restera de son approvisionnement de prévoyance, il sera procédé, immédiatement, à la visite des effets existant à bord : ceux qui auraient éprouvé des détériorations ou qui feraient naître quelques craintes sur leur plus longue conservation à bord, ainsi que ceux qui, par leurs dimensions, ne pourraient plus convenir aux marins, seront sur le champ débarqués et remis au magasin général.

Délivrances de hardes
dans le port.
(*Même inst. art.* 79).

Toute délivrance d'effets d'approvisionnement de prévoyance, faite à bord, dans les rades et ports du royaume, entraînera les mêmes formalités que si les bâtimens étaient à la mer; seulement les demandes devront être revêtues des mêmes signatures que celles prévues, pour les bâtimens en rade, à la page 58.

Vérification des effets
débarqués.
(*Même inst. art.* 80).

A l'égard des effets qui seront débarqués pour un motif quelconque, et remis au magasin général, on se conformera aux dispositions suivantes :

1.° L'officier chargé du détail, le commis d'administration et le magasinier assisteront, à terre, à la visite qui sera faite de ces effets, par la commission ordinaire du port;

2.º Les effets détériorés seront présentés séparément : le commis d'administration remettra à la commission les procès-verbaux constatant les causes des détériorations ;

3.º Tous les effets reconnus en bon état, seront immédiatement réintégrés dans les magasins du port, et délivrés, de préférence, les premiers ;

4.º Autant que la situation du magasin pourra le permettre, on ne délivrera pas ces effets pour un approvisionnement de prévoyance ;

5.º Les effets atteints de quelques détériorations, seront appréciés suivant l'état où ils se trouveront, et délivrés principalement aux marins aux cayennes ou en subsistance, qui devront être pourvus de quelques hardes, ainsi qu'à ceux embarqués sur les petits bâtimens du port ;

6.º Les magasiniers sont responsables des détériorations qui pourraient provenir à bord, de négligence ou de défaut de soins : celles occasionnées par des évènemens de mer, légalement constatées, sont les seules qui ne soient pas à leur charge : on suivra, à cet égard, ce que prescrit l'article 34 du réglement du 30 octobre 1822, sur le service de ces agens à bord.

Magasiniers responsables des détériorations.

COMPTABILITÉ.

Il sera tenu, par le commis d'administration, un enregistrement détaillé (modèle N.º 53), des recettes et des délivrances en effets d'habillement.

Enregistrement à tenir, N.º 53. (Inst. minist. art. 106).

Cet enregistrement sera arrêté tous les trimestres, de la même manière que les autres pièces de comptabilité.

Il sera ouvert à bord, un compte à chaque marin (modèle N.º 54) : ce compte présentera ;

Compte à ouvrir à chaque marin. N.º 54. (Même inst. art. 107).

1.º (S'il y a lieu), sa dette à son arrivée, pour les hardes antérieurement fournies et dont il n'aurait pas encore pu opérer le remboursement, ou sa créance, dans le cas où les retenues qui lui auraient déjà été faites, excèderaient sa dette ;

2.º La valeur des effets qui lui seront délivrés alors ;

3.º Celle des remplacemens successifs ;

4.º Le montant des retenues qui lui seront faites ;

5.° Le décompte définitif au moment où il recevra une autre destination, ou de son entrée à l'hôpital, de son congédiement, de sa mort ou de sa désertion.

Ce compte sera tenu par le commis d'administration ; il sera arrêté par lui au réglement définitif du décompte, vérifié par l'officier chargé du détail, de concert avec l'officier chef d'escouade, et visé par le commandant.

Ledit compte devra concorder avec les annotations portées sur le livret dont chaque marin doit être pourvu, aux termes de l'article 42 de l'ordonnance du Roi du 17 Mars 1824.

Lorsqu'un marin recevra une nouvelle destination, ou qu'il devra entrer à l'hôpital ou être congédié, son livret devra être décompté, comme son compte ouvert, et signé de la même manière.

Si la liquidation du décompte a lieu à terre, le commissaire des armemens en portera les résultats sur le livret du marin, et en donnera connaissance au commis d'administration qui tiendra le compte ouvert.

États trimestriels.
(Inst. minist. art. 108).

A l'expiration de chaque trimestre, il sera dressé, par les commis d'administration des bâtimens mouillés dans les ports du royaume ;

N.° 55.

1.° Un état apprécié des effets d'habillement délivrés à chaque marin (modèle N.° 55).

N.° 56.

2.° Un état (modèle N.° 56), des marins qui auront cessé, pendant le trimestre, de faire partie de l'effectif du bâtiment, pour quelque cause que ce soit.

Ces états présenteront aussi la situation financière de chaque marin.

Ils seront remis au commissaire des armemens.

Si les bâtimens se trouvaient dans un port du royaume, autre que celui de leur armement, les états dont il s'agit seraient envoyés par le commissaire des armemens à son collègue chargé du même détail dans le port d'armement.

Bâtimens hors du royaume.
(Inst. minist. art. 109).

N.° 57. État apprécié des hardes des marins décédés ou désertés.

Lorsque les bâtimens feront campagne, les deux états prévus par l'article précédent seront à dresser, non par trimestre, mais au moment où ils aborderont, soit dans une colonie française, soit en pays étranger, soit enfin à leur retour dans un port du royaume ; un troisième état fera connaître les effets appartenant aux marins morts et désertés, qui auront pu être successivement délivrés à bord (modèle N.° 57).

Dans les colonies et en pays étrangers, ces états seront dressés en triple expédition ; l'une restera au bureau des armemens ou à la chancellerie du consulat, et les deux autres seront envoyées, par des voies différentes, au ministre, qui les fera parvenir aux commissaires des ports d'armement.

Toutes les pertes de hardes seront, aux termes de l'article 30 de l'ordonnance du 17 mars 1824, constatées par des procès-verbaux dont des expéditions devront être également envoyées ou remises aux commissaires des armemens des ports d'armement ou de désarmement des bâtimens.

Pertes constatées par procès-verbaux. (*Inst. minist. art.* 110).

Pour les bâtimens qui auront reçu des approvisionnemens de prévoyance, les commis d'administration rendront un compte général (modèle N.° 58),

Compte général ; bâtiment ayant reçu un approvisionnement de prévoyance, N.° 58. (*Même inst. art.* 113).

1.° Des effets reçus et délivrés ;

2.° de la valeur de ceux remis aux marins et de la dette de chacun d'eux.

Ce compte sera rendu, suivant la position des bâtimens, soit à la fin de chaque année, soit au retour de ces bâtimens dans un port de France, soit, enfin, au désarmement.

Mais quelle que soit l'époque de la reddition de ce compte, il devra présenter l'ensemble des opérations depuis l'établissement du dernier compte, ou, s'il y a lieu, depuis l'armement.

Il sera remis ou envoyé au commissaire du port d'armement.

A la fin de chaque année, les commis d'administration des bâtimens qui n'auront pas reçu d'approvisionnement de prévoyance, dresseront un état général de situation de chaque marin présent à terre ou à bord à cette époque (modèle N.° 59), ainsi que celle des déserteurs, morts, congédiés, etc.

Bâtimens n'ayant pas reçu d'approvisionnement, N.° 59. (*Même inst. art.* 112).

TITRE QUATRIÈME.

DEUXIÈME SECTION.

Sommaire des matières contenues dans cette Section.

TITRE QUATRIÈME.

SERVICE AU RETOUR OU AU DÉSARMEMENT.

DEUXIÈME SECTION.

VIVRES.

Aussitôt que le bâtiment est mouillé sur la rade du port où il opère son retour, le commis d'administration sollicite, de l'administrateur en chef de la marine, comme il l'a fait la veille de l'entrée en armement, l'ordre de fourniture de vivres de journalier à l'équipage; il y joint un état de revue dudit équipage, et remet ces deux pièces au commis aux vivres, qui les dépose à la direction des subsistances, laquelle ordonne que les vivres demandés soient fournis.

Dès que les dix premiers jours sont expirés, le commis d'administration dresse une feuille de mouvemens de journalier, qu'il remet, comme nous l'avons dit, au commis aux vivres, après l'avoir transcrite sur son rôle de rations, et lorsqu'il s'agit de lancer une nouvelle demande de vivres, qui ne serait pas admise par la direction, si elle n'était accompagnée de cette pièce.

Lorsque le bâtiment est arrivé, le commis d'administration doit adresser au directeur des subsistances, toutes les pièces relatives à la comptabilité des vivres, qui auraient été dressées à bord, et qu'il n'aurait pu lui faire parvenir encore : ces pièces sont :

Pour la Recette,

Les marchés passés dans les pays étrangers et les états de recette auxquels ils ont donné lieu ;

Les états des denrées reçues dans les colonies françaises ;

18

Les procès-verbaux des vivres envoyés de France et reçus pour prolongation de campagne ;

Les états de versement de vivres, faits par d'autres bâtimens ;

Les certificats du cours du change ;

Les certificats négatifs ;

Les procès-verbaux constatant la recette du bois coupé pendant la campagne.

Et pour la Dépense,

Les feuilles de mouvemens à la mer ou de campagne ;

Les états de fournitures extraordinaires faites aux équipages ;

Les états de semblables fournitures aux malades, et aux marins atteints de boulimie ;

Les récépissés des denrées remises dans les magasins des colonies ;

Enfin toutes les autres pièces de recette ou de dépense, que le commis d'administration aurait encore par devers lui.

Il est bien entendu que tous ces documens, tant en débit qu'au crédit du commis aux vivres, auront été préalablement transcrits sur le registre du commis d'administration, et qu'ils présenteront toutes les garanties nécessaires pour les faire admettre.

Ordre pour remettre les vivres en magasin. (Instruction du 4 avril 1820, art. 35).

Quand le bâtiment entrera dans le port pour y désarmer, le commis d'administration réclamera de l'administrateur en chef de la marine, l'ordre de remettre les denrées et ustensiles existant à bord, dans les magasins de la direction des subsistances.

Appels pendant le désarmement.

Il sera fait dès ce moment, et pendant tout le temps que le désarmement durera, des appels journaliers ; et le commis d'administration dressera, à la fin du désarmement, un état d'économies semblable à celui dont nous avons parlé à la page 33.

Opérations à faire après le débarquement de l'équipage.

Le lendemain du jour où l'équipage aura été débarqué, ledit commis d'administration dressera la feuille des mouvemens de journalier, et la remettra, aussitôt que possible, au commis aux vivres, qui la déposera sans tarder, à la direction des subsistances, ainsi que l'état des économies dont il vient d'être question. Ce dernier aura dû préalablement être soumis au visa de l'administrateur en chef du port.

Il se fera rapporter ensuite, par le commis aux vivres, les reçus des denrées, liquides et ustensiles que celui-ci aura retirés des divers gardes-magasins des subsistances auxquels il aura fait des remises. Il transcrira aussitôt ces pièces sur son rôle de rations, totalisera ses recettes et ses dépenses tant en denrées qu'en ustensiles, portera sommairement à la balance les quantités comprises auxdits reçus, établira enfin sa balance, la signera, et la fera signer tant par l'officier chargé du détail que par le commandant, ainsi que tous les autres enregistremens qui n'auraient pas encore été revêtus de leurs signatures.

Se faire remettre, par le comunis aux vivres, les reçus des denrées et ustensiles.

Il portera, sous le plus bref délai possible, sur ses rôles de distributions individuelles de rations, les dernières mutations qui seront consignées sur son rôle d'équipage, collationnera les noms et les mouvemens portés sur lesdits rôles, et il fera certifier cette vérification par le commissaire des armemens.

Porter les dernières mutations sur les rôles de distributions individuelle..

Dès que les autres opérations relatives au désarmement le lui permettront, ou aussitôt que faire se pourra, il s'occupera de porter, dans la colonne du mois pendant lequel le bâtiment aura été désarmé, les rations individuelles distribuées à chaque marin pendant ce mois; il totalisera ces rôles, et il en portera, par ordre de folio, le montant à la récapitulation générale : il totalisera aussi ladite récapitulation, l'arrêtera, y apposera sa signature, et la fera signer par l'officier chargé du détail ainsi que par le commandant.

Arrêter lesdits rôles, etc.

Il ne négligera jamais de se faire délivrer, par la direction des subsistances, un certificat constatant qu'il a déposé dans ses bureaux, toutes les pièces relatives à la comptabilité des vivres pendant sa gestion sur le bâtiment.

Certificat à demander à la direction des subsistances.

Si le bâtiment était désarmé dans les colonies ou dans un port étranger, il serait dressé un procès-verbal constatant les espèces et quantités de vivres et ustensiles remis à terre. En cas de vente, il en serait également dressé procès-verbal.

Désarmement dans les colonies ou en pays étrangers. (Instruction du 4 août 1820, art. 3.).

Le commis aux vivres signerait ces procès-verbaux, et en rapporterait une expédition à l'appui de son compte (1).

____

(1) Si dans quelques pays étrangers, d'autres formalités que celles ci-dessus prescrites devaient être remplies, le commis d'administration s'y conformerait, en se rapprochant, toutefois, le plus qu'il serait possible des formes établies pour les désarmemens dans les colonies françaises.

TITRE QUATRIÈME.

TROISIÈME SECTION.

Sommaire des matières contenues dans cette Section.

TITRE QUATRIÈME.

SERVICE AU RETOUR OU AU DÉSARMEMENT.

TROISIÈME SECTION.

MATÉRIEL.

A MOINS qu'un bâtiment qui revient après une longue campagne pour être désarmé, ne soit totalement dépourvu d'objets consommables, il doit s'abstenir d'adresser aucune demande au magasin général ; et s'il est privé de ces objets, il n'en demandera que les quantités indispensables au service, pendant le peu de jours qu'il devra rester en rade.

Lorsque le bâtiment entrera dans le port, et que le commis d'administration aura connaissance de l'ordre qui en prescrit le désarmement, il clora les registres de consommations, de procès-verbaux et autres qui pourront l'être sans difficulté, et les présentera au visa du commandant ; il se fera remettre, tant par le magasinier que par les maîtres chargés, leurs dernières pièces de recette et de consommations, les transcrira sur les registres à ce affectés, et les portera de suite sommairement à la balance.

Aussitôt que toutes ces opérations seront arrêtées et qu'il sera sûr de leur exactitude, il totalisera les recettes ainsi que les dépenses, déduira les dernières des premières, et il obtiendra pour résultat, un existant à bord, qui, d'après la balance, doit être subdivisé de la manière suivante :

Remises au magasin général.

———————————— particulier.

Restant à bord au désarmement.

Le commis d'administration prendra connaissance au bureau du commissaire aux approvisionnemens des objets qui, d'après le réglement du 9 novembre 1817, doivent être déposés dans le magasin particulier du bâtiment ou laissés à bord.

Billets pour remettre les objets en magasin. (Ordonn. du 31 octobre 1827 ; art. 555 et 577).

Dès qu'il aura obtenu des renseignemens suffisans pour n'être plus arrêté dans sa marche, il dressera pour chaque maître, et par section du magasin général, des billets de remise, par primata et duplicata, et autant qu'il en faudra pour épuiser l'article d'un maître ; il opèrera de la même manière pour les objets qui doivent être placés dans le magasin particulier (1).

Ces billets de remise en magasin ne seront soumis qu'aux seules signatures du commissaire aux approvisionnemens, du contrôleur et du garde-magasin.

Quand tous les billets de remise du même maître seront sortis des mains du commis d'administration, il expédiera ceux du maître qui le suit immédiatement dans l'ordre de l'inventaire, et successivement jusqu'à ce que le dernier dans ledit ordre ait reçu les siens.

Objets restant à bord au désarmement. (Même ordon. art. 298).

N.° 60. Etat à ce sujet.

Quant aux objets restant à bord au désarmement, le commis d'administration s'en fera donner la note par chacun des maîtres qui en sont responsables, et en dressera un état en triple expédition, conforme au modèle N.° 60. Il présentera cet état à la commission qui se rendra à bord le jour où le bâtiment devra être définitivement désarmé, laquelle commission, après s'être assurée que les objets portés sur l'état existent réellement, en gardera deux expéditions, et apposera son récépissé au bas de celle que le commis d'administration doit conserver pour être mise à l'appui de ses comptes.

Porter sur la balance les quantités remises.

Au fur et à mesure que les divers maîtres auront retiré des magasins du port les reçus des objets qu'ils y auront remis, il les rapporteront au commis d'administration qui en portera les quantités sur la balance.

Lorsque l'un d'eux lui présentera ses derniers duplicata de remise en magasin, revêtus des formalités indispensables, c'est-à-dire, signés par les sectionnaires et visés du garde-magasin de la marine, il terminera son enregistrement. Il totalisera les trois dernières colonnes dont nous venons de

---

(1) Un état général en forme de remise, doit être dressé pour tous les objets qui sont déposés dans ledit magasin.

parler, avec les autres dépenses de la campagne ou de l'année, et s'assurera s'il y a des excédans ou des déficits. Il réglera définitivement avec ce maître ; et lorsqu'ils seront convaincus que tout est exact, le commis d'administration lui délivrera sa décharge, qui sera signée de lui ainsi que de l'officier chargé du détail et visée du commandant.

Cette décharge doit servir à faire payer audit maître, son décompte et ses frais de route, s'il y a lieu.

Si les comptes présentaient des déficits, quels qu'ils fussent, le commis d'administration devrait, sous peine de s'en rendre responsable, en faire mention sur la décharge, à l'effet de mettre le bureau des armemens à même d'en opérer la retenue sur ce qui revient au maître.

Mais lorsque le commis d'administration aura rempli tous ses devoirs et toutes ses obligations, qu'il aura surveillé les consommations comme nous le lui avons recommandé, il se trouvera rarement dans ce cas, et il en éprouvera d'autant plus de satisfaction que ses travaux auront un plein succès.

Il opèrera de la même manière à mesure que d'autres maîtres se présenteront avec leurs billets en règle, et il parviendra à établir des comptes dont la netteté et la précision feront son éloge.

Si le bâtiment était désarmé dans les colonies ou dans un port étranger, le commis d'administration opèrerait comme il est dit à la page 139.

Pièces relatives à la comptabilité en général, que le commis d'adminis- tration doit remettre à la commission chargée de l'apurement des comptes des bâtimens désarmés.

Lorsque tous les registres et tous les documens dont il est question dans ce travail, auront été clos et arrêtés, le commis d'administration en dressera un bordereau en double expédition, au bas de l'un desquels il fera mettre le récépissé de la personne entre les mains de laquelle il déposera sa comptabilité pour être vérifiée et apurée, lequel lui servira de décharge.

Au moyen de ce récépissé, il pourra toujours justifier de la remise de telle pièce qui pourrait lui être réclamée ultérieurement.

19

TITRE CINQUIÈME.

SERVICE DES PRISES.

TITRE CINQUIÈME.

SERVICE DES PRISES.

SOMMAIRE des matières contenues dans ce Titre.

TITRE CINQUIÈME.

SERVICE DES PRISES.

Extrait du Réglement du 1.er Novembre 1784.

SERVICE DES PRISES A LA MER.

Art. 96. Aussitôt qu'il aura été fait une prise, le commis aux revues s'y transportera avec l'officier nommé à cet effet par le capitaine, et constatera la prise par des procès-verbaux dans la forme de ceux ci-après, N.ºs 61 et 62, en désignant avec soin les bâtimens qui, suivant l'ordonnance, devront avoir part à la prise.

Art. 97. Il dressera, conformément à la déclaration du Roi du 24 juin 1778, et à l'ordonnance ou instruction du 27 septembre suivant, un état sommaire du bâtiment et des marchandises et effets qu'il contiendra, soit qu'il en ait connaissance par les factures, ou par le rapport des gens de l'équipage : cet état devra être signé du capitaine du bâtiment pris, ou, en cas de refus de sa part, il en sera fait mention.

Art. 98. S'il se trouve des effets précieux, comme diamans, bijoux, or et argent, ou effets de cette nature, il aura soin d'en désigner autant que possible, l'espèce et la quantité, pour les laisser à la consignation du capitaine ou conducteur de la prise, et il pourra même les faire transporter à bord du vaisseau, s'il le juge plus sûr pour leur conservation : alors ces effets y seront à la consignation du commandant et à la sienne.

Art. 99. Il fera mettre dans la cale les effets qui pourront se trouver dans la chambre et dans l'entrepont, et fera tirer de la cale, autant que possible, les vivres nécessaires pour la traversée que la prise aura à faire, et les câbles, cordages, etc., nécessaires à sa navigation ; et il mettra ensuite le scellé sur les écoutilles, chambres, coffres, armoires, ballots et autres choses fermant à clé ou emballées : il fera mention, sur l'inventaire, des scellés ainsi apposés. Cet inventaire sera signé dudit officier désigné, visé du capitaine et signé du commandant ou conducteur de la prise, à qui il en remettra une expédition signée de lui.

Art. 100. Il s'assurera que rien ne soit détourné, et rendra compte au capitaine, des précautions qu"il aura prises à cet effet.

Art. 101. Il se saisira de tous les papiers, et les renfermera dans un sac cacheté dont il chargera le commandant ou conducteur de la prise, pour les remettre aux officiers de l'amirauté du port où elle abordera.

Art. 102. Il remettra pareillement au commandant ou conducteur de la prise, le rôle des gens de l'équipage que le capitaine aura nommés pour la conduite du bâtiment, ainsi que des prisonniers qui y seront laissés ; ce rôle sera signé de lui, ainsi que de l'officier chargé du détail et visé par le capitaine. Il aura soin d'apostiller sur son rôle tous les gens de l'équipage ainsi détachés.

Art. 103. Il dressera également une liste des prisonniers tirés de la prise, dont il remettra une copie à l'intendant ou ordonnateur du port où ils seront débarqués. Il distinguera sur cette liste, ceux qui seront nourris à la table du capitaine, ou à celle des lieutenans, ou à leurs offices, et ceux qui le seront par le munitionnaire.

Art. 104. S'il est fourni du vaisseau preneur, des munitions à la prise, indépendamment du soin qu'aura le commis aux revues d'en faire dépense sur son registre de consommation, il en dressera un état (N.º 45) et il formera également un état de toutes les dépenses qui pourraient être faites pour la conservation et navigation du bâtiment pris. Ces états seront signés de lui, de l'officier chargé du détail, du commandant ou conducteur de la prise et visés du capitaine ; il en remettra un double à l'officier ou conducteur de la prise, pour être remis à l'intendant, ordonnateur ou commissaire en chef du port où elle abordera, afin qu'il en ordonne la remise au Roi, ou le remboursement.

Art. 105. S'il est tiré de la prise, des munitions ou effets pour le service du vaisseau preneur, ou de quelqu'autre bâtiment français, il en sera pareillement dressé un état dans la même forme, dont il sera remis une expédition au commandant ou conducteur de la prise, pour la présenter à l'intendant ou ordonnateur, ou commissaire en chef du port où elle abordera, et la remettre ensuite au contrôleur de la marine, qui fera ses diligences, pour qu'il soit tenu compte de la valeur à la caisse des prises; et pour mettre cet objet en règle, le commis aux revues aura soin d'apostiller, sur son état d'armement et de consommation, les munitions et effets tirés de la prise (1). *[Munitions tirées de la prise.]*

Art. 106. S'il est donné des vivres à la prise, ledit commis aux revues en dressera un état qu'il remettra à l'officier qui la commandera, et il en gardera un double, au bas duquel il prendra le reçu dudit officier : ces deux états seront remis, à l'arrivée, au bureau des armemens (2). *[Vivres fournis à la prise.]*

Art. 107. Et s'il est tiré de la prise, des vivres pour le bâtiment preneur ou pour un autre bâtiment du Roi, il en dressera pareillement l'état, au bas duquel il prendra le reçu du commis des vivres, qu'il certifiera, ainsi que l'officier chargé du détail, et fera viser du capitaine (3). *[Vivres tirés de la prise.]*

Le conducteur de prise doit, à son arrivée, remettre cet état au contrôleur de la marine, afin qu'en sa qualité de représentant des états-majors et des équipages, il tienne la main à ce qu'il soit tenu compte à la caisse des prises, du montant de ces vivres par le munitionnaire.

Art. 108. Si le capitaine se déterminait, étant en mer, à embarquer sur des navires de puissances neutres qu'il rencontrerait, les prisonniers de guerre qu'il aura faits, le commis aux revues en dressera une liste, nom par nom et grades, qu'il signera et fera viser au capitaine commandant, au bas de laquelle il fera mettre la soumission signée par le capitaine et les principaux officiers du bâtiment pris, portant qu'ils s'engagent à faire échanger et renvoyer un pareil nombre de prisonniers français de même grade, et de ne point servir jusqu'à ce que ledit échange ait eu son effet. *[Débarquement des prisonniers à la mer.]*

---

(1) C'est-à-dire qu'il en fera la transcription sur le registre de recette.

(2) État de versement conforme au modèle N.º 45, dont une expédition sera remise à la direction des subsistances.

(3) Le commis d'administration qui recevra, portera les quantités en recette sur le rôle de rations.

Cette liste originale sera remise, à la première relâche dans les ports du royaume, à l'intendant, et dans les ports neutres, aux consuls de la nation française, pour être envoyée au secrétaire d'état ayant le département de la marine, conformément au mémoire du Roi du 22 mars 1759, et à l'article 2 de l'ordonnance du 4 octobre 1760, concernant les prisonniers de guerre faits à la mer par les navires armés avec commission de guerre.

Débarquement des prisonniers dans les ports étrangers.

Art. 109. Si c'est dans les ports des puissances neutres que le capitaine se décide à débarquer lesdits prisonniers, il en sera dressé une pareille liste, qui sera remise au consul ou autre personne chargée des affaires de France, qui consignera au consul de la nation ennemie lesdits prisonniers, et en retirera un reçu, avec l'obligation de faire tenir compte de leur échange par un pareil nombre de prisonniers français de même grade.

Otages.

Art. 110. Dans l'un et l'autre cas, il doit être conservé à bord, le capitaine et quelques principaux officiers pris, non-seulement pour servir d'otages jusqu'à ce que l'échange promis ait été effectué, mais encore pour donner aux officiers de l'amirauté les éclaircissemens nécessaires à l'instruction de la procédure de la prise, et à son jugement.

Prises brûlées ou coulées.

Art. 111. Si l'on prenait quelque bâtiment qui ne fût pas en état d'être amariné, et que, par cette raison, le capitaine voulût le brûler ou le couler bas, le commis aux revues se transportera à bord avec l'officier que le capitaine nommera, pour retirer les équipages et les principaux agrès, munitions, marchandises, vivres et autres effets de valeur qui pourraient s'y trouver.

N.° 63. Procès-verbal à ce sujet.

Il dressera le rôle nom par nom et qualité dudit équipage, l'inventaire des quantités et qualités des effets retirés, et un procès-verbal, suivant le modèle N.° 63, pour constater la perte du bâtiment, qu'il signera conjointement avec ledit officier et le capitaine du bâtiment pris : ces trois pièces seront visées par le capitaine commandant.

SERVICE DES PRISES DANS LES PORTS.

Remise des pièces au contrôleur.

Art. 115. Il est très-essentiel qu'au retour du bâtiment preneur, le commis aux revues remette au contrôleur de la marine, les procès-verbaux des prises faites pendant la campagne, les états sommaires qu'il aura pu en dresser, ainsi que les états des munitions et vivres qui en auront été tirés, afin de vérifier ensemble si ces différens objets ont été mis en règle ;

Et enfin, les procès-verbaux (N.º 63) des bâtimens ennemis qui auront été brûlés ou coulés bas, ainsi que les états des effets quelconques qui auront été sauvés.

Art. 116. Ledit commis aux revues fera pareillement sa déclaration dans les vingt-quatre heures, au greffe de l'amirauté, des prises rançonnées, coulées bas à la mer ou brûlées, *si toutefois ce sont des bâtimens portant de l'artillerie* (1), afin de remplir, à cet égard, les formalités prescrites par l'ordonnance.

Art. 117. Si l'on vend dans les colonies ou dans les pays étrangers, des prises faites par le vaisseau, dans le cas que la liquidation, la répartition et le paiement y aient été faits, le commis aux revues rapportera un rôle de ceux qui n'auront pu toucher, par mort ou absence, ce qui leur revenait, pour le déposer, au retour, au bureau de la répartition des prises de son département, afin qu'il en soit tenu compte aux absens, et fait remise aux familles des morts. En ce cas, il demandera que le montant de ces restans à payer soit remis à sa consignation, pour être, à son arrivée, déposé à la caisse des prises, sur un ordre de l'intendant ou ordonnateur qui opérera sa décharge.

Art. 118. Si l'on ne fait que la vente, il en rapportera les pièces justificatives et la liquidation, et remettra ces pièces, au retour, à l'intendant ou ordonnateur du département, afin que celui-ci donne ses ordres pour la répartition.

Si les fonds ont été remis à la consignation du capitaine et à celle du commis aux revues, celui-ci en fera son rapport à l'intendant ou ordonnateur, pour, sur un ordre de ce dernier, les verser dans la caisse des prises.

---

(1) On observe que, comme l'ordonnance du 27 mars 1778 n'accorde de gratification relativement aux bâtimens coulés bas ou brûlés à la mer, que pour ceux portant des canons, il ne doit être fait de déclaration à l'amirauté que pour ceux de cette espèce. Celles qui seraient faites pour des navires sans artillerie, non-seulement seraient inutiles, mais elles occasionneraient des frais en pure perte, et qu'il faut éviter.

Si, les paiemens de la vente étant faits, les fonds ont été conservés, soit par l'intendant de la colonie ou par le consul, qui ont donné en place des lettres de change, des rescriptions, ou des récépissés comptables, le commis aux revues les remettra, à son retour, à l'intendant ou ordonnateur, afin que celui-ci en sollicite la remise ou le paiement.

Si la prise a été envoyée dans un port étranger ou dans une colonie, ou qu'y ayant été conduite par le vaisseau preneur, celui-ci en soit parti, soit avant la vente, soit avant le recouvrement de son produit, soit avant la liquidation, il est très-essentiel que le commis aux revues donne, non-seulement à son retour, mais même par les premières occasions, connaissance à l'intendant ou ordonnateur du département, de tout ce qui y est relatif, afin que celui-ci accélère la mise en règle et l'envoi des fonds.

C'est de l'exactitude portée à ces différens objets, que dépend la célérité des répartitions.

Il est bien essentiel que le commis aux revues donne, à son retour, connaissance du tout au contrôleur de la marine, afin qu'il fasse toutes les démarches que les circonstances rendront nécessaires.

REPRISES.

Reprises.

Art. 119. Il doit être observé pour les reprises, les mêmes formalités que pour les prises.

BATIMENS NEUTRES.

Bâtimens neutres arrêtés.

N.° 64. Procès-verbal à ce sujet.

Art. 120. Si l'on arrêtait un bâtiment neutre qui se serait rendu suspect par sa position, sa manœuvre, etc., le commis aux revues se transportera pareillement à bord avec l'officier nommé par le capitaine, et en dressera procès-verbal conformément au modèle N° 64.

Il aura soin de remettre, au retour, le procès-verbal au contrôleur, afin qu'il prenne les ordres de l'intendant pour suivre, soit la confiscation et la vente, soit la remise du bâtiment, suivant les circonstances ;

De faire sa déclaration à l'amirauté, et de donner, soit aux officiers de
l'amirauté, soit au contrôleur, tous les renseignemens qui pourront opérer
la célérité de la décision de la cour ou du conseil des prises.

*Extrait de l'Arrêté du 9 Ventôse an 9, relatif
à la répartition des prises faites par les
bâtimens de l'état.*

Art. 8. A l'égard des vaisseaux et autres bâtimens de guerre, ainsi que
des corsaires ennemis qui seront coulés bas, brûlés ou autrement détruits
par les vaisseaux, frégates et autres bâtimens de l'état, il sera payé, des
fonds de la marine, aux équipages des vaisseaux et autres bâtimens qui les
auront détruits ; savoir :

Huit cents francs pour chaque canon monté sur affût, des vaisseaux de
ligne ennemis.

Six cents francs pour chaque canon de frégate et autres bâtimens de guerre.

Quatre cents francs pour chaque canon de corsaire particulier.

Art. 9. Le produit des prises et gratifications revenant, soit à des armées
navales, escadres ou divisions, soit à un vaisseau ou autre bâtiment de l'état
ayant une destination particulière, sera partagé ; savoir :

Un tiers entre les officiers généraux, les commandans de vaisseaux,
frégates et autres bâtimens, et les officiers et autres personnes composant
les états-majors, et les deux tiers restans entre les équipages.

Art. 10. Le tiers attribué aux officiers généraux, commandans et états-
majors, ne fera, dans tous les cas, qu'une seule masse, dans laquelle tous
les officiers d'une armée navale, escadre ou division, ou ceux d'un vaisseau
ou autre bâtiment ayant une destination particulière, auront les parts
réglées ci-après pour leur grade, sans avoir égard à la force des bâtimens ;
savoir :

Nombre de parts.

Le vice-amiral, commandant avec le titre d'amiral. 30

Nombre de parts.

		Nombre de parts.
Le vice-amiral.	commandant en chef.	20
	s'il ne commande pas en chef.	15
Le contre-amiral. . . .	commandant en chef	15
	s'il ne commande pas en chef.	10
Le capitaine de pavillon d'un officier général.		5
Le capitaine de vaisseau	commandant un vaisseau.	5
	——————— —— une frégate.	3 $\frac{1}{2}$
Le capitaine de frégate	commandant une frégate ou un autre bâtim.^t	3
	employé en second ou autrement.	2
Le lieutenant de vaisseau	commandant une frégate ou un autre bâtim.^t	2
	ne commandant pas.	1
L'enseigne de vaisseau. .	commandant un bâtiment.	1
	ne commandant pas.	» $\frac{1}{2}$
L'officier de santé de première classe.		» $\frac{1}{4}$
L'agent comptable.		» $\frac{1}{4}$
L'aspirant de la marine.		» $\frac{1}{8}$

Officiers et autres qui auront été avancés.

Art. 11. Les officiers promus à un nouveau grade dans le cours d'une campagne, ainsi que les gens de l'équipage qui seront avancés, jouiront du nombre de parts attribué à leur nouveau grade, pour les prises qui auront été faites depuis le jour qu'ils l'auront obtenu.

Portion revenant aux équipages.

Art. 12. Les deux tiers appartenant aux équipages, seront répartis comme il suit ; savoir (1) :

Nombre de parts.

Aux sergens-majors, quand ils feront les fonctions de capitaines d'armes.	
Aux premiers maîtres de manœuvre.	à chacun 4
——————————— de canonnage.	
——————————— de timonnerie.	
Aux sergens des troupes de la marine.	
Aux premiers maîtres de charpentage.	
——————————— de calfatage.	à chacun 3
——————————— de voilerie.	
Aux seconds maîtres de manœuvre.	

____

(1) Les magasiniers seront traités d'après leur grade au service.

Nombre de parts.

Aux seconds maîtres de canonnage. . . . .)
——————————— de timonnerie. . . . . } à chacun 3
Aux pilotes côtiers. . . . . }
Aux officiers de santé de deuxième classe. . . . .)

Aux seconds maîtres de charpentage. . . . .)
——————————— de calfatage. . . . . } à chacun 2 ½
——————————— de voilerie. . . . . }
Aux contre - maîtres. . . . .)

Aux caporaux des troupes de la marine. . . . .)
Aux quartiers-maîtres. . . . .)
Aux aides de canonnage. . . . .)
————— de timonnerie. . . . .)
————— de charpentage. . . . . } à chacun 2
————— de calfatage. . . . .)
————— de voilerie. . . . .)
Aux officiers de santé de troisième classe. . . . .)
Aux maîtres armuriers et forgerons. . . . .)

Aux matelots faisant les fonctions de gabiers. . . . . }
Aux préposés des vivres. . . . . } à chacun 1 ½
A chaque matelot, soldat, tambour et musicien.   1
A chaque novice. . . . .   » ¼
A chaque domestique et mousse. . . . .   » ½

Art. 13. Les officiers de l'armée de terre, embarqués sur les vaisseaux ou autres bâtimens de l'état, ou sur des transports frétés par lui et armés en guerre, auront part aux prises selon leur grade correpondant avec ceux de la marine, et les sous-officiers et soldats des mêmes troupes seront traités comme ceux des troupes de la marine. Officiers, sous-officiers et soldats de terre

Art. 16. Lorsqu'une armée navale ou escadre sera à l'ancre dans un port ou une rade, s'il en est détaché, pour établir des croisières, une escadre ou division, et que ce détachement fasse des prises, le tiers de leur produit sera dévolu de droit aux vaisseaux détachés, sans partage avec le reste de l'armée navale ou escadre, et les deux autres tiers seront remis à la masse générale du produit des prises, pour être partagés tant entre les vaisseaux qui auraient été détachés, qu'entre ceux qui seraient restés à l'ancre, Tiers dévolu aux capteurs.

Art. 17. Le produit des prises faites par quelques détachemens de l'armée navale ou escadre qui sera en pleine mer, appartiendra en commun à l'armée navale ou escadre, sans aucune distraction en faveur des vaisseaux qui auront fait ou amariné lesdites prises.

18. Toutes les fois que des divisions de bâtimens, ayant des instructions séparées, seront expédiées en même temps pour des missions différentes, les prises que chaque bâtiment ou chaque division pourra faire à la mer, lui appartiendront en entier, sans partage avec les autres, lorsque les bâtimens preneurs ne seront plus en vue de ceux qui auront une autre destination.

19. Lorsqu'un ou plusieurs bâtimens seront détachés par le commandant d'une armée navale ou escadre, soit à l'ancre, soit à la voile, avec ordre de ne plus se réunir à l'armée ou escadre dont ils seront détachés, les prises qu'ils feront après leur séparation leur appartiendront en entier.

Art. 20. Dans le cas où, par des ordres subséquens, des divisions ou des bâtimens pourvus d'instructions séparées, devront se réunir, les prises qu'ils feront de part et d'autre avant la réunion, appartiendront, sans partage, à la division ou au bâtiment qui les aura faites.

Art. 23. Lorsque des bâtimens armés en course par des particuliers, auront été requis par les commandans des escadres, vaisseaux ou autres bâtimens de l'état, de sortir avec eux des ports, ou de les joindre à la mer, dans ces cas seulement, lesdits bâtimens armés en course participeront aux produits des prises, et aux gratifications pendant qu'ils seront attachés aux escadres ou vaisseaux, et leur part sera fixée suivant le nombre de leurs canons montés sur affût, sans avoir égard à leur calibre ni à la force de leur équipage, et proportionnellement au nombre des canons des vaisseaux et autres bâtimens de l'état avec lesquels ils auront fait lesdites prises.

De sorte que si, par exemple, le bâtiment armé en course était de vingt canons, et que la division fût composée d'un vaisseau de 80, d'un de 74 et d'une frégate de 30, il serait fait 204 parts, desquelles 184 appartiendraient à la division et les 20 autres au bâtiment armé en course.

Art. 24. Dans le cas où lesdits vaisseaux ou autres bâtimens de l'état auraient été détachés d'une armée navale ou escadre mouillée dans le port, la part qui reviendra aux bâtimens armés en course sera réglée comme si les vaisseaux détachés formaient eux seuls une escadre particulière, sans avoir égard aux vaisseaux qui, étant restés en mer, n'auraient pas contribué à la prise ; et la part qui reviendra aux vaisseaux de l'état sera répartie de manière qu'ils auront *le tiers* comme preneurs, et qu'ils partageront les *deux autres tiers* avec le reste de l'escadre.

Art. 25. Dans tous les cas où les bâtimens armés en course, n'ayant pas été requis de se joindre aux vaisseaux de l'état, feront des prises en vue desdits vaisseaux, elles appartiendront en totalité aux bâtimens armés en course, qui, de leur côté, ne seront admis à aucun partage dans les prises que les vaisseaux de l'état pourraient faire à leur vue.

Prises appartenant aux bâtimens de l'état ou aux corsaires.

Art. 27. Les bâtimens armés en guerre et marchandises, et destinés pour les colonies, auront part aux prises faites par les vaisseaux qui leur serviront d'escorte, lorsqu'ils coopéreront à les faire, ce qui sera constaté par la vérification et comparaison des journaux, tant du vaisseau commandant que du bâtiment convoyé.

Bâtimens qui coopéreront à faire les prises.

Art. 28. Les équipages de bâtimens dont la présence inopinée aura facilité les prises, seront traités dans le partage comme les équipages des bâtimens preneurs.

Art. 51. Les héritiers des marins tués dans les combats ou morts des suites de leurs blessures, toucheront les parts qui étaient dévolues aux marins dont ils héritent, non seulement dans les prises faites avant leur mort, mais encore dans celles qui seront faites pendant le mois qui la suivra, pourvu que la campagne n'ait pas été interrompue.

Héritiers des marins morts dans le combat, etc.

Art. 52. Les marins débarqués pour cause de maladie ou de blessures, auront part à toutes les prises qui seront faites après leur débarquement, s'ils retournent à leurs bords respectifs, ou s'ils réarment sur les bâtimens de l'escadre ou division d'où ils provenaient ; mais s'ils restent à terre, ou s'ils passent sur d'autres bâtimens, ils ne participeront qu'aux prises faites dans l'espace d'un mois à compter du jour de leur débarquement. Le même traitement sera accordé aux héritiers des officiers ou gens de l'équipage qui, étant débarqués pour rétablir leur santé, mourront des suites de leurs blessures.

Marins débarqués pour cause de maladie, etc.

Art. 42. Il est expressément défendu à tous individus composant les états-majors et équipages de vaisseaux, frégates et autres bâtimens de l'état, comme à tous officiers, sous-officiers et soldats, soit de terre, soit de marine,

Défense de toucher l'avance le ... ... prises.

embarqués comme garnison, de vendre à l'avance leurs parts éventuelles dans le produit des prises. Toute vente, cession ou transport qui en auraient été faits, seront nuls et de nul effet; l'acquéreur perdra toutes les sommes qu'il aurait payées pour ce genre de transaction, et sera en outre condamné à une amende de *mille francs* au profit de la caisse des invalides de la marine, pour chacune de celles qu'il se serait permises, conformément à la loi du premier octobre 1793.

MODÈLES.

(1) *REGISTRE de Signalemens des individus de tous grades, faisant partie*

DATE de l'arrivée.	QUARTIERS où ils sont inscrits.	Folios.	Numéros.	NOMS et PRÉNOMS.	GRADES et Payes.	NOMS des père et mère	LIEUX et Dates de naissance.	Départem.¹

(1) Voyez l'observation relative à ce registre, *page* 19.

de l'Equipage d   *du Roi l*   *commandé par* **M.**

Taille.	Visage.	Front.	Yeux.	Nez.	Bouche.	Menton.	Cheveux.	Sourcils.	LIEUX d'où ils viennent.	OBSERVATIONS.
				SIGNALEMENS.						

NUMEROS et Folios		NOMS et PRÉNOMS.	GRADES.	LIEUX de naissance ou communes.	QUARTIER d'inscription maritime ou département. (*a*)	ÉTAT au SERVICE. (*b*)	DATES			
de la matricule d'inscription ou de celle du corps.	du rôle d'équipage ou du contrôle annuel.						de l'entrée au service.	de la désertion.	Où ils sont réputés et signalés absens.	
									En congé.	Aux hôpitaux.

(*a*) Si le déserteur provient de l'inscription, on indiquera le quartier; s'il provient de la conscription, on indiquera le département.

(*b*) Si le déserteur est embarqué, on indiquera s'il appartient à un équipage de ligne, s'il fait partie des marins de l'inscription, etc.

(*c*) Si le déserteur est remplaçant ou suppléant, on relatera les noms, domicile et département du remplacé ou suppléé.

Nota. Les déserteurs des garnisons des troupes de ligne embarqués, ne devront pas figurer sur ce registre.

DE DÉSERTEURS.

de la radiation.	de la rentrée.	COMMENT rentrés.	DATES de l'envoi des signalemens		DATE du jugement contradictoire.	PRONONCÉ du JUGEMENT.	OBSERVATIONS. (٭)
			de désertion ou d'absence.	de la rentrée.			

DATES.	SOMMAIRE DES OPÉRATIONS.
12 Août 1827.	Existant en caisse à l'époque du Sorti pour subvenir aux distributions arrêtées en conseil du Existant à l'époque du 12 Août.

Nota. Inscrire sommairement chaque entrée et chaque sortie de fonds, en distingnant les différentes espèces de valeurs, et en les portant dans des colonnes séparées.

Toutes les fois que l'effectif aura varié, le présent carsernet sera arrêté et signé par les dépositaires des trois clés : il devra rester enfermé dans la caisse. (*Art.* 109 *de l'instruction réglementaire du* 19 *Octobre* 1825).

N E T.

NUMÉRAIRE.		TRAITES du caissier sur lui-même.		OBSERVATIONS.
f.	*c.*	*f.*	*c.*	
10,000	»	20,000	»	
1,000	»	»	»	
9,000	»	20,000	»	

(**N.°** 4 , page 21).

JOURNAL des opérations de Recette et Dépense.

1.	2.	SOMMAIRE des OPÉRATIONS.	RECETTES.		DÉPENSES.	
			Numéraire.	Traites.	Numéraire.	Traites.
		Du 4 Août 1825.				
1	»	Encaissement du mandat délivré par M. le Préfet maritime, pour le montant des avances à faire ; Savoir :				
	1	à AUBIN (Louis), Matelot de 1.re classe. .	120	»		
	2	à BARENTIN (Louis), Matelot de 2.e cl. .	110	»		
		Du premier Octobre 1825.				
2	»	Payé pour etc.				
	2	à AUBIN (Louis), Matelot de 1.re classe. .	»	»	30	»
		Du premier Novembre.				
3	»	Payé pour etc.				
	2	à BARENTIN (Louis), Matelot de 2.e cl. .	»	»	20	»
		Du 5 Décembre.				
4	»	Payé pour etc.				
	1	à AUBIN (Louis), Matelot de 1.re cl. .	»	»	15	»

Nota. Enregistrer, jour par jour, sur le présent journal sans retard et sans lacune, toutes les opérations qui auront affecté l'encaisse.

La première colonne est destinée à recevoir le numéro d'ordre des opérations.

La seconde recevra le numéro de l'article du livre des comptes individuels, où le report a dû être fait du même tems.

LIVRE

DES COMPTES INDIVIDUELS.

Nota. Transporter du journal au présent livre, sans retard et sans lacune, SAVOIR :

Dans la première partie, les sommes reçues et dépensées pour le compte de chaque marin présent ;

Dans la seconde, les objets qui, bien que restés provisoirement en caisse, sont néanmoins dévolus à l'établissement des invalides de la Marine, soit à titre de dépôt, par suite de décès, soit à titre de propriété, par suite de désertion. (*Art.* 111 *de l'Instruction réglementaire du* 19 *Octobre* 1825).

Ouvrir, lors de l'application du fonds de prévoyance, un compte spécial à chacun des chapitres du matériel, par analogie avec ce qui est prescrit pour les comptes ouverts à chaque individu.

NOMS et PRÉNOMS.	GRADES.	COMPAGNIES.	N.^{os} D'ORDRE du journal.	DATES des RECETTES.	MOTIFS des RECETTES.	SOMMES reçues nettes.
AUBIN (Louis).	Mat.^{ot} de 1.re cl.	1.re	1.	4 Août 1825.	Six mois d'avances.	120 ^{fr.}
BARENTIN (Louis).	Mat.^{ot} de 2.° cl.		1.	4 Août 1825.	Six mois d'avances.	110 ^{fr.}

Comptes individuels.

N.^{os} D'ORDRE du journal.	DATES des paiemens.	MOTIFS des paiemens.	SOMMES payées à - compte.	DATES DES ÉTATS portant avis au port d'armement des à - comptes payés.
2.	1.er 8.bre 1825.	Divers besoins attestés par le capitaine.	3o ^{fr.}	1.er Janvier 1826.
4.	5 Décembre.	*Idem.*	15	
3.	1.er 9.bre 1825.	Divers besoins attestés par le capitaine.	20 ^{fr.}	1.er Janvier 1826.

L   du Roi, l

commandé par M.ʳ

ÉTAT *des Sommes dont l'Officier chargé du commandement de la* .ᵉ *compagnie, propose à* M. *le commandant d'autoriser le paiement par la caisse du bord.*

PRÉNOMS.	NOMS.	GRADES.	SOMMES A PAYER.	MOTIFS.

A

Le Capitaine de la Compagnie ,

Approuvé :

Les Membres du conseil d'Administration ,

Reçu : **Le Capitaine de la Compagnie ,**

COMPTE COURANT

POUR

L'HABILLEMENT DES MARINS.

———

NOM ET PRÉNOMS
DU MARIN.

Compte courant pour

NUMÉRO	
du contrôle.	de la matricule.

DÉSIGNATION ET QUALITÉS

ÉPOQUES des délivrances.	Habits à (1)	Gilets sans manches à	Paletots à	Pantalons de drap à	Redingotes à	Capotes bleues à	Paire de demi-guêtres noires à	Chemises de laine bleue à	Paletots de toile. à	Pantalons de toile à	Paire de guêtres en toile blanche à	Chemises blanches à	Chapeaux à cornes à	Chapeaux-casques à

(1) Indiquer le prix de chaque objet d'après les tarifs.

l'Habillement des Marins.

DES OBJETS LIVRÉS.

Coiffes de chapeaux-casques à	Casquettes à	Demi-bottes à	Paires de souliers à	Paires de bas de laine. à	Sacs de peau à	Sacs de toile à	Cravates en soie noire à	Cravates en laine à	Mouchoirs de poche à	Brosses à	Peignes à		Valeur des objets livrés.	INDICATION du folio de l'apostille sur le Contrôle.

23

(**N.°** 8 , page 26).

DUPLICATA de demande au Magasin général , N.°

en date du   18

EFFETS d'Habillement délivrés aux   Marins dénommés ci-après.

NOMS ET PRÉNOMS des Marins.	Taille.	Paletots.	Pantalons en drap.	Pantalons en toile.	Casquettes.	Bas de laine.	Chemises.	Mouchoirs.	Cravates en laine noire.	Souliers (paires).		

Délivré les effets ci-dessus, le   an 18

Le Sectionnaire.

Vu par le Garde - Magasin
de la Marine :

DEMANDE au Magasin général, N.°

2   *l*   commandé par M.

EFFETS d'Habillement délivrés aux   Marins dénommés ci-après.

NOMS ET PRÉNOMS des Marins.	Taille.	Paletots.	Pantalons en drap.	Pantalons en toile.	Casquettes.	Bas de laine.	Chemises.	Mouchoirs.	Cravates en laine noire.	Souliers (paires).			RÉCÉPISSÉ

A   le   18

Le Commis d'administration,

Vu par le Commandant :

Approuvé :
Le Préfet Maritime,

Vu par le Commissaire des approvisionnemens :

ENREGISTREMENT à tenir à bord des bâtimens

1.° N.° du Contrôle ou du Rôle. 2.° Nom, Prénoms, Grade et Solde. 3.° Mutations et Mouvemens généraux.	PALETOTS en drap (6) (12 mois).		PANTALONS en drap (12 mois).		Chemises en molleton (18 mois).	CHEMISES EN TOILE (4 mois).				PANTALONS en toile (4 mois).		Chapeaux ronds (24 mois).	Coiffes en toile (24 mois).	Casquettes (12 mois).
	1.er	2.e	1.er	2.e		1.re	2.e	3.e	4.e	1.er	2.e			
1.° N.°														
2.°														
3.°														

(*) Chaque chef d'escouade inscrira sur le présent registre, par ordre de date d'arrivée, chacun des officiers mariniers et marins sous ses ordres.

On portera dans la première colonne du tableau :

1.° Le numéro du contrôle ou du rôle d'équipage (1) ;

2.° Les nom, prénoms, grade et paye du marin (2) !

3.° Les mutations et mouvemens généraux (3).

Pour les effets que le marin apportera, et qui, aux termes de l'article 40 du réglement, seront admis dans la composition de son sac, on les indiquera (4) par ces nombres fractionnaires : 1/4, 1/3, 1/2, 2/3, 3/4 (*degré présumé d'usure*) lorsqu'ils n'auront pas été fournis par la marine. Dans le cas contraire, on mentionnera la date de la délivrance inscrite sur le livret.

Pour ceux qui lui seront délivrés pour compléter son sac, on portera seulement (5) la date des délivrances ; il en sera de même pour les remplacemens.

Une délivrance ne peut avoir lieu qu'autant que les effets ont atteint le minimum de la durée fixée (6) ; s'il en était autrement, il serait fait mention des causes du remplacement anticipé dans la colonne *Observations*,

Si des effets ayant appartenu à des marins morts ou désertés, sont délivrés à la mer, on ajoutera, après la date de la délivrance, le degré d'usure desdits effets ; dans la colonne d'observations, on relatera les noms des marins auxquels ils auront appartenu.

par les Officiers chefs d'Escouade. (*)

PAIRES de Souliers (4 mois).		Bas de fil (12 mois).	BAS de laine (4 mois).		Cravates en soie (12 mois).	Cravates en laine (12 mois).	MOUCHOIRS (12 mois).		PEIGNES.	Brosses à habit.	Brosses à lavers.	Sacs en toile.	OBSERVATIONS.
1.re	2.e		1.re paire.	2.e paire.			1.er	2.e					
													(4) Durée présumée des effets apportés par le marin.
													(5) Date de la délivrance du complément du sac à l'arrivée.

(N.° 10 , page 33).

PORT
d

MARINE ROYALE.

AN 18

L^`   de S. M. l

commandé par M^r.

État des économies de Vivres de journalier, produites par l'absence des Marins aux heures des repas, et basées sur la comparaison de la feuille de mouvemens avec les billets délivrés à chaque repas pendant le Mois d   18

JOURS du MOIS.	NOMBRE DES REPAS						DIFFÉRENCE au profit du Roi,			OBSERVATIONS.
	Qui d'après la feuille de mouvemens auraient du être distribués.			Qui d'après les billets ont été délivrés effectivement.						
	Déjeûners.	Dîners.	Soupers.	Déjeûners.	Dîners.	Soupers.	Déjeûners.	Dîners.	Soupers.	
TOTAUX.										

Nous commis d'administration, soussigné, certifions que

les (1)   rations d'économie présentées par la colonne du présent état, timbrée : *différence au profit du Roi*, ont produit les quantités de denrées ci-dessous relatées ;

SAVOIR:

P A I N F R A I S ——————— kil,

B I S C U I T ——————— *id.*

F R O M A G E ——————— *id.*

V I N ——————— litres.

E A U - D E - V I E ——————— *id.*

Lesquelles quantités seront portées en recette tant sur le casernet du commis aux vivres que sur le rôle du commis d'administration , et déduites de celles que la direction des subsistances doit fournir pour la nourriture de l'équipage pendant le mois courant.

A   le

L.

Chargé du détail ,

Vu par le Commandant :

Vu et approuvé par le Préfet maritime :

(1) Porter dans cet espace la quantité de rations en toutes lettres.

(N.° 11 , page 35.)

PORT
d

MARINE ROYALE.

An

1   de S. M. l

Commandé par M.

PROCÈS - VERBAL

Constatant la perte d

AUJOURD'HUI

l   étant (*en armement ou en relâche*) dans le port
d   et l'équipage étant occupé à embarquer (*les vivres, etc.*)
le croc du palan (*ou le garant, etc.*) destiné à cette opération (*s'étant
rompu ou ayant désemparé*) au moment où il soulevait (*une barrique
de vin contenant. . . . . ou tout autre objet pesant. . . . .*)
l dit   est (*tombé à la mer, ou s'est écrasé, ou a
coulé de suite*) et malgré les moyens que l'on a employés pour l
sauver, on n'a pu y parvenir (*ou on n'y est parvenu qu'en partie ;
faire connaître ce qui a été sauvé.*)

En conséquence de ce qui précède, et après en avoir donné connaissance
au commandant, qui nous a ordonné de constater cet évènement, nous
       chargé du détail, officier (*de quart ou de garde*)
et commis d'administration, avons rédigé et signé le présent procès-verbal,
pour servir de décharge au (*commis aux vivres ou maître*) et pourvoir
au remplacement d   perdu.

A bord, les jour, mois et an que dessus.

Le Commis d'administration,

L'officier (*de quart ou de garde*).   Le
                                        chargé du détail,

Vu par le Commandant :

É TAT *des Vivres de journalier reçus des magasins des Subsistances de la Marine, à   , pendant le Mois d*

ÉPOQUES.	Pain.	Vin.	Viande fraîche.	Pois.	Fèves.	Beurre.	Sel.	Bois.	Chandelle.	Argent pour légumes verts.	Eau-de-vie.			
Du 1.er au 10														
Du 11 au 20														
Du 21 au 30														
Totaux.														

RÉSUMÉ.

Pain frais. (*En toutes lettres*).
Vin de journalier. . . . .
Viande fraîche. . . . .
Pois. . . . .
Fèves. . . . .
Beurre. . . . . ' . . . .
Sel. . . . .
Bois. . . . .
Chandelle. . . . .
Légumes verts. . . . .
Eau-de-vie. . . . .

A Bord , le

Le   *Le Commis d'Administration ,*

chargé du Détail ,

Vu par le Commandant :

24

(**N.° 13**, page 49).

MARINE ROYALE.

A N

L   du Roi l

commandé par M.

ÉTAT *nominatif des Marins de l'Équipage qui remplissent les fonctions de Chefs de hune, Gabiers, Chefs de pièce, Chargeurs, Timonniers, etc., auxquels il doit être accordé, à compter du jour de la mise en rade, le supplément fixé par les réglemens.*

FOLIOS du rôle.	NOMS ET PRÉNOMS.	GRADES et PAYES.	OBSERVATIONS.
	Chefs de hune.		
	N.	Mat.et à 30 fr.	
	Gabiers.		
	N.	Mat.et à 27 fr.	

A Bord, le

Le commis d'administration,

Le
Chargé du détail,

Vu par le Commandant :

PORT   **MARINE ROYALE.**   Aɴ

d

                        ٨   ᴅ. S. M. l

Commandé par M.

ACTE DE DÉCÈS.

Aᴜᴊᴏᴜʀᴅ'ʜᴜɪ (*date du mois, de l'an, indication de l'heure et du lieu*) devant nous (*prénoms, nom et grade du commis d'administration*) remplissant les fonctions d'officier de l'état civil , sont comparus Monsieur (*nom et prénoms*) chirurgien (*major ou autre*) et Messieurs (*noms, prénoms et grades des deux autres témoins, choisis autant que possible parmi les officiers*) lesquels nous ont déclaré que le nommé (*nom, prénoms et grade du marin décédé, ainsi que le quartier et les f.º et n.º sous lesquels il est immatriculé*) est décédé, ce jour, à bord (*désigner l'heure*) par suite d (*indication du genre de mort, lorsqu'il y a lieu*). Ce marin était marié à (*désigner le nom de la veuve et son domicile*) et était fils de (*noms et prénoms des père et mère du décédé, et leur domicile*).

En foi de quoi nous avons dressé le présent acte, qui a été signé par nous et les trois témoins, après lecture faite, lesdits jour et an.

(*Si quelque témoin ne savait signer, il faudrait en faire mention.*)

(*Les témoins sont, dans presque tous les cas, le chirurgien-major, l'officier chargé du détail et l'officier de quart.*)

Nous (*mettre ici le grade*) commandant, soussigné, certifions véritables le fait et l'exposé tels qu'ils sont détaillés ci-dessus.

ESCOUADE.

(1) Quantités d'effets fournis.
(2) Dates des dernières livraisons.
(3) Minimum de durée des effets.

L   de S. M. l

Demande d'effets d'habillement à fournir

N.os	NOMS ET PRÉNOMS des Marins.	Taille.	2 Paletots en drap. 12 Mois. (3)		2 Pantalons en drap. 12 mois. (3)		1 Chemise en molleton. 18 mois. (3)	4 Chemises en toile. 4 mois. (3)		2 Pantalons en toile. 4 mois. (3)		1 Chapeau rond. 24 mois. (3)	1 Coiffe en toile. 24 mois. (3)
			(1)	(2)	(1)	(2)	(2)	(1)	(2)	(1)	(2)	(2)	(2)

Le

ou à remplacer) aux *Marins ci-après.*

Une Casquette. 12 mois. (3)	2 Paires de Souliers. 4 mois. (3)		1 Paire bas de fil. 12 mois. (3)	2 Paires bas de laine. 4 mois. (3)		1 Cravate de soie. 12 mois. (3)	1 Cravate en laine. 12 mois. (3)	2 Mouchoirs de poche. 12 mois. (3)		1 Peigne.	1 Brosse à habit.	1 Brosse à laver.	1 Sac en toile.
(2)	(1)	(2)	(2)	(1)	(2)	(2)	(2)	(1)	(2)	(2)	(2)	(2)	(2)

DUPLICATA *de Demande au Magasin général*, N.º

1   1

EFFETS D'HABILLEMENT (*Inscription maritime*).

DÉSIGNATION DES OBJETS.	QUANTITÉS A DÉLIVRER.				
	1.re taille.	2.e taille.	3.e taille.	Mousses.	TOTAL.
Paletots en drap bleu .... grosseur - A...					
grosseur - B...					
grosseur - C...					
Pantalons *idem*					
Casquettes					
Chemises en molleton bleu					
—— en toile blanche					
Pantalons en toile blanche					
—————— grise					
Mouchoirs de poche					
Bas de fil (paires)					
—— de laine (paires)					
Cravates de soie noire					
—————— en laine tricotée					
Chapeaux ronds, en feutre verni					
Coiffes en toile pour *idem*					
Souliers (paires)					
Vareuses					
Peignes					
Brosses à laver					
—— à habit					
Sacs en toile					

Délivré au nombre de   articles, les quantités mentionnées ci-contre.

Le   18

Vu par le Garde-Magasin de la Marine

Le Sectionnaire,

DEMANDE *au Magasin général*, N.°

1   1   commandé par M.

Effets d'Habillement (*Inscription maritime*).

DÉSIGNATION DES OBJETS.	QUANTITÉS A DÉLIVRER.				
	1.re taille.	2.e taille.	3.e taille.	Mousses	Total.
Paletots en drap bleu. { grosseur – A...					
grosseur – B...					
grosseur – C...					
Pantalons *idem*...........					
Casquettes..............					
Chemises en molleton bleu........					
——— en toile blanche........					
Pantalons en toile blanche........					
——————— grise..........					
Mouchoirs de poche...........					
Bas de fil (paires)...........					
—— de laine (paires).........					
Cravate de soie noire...........					
———— de laine tricotée........					
Chapeaux ronds en feutre verni.....					
Coiffes en toile pour *idem*.......					
Souliers (paires)............					
Vareuses...............					
Peignes...............					
Brosses à laver.............					
———— à habit.............					
Sacs en toile..............					

Bon pour   articles.

A   le

Le Commis d'admi-
nistration ,

L'Officier chargé
du détail ,

Vu par le Commandant:

Approuvé :
Le Préfet maritime ,

Vu et enregistré au bureau des Armemens.

Bon à délivrer :
Le Commissaire aux
Approvisionnemens ,

Reçu au nombre de articles, les quantités d'effets mentionnées ci-contre.

Brest , le   18

(N.° 17 , page 63).

MARINE ROYALE.

L   de S. M. L

commandé par M.

ÉTAT numérique des Ouvriers nourris à bord, pendant le mois d
en vertu des billets de destination ci-joints.

JOURS du MOIS.	OUVRIERS.				REPAS FOURNIS.				OBSERVATIONS.
	Charpentiers.	Menuisiers.	Peintres.	TOTAL des OUVRIERS.	Déjeûners.	Dîners.	Soupers.	TOTAL des REPAS.	

ARRÊTÉ le présent État à   Déjeûners ,   Dîners et   Soupers
lesquels forment la quantité de   Rations complettes , qui ont occasionné le
dépense en denrée ci-dessous détaillée ; savoir :

PAIN. . . . .
VIN. . . . .
VIANDE. . . . .
LÉGUMES. . . . .
FROMAGE. . . . .

Lesquelles quantités de denrées devront être portées au crédit du Commis aux
vivres , dans le mois pendant lequel elles ont été fournies.

A Bord, le

Le   Chargé du détail,   Le Commis d'Administration ,

Vu par le Commandant :

REGISTRE DE RECETTES.

Mois d   18

Recette du (*Maître ou Magasinier*)

FOLIOS de la Balance.	DÉNOMINATION des OBJETS REÇUS.	Espèce des Unités.	QUANTITÉS.	ORIGINE des RECETTES.

A bord, le

Le Commis d'administration,

L
Chargé du Détail ,

Vu par le Commandant :

25

LIVRE-JOURNAL

DATES.	DÉSIGNATION des objets.	ESPÈCE des Unités.	QUANTITÉS.	ORIGINE DES RECETTES.

RÉCAPITULATION.

Vu et vérifié conforme aux billets de remise des maîtres, aux factures, aux états de versement, etc.

Le ·   18

L'Officier chargé du détail,   Le Commis d'Administration,

Vu par le Commandant :

DU MAGASINIER.

DATES.	DÉSIGNATION des objets.	ESPÈCE des Unités.	QUANTITÉS			DÉSIGNATION des Maîtres.	MOTIFS des CONSOMMATIONS.
			déli-vrées.	rappor-tées.	réelle-ment dépen-sées.		

RÉCAPITULATION.

Vu et vérifié conforme aux billets des maîtres.

Le   18

L'Officier chargé du détail ,   Le Commis d'Administration ,

Vu par le Commandant :

(N.° **20**, page 72).

EXERCICE 18

Mois d

L

de S. M. l

Récapitulation des Recettes effectuées pendant le mois d

ARTICLE DU MAGASINIER.

FOLIOS de la balance.	DÉSIGNATION DES OBJETS.	ESPÈCE des Unités.	QUANTITÉS.	ORIGINE DES RECETTES.

Certifié conforme à la récapitulation du Livre-Journal.

A Bord, le   18

Le Magasinier,

Vu et vérifié conforme au Livre-Journal.

Le Commis d'Administration.

L'Officier chargé du détail,

Vu par le Commandant :

$\mathcal{L}$ de S. M. l

Demande au Magasin.

Le   au 15

         Le Maître

Vu par l'Officier chargé du
détail du Maître :

        Vu par l'Officier chargé du détail :

Enregistré au f.°   du Livre-Journal.

    Le Magasinier ,

(**N.° 22** , page 73).

EXERCICE 18

MOIS d

_L_   _de S. M. l_

ARTICLE DU MAGASINIER.

CONSOMMATIONS.

FOLIOS de la balance.	DÉSIGNATION des OBJETS.	ESPÈCE des unités.	QUANTITÉS.	MOTIFS des CONSOMMATIONS.

CERTIFIÉ conforme à la récapitulation du livre-journal.

Le   18

Le Magasinier,

Vu et vérifié conforme au livre-journal :

de Commis d'Administration,

L'Officier chargé du détail.

Vu par le Commandant :

REGISTRE DE CONSOMMATIONS.

Mois d   *18*

Consommations du (Maître ou Magasinier).

Folios de la Balance.	DÉNOMINATION des OBJETS CONSOMMÉS.	ESPÈCE des Unités.	QUANTITÉS.	MOTIFS des CONSOMMATIONS.
				Nota. Porter mensuellement en recette, tant sur le registre ouvert à cet effet, que sur la balance, les objets confectionnés à bord avec les matières consommées.

A Bord , le

Le Commis d'administration ,

L

Chargé du Détail ,

Vu par le Commandant :

(**N.° 24**, page 8₂).

PORT

d

MARINE ROYALE.

AN 18

L   *de S. M. l*

commandé par M.

É TAT *des lieux où l*   *du Roi l*
a relâché depuis son départ d

PORTS DE RELACHE.	JOURS D'ARRIVÉE.	JOURS DE DÉPART.

A Bord , le

Le Commis d'administration ,

Certifié par l
chargé du détail :

Vu par le Commandant :

ACTE DE NAISSANCE.

Aujourd'hui (*date du mois et de l'an , indication de l'heure et du lieu*) devant nous (*prénoms, nom et grade du commis d'administration*) remplissant les fonctions d'officier de l'état civil, s'est présenté (*prénoms, nom, âge du requérant, et désignation de son grade, ainsi que les f.º et n.º sous lesquels il est immatriculé*) lequel nous a requis de dresser l'acte de naissance de (*nom et prénoms que l'on donne à l'enfant*) son fils ou sa fille (*si l'enfant est présenté par toute autre personne que le père, indiquer les nom et prénoms de cette personne et sa profession*) auquel a donné le jour (*prénoms, âge et nom de famille de l'épouse*) son épouse (*indiquer le jour et l'heure de l'accouchement*).

Il nous a, en conséquence, représenté cet enfant, en nous déclarant qu'il produit pour témoin de cet acte, M. (*nom et prénoms*) chirurgien (*major ou autre*) qui a reçu l'enfant, et MM. (*noms, prénoms et grades des deux autres témoins, qui doivent, autant que possible, être choisis parmi les officiers de l'état-major*) ; sur quoi nous, commis d'administration, remplissant les fonctions d'officier de l'état civil, après avoir, en présence desdits témoins, examiné cet enfant, avons reconnu qu'il est du sexe (*masculin ou féminin*).

En foi de quoi nous avons dressé le présent acte, qui a été signé sur le registre par le requérant, les témoins et nous, après qu'il en a été donné lecture, lesdits jour et an.

(*Si quelque témoin ne savait signer, il faudrait en faire mention.*)

(*Les témoins sont, dans presque tous les cas, le chirurgien-major, l'officier chargé du détail et l'officier de quart.*)

Nous (*mettre ici le grade*) commandant, soussigné, certifions véritables le fait et l'exposé tels qu'ils sont détaillés ci-dessus.

(N.° **26** , page 83).

TESTAMENT.

Aujourd'hui (*date du mois et de l'an, indication de l'heure et du lieu*) nous commis d'administration d (*désigner l'espèce et le nom du bâtiment*) commandé par M.ᵣ (*faire connaître son nom et son grade*) yant été appelé de la part du nommé (*son nom, ses prénoms sa qualité, ainsi que le quartier, les f.° et n.° d'inscription*) fils de (*les noms de ses père et mère, le lieu de sa naissance, de son domicile et département*) à dessein de nous faire recevoir son testament, nous sommes transportés avec M.ᵣ (*le nom et le grade*) chargé du détail, au poste du malade, où nous avons trouvé ledit, lequel quoique (*mentionner ici l'état dans lequel est le malade*) nous a paru sain d'esprit et d'entendement, et nous a dit que pour prévenir l'heure de la mort, il voulait disposer de ses biens ; il nous a requis de recevoir ses dernières volontés, qu'il nous a dictées, et que nous avons écrites ainsi qu'il suit, en présence de Monsieur l'officier chargé du détail, de Monsieur (*nom et grade*) de quart et de Monsieur (*nom*) chirurgien-major.

Premièrement ledit (*le nom du légataire*) , après avoir recommandé son ame à Dieu, a institué pour son héritier, etc.

Lègue au nommé, etc.

Tout ce qui précède nous a été dicté par ledit
et après lui en avoir fait lecture à voix distincte, il nous a assuré l'avoir bien entendu et persister à vouloir que ses dispositions soient exécutées selon leur forme et teneur :

Et pour cet effet il prie M.ᵣ le commissaire du bureau des armemens du port de   de vouloir bien tenir la main à l'exécution. (*Si le malade signe, on l'exprime, ou s'il ne sait pas signer, de ce interpellé,* a déclaré ne savoir ou ne pouvoir signer).

Fait et passé à bord les jour mois et an que dessus.

Le   *Le Commis d'Administration ,*

de quart ,

Le Chirurgien-Major ,

Certifié par l
chargé du détail ,

Nous (*mettre ici le grade*) Commandant soussigné , certifions la date , le fait et l'exposé tels qu'ils sont détaillés ci-dessus.

PORT

d

L   *du Roi l*

commandé par M.

Procès-Verbal d'avancement dressé en exécution de l'Ordonnance Royale du 17 Mars 1824.

A.ujourd'hui

le Conseil d'avancement, convoqué par ordre de M.ʳ commandant du bâtiment, et composé des officiers désignés en l'article 43 de l'Ordonnance du 17 Mars 1824, s'étant réuni pour présenter, conformément au mode prescrit par ladite Ordonnance, les officiers-mariniers et matelots qui par leur conduite, leur aptitude et leurs services, lui ont paru susceptibles d'obtenir un avancement, soit en grade soit en classe.

Le Conseil, après avoir recueilli l'opinion des différens maîtres chargés, sur le mérite des marins composant l'équipage, et en avoir délibéré, propose, pour l'avancement, les dénommés aux présent tableau.

Folios du rôle.	NOMS et PRÉNOMS.	LIEUX de naissance.	QUARTIERS f.º et n.º d'inscrip.ºº	GRADES et paies actuels.	ÉPOQUE du dernier avancement.	GRADES OU PAIES proposés par le Conseil du bord.	OBSERVATIONS.

Fait et arrêté, à bord d   les jour, mois et an que dessus.

Les Membres du Conseil ,

Jugement *d'un Conseil de justice, formé à bord d'un bâti-*
ment, pour juger un délit dont la peine n'excède pas celle
de la cale ou de la bouline, et portant condamnation.

AU NOM DU ROI.

CHARLES, par la grace de Dieu, Roi de France et de Navarre,
à tous ceux qui ces présentes verront, Salut.

CEJOURD'HUI (*mettre la date du jour, du mois et de l'année*) le conseil
de justice, formé à bord d (*désigner le bâtiment à bord duquel le conseil
est formé*) créé en vertu du décret du 22 juillet 1806, composé, conformément à ce décret, de M. (*mettre ici le nom et le grade*) commandant
du bâtiment, faisant fonctions de président, et de MM. (*désigner les
quatre autres officiers qui doivent composer le conseil*) tous nommés et
convoqués par M. (*mettre ici le nom et la qualité de l'autorité qui a
convoqué le conseil*) ; M. (*désigner celui des juges que le président a
choisi pour faire les fonctions de rapporteur*) juge désigné par le président
pour remplir les fonctions de rapporteur, assisté de M. (*mettre ici le nom*)
commis d'administration, faisant fonctions de greffier, s'est réuni dans
(*particulariser le lieu*) lieu désigné par (*indiquer l'autorité qui a fait la
convocation*) à l'effet de juger le nommé (*mettre ici les nom, prénoms,
âge, profession, grade de l'accusé et le bâtiment sur lequel il est embarqué*)
accusé de... (*mentionner le délit*).

La séance ayant été ouverte, le président a fait apporter par le greffier
et déposer devant lui sur le bureau, un exemplaire du décret du 22 juillet
1806 et un autre de la loi du 22 août 1790 (1), et a demandé ensuite
au juge rapporteur la lecture du procès-verbal d'information et de toutes
les pièces tant à charge qu'à décharge envers l'accusé, au nombre de
(*désigner le nombre de pièces*).

Cette lecture terminée, le président a ordonné à la garde d'amener
l'accusé, lequel a été introduit libre et sans fers devant le conseil (*accompagné de son défenseur officieux, si l'accusé en choisit un*).

Interrogé de ses nom, prénoms, âge, profession, lieu de naissance et
domicile, a répondu se nommer (*mettre ici la réponse de l'accusé*).

Après avoir donné connaissance à l'accusé des faits à sa charge, lui avoir
fait prêter interrogatoire par l'organe du président, avoir entendu séparé-

---

(1) Voyez à la suite des modèles l'extrait de ce décret et de cette loi.

ment les témoins à charge et à décharge, après avoir entendu la partie plaignante (*s'il y en a*) qui lui a été publiquement confrontée, et lui avoir représenté les pièces de conviction (*s'il y en a*);

Ouï le juge rapporteur dans son rapport et ses conclusions, tant sur la culpabilité que sur l'application de la peine, et l'accusé dans ses moyens de défense, tant par lui que par son défenseur, le président a demandé aux membres du tribunal s'ils avaient des observations à faire ; sur leur réponse négative et avant d'aller aux opinions, il a ordonné au défenseur et à l'accusé de se retirer ; l'accusé a été reconduit à la prison par son escorte ; le greffier et les assistans dans l'auditoire se sont retirés sur l'invitation du président.

Le conseil de justice délibérant hors de la présence du public, le président a posé les questions ainsi qu'il suit :

Le nommé (*les nom et prénoms de l'accusé*) qualifié ci-dessus, accusé de (*rappeler ici clairement le délit*) est-il coupable (1) ?

Les voix recueillies par le grade inférieur, le président ayant émis son opinion le dernier,

Le conseil de justice déclare (*à l'unanimité si le cas y échoit, ou à la majorité de tant de voix sur tant*) que le nommé (*mettre les noms et prénoms de l'accusé*) est coupable.

Sur quoi délibérant sur l'application de la peine, les voix recueillies de nouveau par le président dans l'ordre indiqué ci-dessus,

Le conseil de justice condamne (*à l'unanimité ou à la majorité de tant de voix sur tant*) le nommé (*les nom et prénoms, l'état ou la qualité du condamné*) à la peine de (*désigner la peine*) (2) conformément à l'article de (*la loi ou du réglement ; désigner l'article pénal*) ainsi conçu (*relater l'article entier*) :

Charge le juge rapporteur de prendre les ordres du capitaine du bâtiment pour l'exécution du jugement, et de le faire lire de suite, par le greffier, au condamné, sur le pont, en présence de la garde assemblée sous les armes.

Fait, clos et jugé, sans désemparer, en séance publique, à bord d
      du Roi l   (*indiquer si c'est en rade ou en mer*)

---

(1) S'il y a plusieurs délits, on doit poser pour chacun la question de culpabilité ; on doit aussi poser ces questions pour chacun des accusés s'ils sont plusieurs.

(2) On se rappellera que les conseils de justice ne peuvent pas prononcer de plus forte peine que celle de la cale ou de la bouline.

les jour, mois et an que dessus, et les membres du conseil de justice ont signé, avec le greffier, la minute du jugement.

(*Les membres du conseil et le greffier signent.*)

Lecture du jugement par le greffier.

Le même jour, à   heures du   , j'ai donné lecture du susdit jugement au nommé   , sur le pont, à bord d   , en présence de la garde assemblée sous les armes, dont acte.

Le greffier,

Ordre d'exécution.

Le commandant du bâtiment mettra ensuite au bas du jugement, ces mots : Soit exécuté selon sa forme et teneur.

Fait à bord d   le

Procès-verbal d'exécution dressé par le greffier.

Le susdit jugement a reçu son exécution le   , à   heures du   , sur le pont, à bord d   , en présence de la garde sous les armes, et l'équipage assemblé et en silence, après que la lecture en a été faite de nouveau au condamné, dont acte.

Le greffier,

Si le commandant croit devoir user de la faculté que lui accorde l'art. 24 du décret du 22 juillet 1806, il mettra au lieu des mots : Soit exécuté selon sa forme et teneur, *qui précèdent, ceux-ci :* Soit commuée la peine portée au présent en celle de   , conformément à l'article 24 du décret du 22 juillet 1806.

Fait à bord d   le

Procès-verbal d'exécution d'un jugement commué.

Le susdit jugement ainsi commué, a reçu son exécution le   ; à   heures du   , sur le pont, à bord d   , en présence de la garde sous les armes et de l'équipage assemblé et en silence, après que lecture en a été faite de nouveau au condamné, avec mention de la commutation prononcée par le commandant, dont acte.

Le greffier,

Jugement *d'un conseil de justice portant absolution de l'accusé.*

(*Même formule que ci-dessus , sauf qu'après avoir relaté l'audition du juge rapporteur , on doit indiquer si les conclusions tendent à l'absolution ; et après la position des questions , on doit mettre :*)

Le conseil de justice déclare à l'unanimité ou à la majorité que l'accusé n'est pas coupable ; (*et ajouter :*) et ordonne , en conséquence , qu'il sera de suite remis en liberté , et renvoyé à ses fonctions (*le reste comme ci-dessus*).

Jugement *d'un conseil de justice , portant que le délit imputé à l'accusé excède sa compétence , et qu'il y a lieu de le renvoyer devant un conseil de guerre maritime.*

(*Même formule que dans le premier cas, sauf qu'après avoir relaté l'audition du juge rapporteur , on doit indiquer si les conclusions tendent à ce que le conseil de justice se déclare incompétent , et qu'ensuite on doit mettre :*)

Et attendu qu'il résulte de l'examen de l'affaire, que l'accusé est prévenu de (*désigner exactement le délit et ses circonstances*) ; que ce délit est prévu par (*désigner l'article de la loi qui a prévu le délit*) ; que la peine applicable au délit paraît être celle de (*désigner la peine*) conformément à l'article (*indiquer l'article*) qui est ainsi conçu (*relater l'article en entier*) et que cette peine est plus grave que celle de la cale ou de la bouline.

Le conseil déclare que l'objet excède sa compétence ; ordonne que le prévenu restera détenu jusqu'à ce qu'il puisse être remis , avec la présente déclaration , à qui de droit, pour statuer, s'il y a lieu, à le traduire devant un conseil de guerre qui jugera définitivement.

Charge le juge rapporteur , etc. (*comme dans le premier cas; observer seulement de mettre* accusé *au lieu de* condamné.)

(N.° **29**, page 88).

MARINE ET COLONIES.

Service de la Marine au compte de la Métropole.

CHAPITRE II. — SOLDE ET DÉPENSES Y ASSIMILÉES.

L   *du Roi l*

commandé par M. :

ÉTAT *des sommes payées aux Officiers, Elèves, etc., d*
de S. M. l   *pour Solde, Traitement de table, etc.*
pendant le   Trimestre 18

NOMS ET GRADES des PARTIES PRENANTES.	MOTIFS des PAIEMENS.	MONTANT brut du décompte.	RETENUE de 3 p. %, pour les invalides.	RESTE net.	OBSERVATIONS.
	ÉTAT-MAJOR.				
N.... Cap.ne de vaisseau.	3 mois de traitement de table à par jour.				
	ÉQUIPAGE.				
N.... Maître d'équipage.	Solde du au à raison de.				
	TOTAUX. . . .				

Le Commis d'administration certifie que la somme de
a été payée à l'Etat-Major et à l'Equipage d   *du Ro*
l   *pour les motifs détaillés au présent état.*

A   le   18

Vu par l   *Vu par le Commandant :*
chargé du Détail :

N.º   D'ORDRE.   *L*   *de S. M. l*

Commandé par M.

(Mettre ici le n.º de l'équipage et de la compagnie, ou le
n.º de l'escouade, s'il y a lieu).

É**TAT** *nominatif des Officiers-mariniers et Marins, auxquels il a été délivré,*
pendant le mois d   18   *, des Effets d'habillement de l'appro-*
visionnemeut de prévoyance.

NUMÉROS du Contrôle annuel ou folios du Rôle d'équipage.	du Compte ouvert.	NOMS et PRÉNOMS.	GRADES.	EFFETS FOURNIS postérieurement au dernier État N.º		SOMMES dues.	OBSERVATIONS.
				Quantités.	Valeurs.		
					fr. c.	fr. c.	
40.	23.	N. .	M.er 1.re c.	Un Paletot. . .	⁄⁄ ⁄⁄		
				Un Gilet. . . .	⁄⁄ ⁄⁄	⁄⁄ ⁄⁄	
				Un Pantalon. .	⁄⁄ ⁄⁄		
45.	36.	N. .	Id. 2.e cl.	Un Paletot. . .	⁄⁄ ⁄⁄		
				Un Gilet. . . .	⁄⁄ ⁄⁄	⁄⁄ ⁄⁄	
				Un Pantalon. .	⁄⁄ ⁄⁄		
				TOTAL. . . .		⁄⁄ ⁄⁄	

Certifié véritable :
(*Le Capitaine de la   Compagnie ou le Chef de la   Escouade*).

Vu et arrêté le présent état, s'élevant, pour les effets délivrés, à

A Bord , le

Enregistré au   *Les Membres du Conseil d'Administration :*
e Commis d'Administration ,

27

L   *de S. M. l*

État de Situation de l'Approvisionnement en Effets d'habillement,

DÉSIGNATION des Effets.	EXISTANT en effets neufs au du mois d	RECETTE du au				DÉPENSE du au			
		Envois.	Cessions des autres bâtimens.	Colonies ou pays étrangers.	TOTAL.	Délivré à bord.	Cessions à d'autres bâtimens.	Pertes constatées par procès-verbaux.	TOTAL.
Paletots de drap. . . .									
Pantalons *idem*. . . .									
Chemises en molleton									
Pantalons en toile. .									
Chemises *idem*. . . .									
Chapeaux.									
Coiffes pour *idem*. . .									
Casquettes.									
Souliers (paires). . .									
Bas de fil (*idem*). . .									
de laine (*idem*). .									
Cravates en soie. . . .									
en laine. . .									
Mouchoirs de poche.									

A Bord , le   18

Le Commis d'administration,

Vu et vérifié par l
    Chargé du détail ,

Pour les Marins de l'Inscription maritime.

Restant en effets neufs au du mois d	EFFETS DES MORTS ET DÉSERTEURS.		TOTAL des ressources en effets neufs et ayant servi.	BESOINS présumés de l'équipage pendant mois.	Nécessaire.	OBSERVATIONS.
	Délivrés depuis le	Existant à bord.				Joindre à l'appui de cette situation, 1.º L'état nominatif des délivrances faites aux Marins ; 2.º La note des bâtimens qui ont fait ou reçu des cessions ; 3.º Les procès-verbaux de pertes.

Vu par le Commandant :

(**N.° 32**, page 90.)

PORT
d

MARINE ROYALE.

Aɴ

1

de S. M. l

Commandé par M.

Iɴᴠᴇɴᴛᴀɪʀᴇ Iɴᴠᴇɴᴛᴀɪʀᴇ *de hardes, après décès.*

Aᴜᴊᴏᴜʀᴅ'ʜᴜɪ
nous soussignés   chargé du détail et commis
d'administration à bord d   (*désigner le nom et l'espèce du bâtiment*)
commandé par **M.** (*son nom et son grade*) et (*le nom et le grade*) de
quart, ayant été avertis par **M.**   , chirurgien major, que
le nommé (*son nom, ses prénoms et sa qualité*) fils de (*les noms de
ses père et mère, le lieu de sa naissance, de son domicile et son département*]
venait de mourir [*indiquer le genre de la maladie*], nous nous sommes
transportés à son poste, et fait représenter le coffre contenant les effets qui
lui appartenaient, lequel nous avons fait porter sur le gaillard d'arrière,
où l'ayant fait ouvrir en présence de **MM.** les officiers et de l'équipage,
nous y avons trouvé ce qui suit ; savoir :

Un paletot de drap bleu, aux deux tiers usé, etc.

(*Désigner avec soin l'état des effets.*)

Lesquelles hardes, etc., nous avons fait renfermer sur-le-champ dans
ledit coffre, sur lequel nous avons fait apposer le cachet aux armes du
Roi, et les noms, qualité et domicile du défunt. Nous l'avons ensuite fait
déposer dans la soute fermant à clé, destinée à cet effet, pour lesdites
hardes être distribuées pendant la campagne, ou remises, au retour, au bureau
des armemens.

Fait à bord, les jour, mois et an que dessus.

Le Commis d'administration,

L'officier de quart,   Les officiers de l'état-major,

Certifié par l
chargé du détail,

Vu et reconnu exact
par le (*son grade*) commandant :

HARDES JETÉES A LA MER,

Crainte de contagion, estimées 0.ᶠ 00.ᶜ

Aujourd'hui   nous
            chargé du détail, [*nom et grade*] de quart ,
et   commis d'administration , sur l
commandé par M.   , ayant été avertis par M. [*nom*]
chirurgien-major, que le nommé [*ses nom, prénoms et qualité*] fils de
[*les noms de ses père et mère, le lieu de sa naissance, son domicile et
son département*] venait de mourir dans ce moment [*d'une fièvre ma-
ligne, pourprée ou contagieuse*] et qu'il y avait beaucoup à craindre, en
gardant les hardes à bord, qu'elle ne se communiquât dans l'équipage ;
nous en avons rendu compte au commandant, qui nous ayant ordonné de
faire jeter à la mer les hardes dudit défunt, pour préserver l'équipage d'une
semblable maladie : nous avons fait exécuter cet ordre en notre présence,
après toutefois avoir porté l'estimation desdites hardes à la somme de [*mettre
ici la somme en toutes lettres*] de l'avis des soussignés, et conformément
à l'article 74 du réglement du 1.ᵉʳ novembre 1784.

Fait à bord, les jour, mois et an susdits.

Le Commis d'administration ,

L   de quart,   Le chirurgien-major,

        L
    chargé du détail,

        Vu par le Commandant :

SERVICE
pendant la Relâche.

Du   18

Payable à Paris.

(N.° 34 , page 97).

MARINE ROYALE.

MARCHÉ

Pour la Fourniture générale des Vivres *et* Rafraîchissemens *nécessaires aux divers bâtimens composant* [l'Escadre ou Division] *de* S. M. T. C. *commandée par M.*

CONDITIONS PARTICULIÈRES.

ARTICLE PREMIER.

La présente fourniture aura lieu pendant tout le tems que durera la relâche de [*l'escadre ou division*] de S. M. T. C. dans ce port.

ART. II.

Les demandes seront faites par les commis d'administration des divers bâtimens qui la composent, et séparément par chacun d'eux , selon les besoins de leurs bords respectifs. Ces demandes devront être signées des autorités des bords.

Le fournisseur devra y satisfaire sans délai , à compter du   de ce mois, jour de la mise à exécution du présent marché.

ART. III.

Les vivres et rafraîchissemens devront être de bonne qualité , et seront examinés avant la recette , par une commission qui la constatera. Ceux qui ne réuniraient pas les qualités requises , seront rebutés, et resteront pour le compte du fournisseur , qui devra les remplacer immédiatement.

ART. IV.

Les paiemens s'effectueront à Paris , au moyen de traites à jours de vue , sur le payeur principal des dépenses du ministère , qui seront délivrées au fournisseur.

SOUMISSION.

Je soussigné   négociant à me soumets et m'engage envers M. commandant les forces navales de S. M. T. C. , stipulant au nom du Roi, à fournir, aux prix et clauses qui sont spécifiés au présent marché, et ce, pendant tout le tems que durera la relâche de [*l'escadre ou la division*] dans ce port, les vivres et rafraîchissemens ci-après détaillés.

S A V O I R :

PAIN frais ;

VIANDE fraîche ;

Je ne supporterai point la retenue de trois pour cent au bénéfice de la caisse des invalides de la marine : les frais de transport seulement jusqu sont à ma charge.

Je déclare avoir parfaitement compris les conditions ci-dessus, et je prends l'engagement de m'y conformer exactement.

Fait en   expédition, à   le   18

Les Membres composant la commission nommée par
M.   *commandant en chef.*

Vu et approuvé :

A   *le*   18

Le   , commandant en chef les forces navales de S. M. T. C,

(N.º 135, page 97).

MARINE ROYALE.

CONSULAT
d

EXERCICE 18

CHAPITRE 4.

FIVRES.

MONTANT BRUT
de la dépense

L   du Roi l

Mois d

commandé par M.ᵉ

ÉTAT des *Vivres et Rafraîchissemens fournis a*
du Roi l   pendant le mois d   18
par M.   *conformément à son marché du*

NATURE DES DENRÉES.	QUANTITÉS en poids et mesures		PRIX en argent		MONTANT de la fourniture en argent	
	du Pays.	de France.	du Pays.	de France.	du Pays.	de France.
PAIN FRAIS......						
VIANDE FRAICHE..						
Argent avancé par M. pour rations de légumes verts, à raison de millimes par ration pendant le mois ci...						
A ajouter p. %ₒ de commission...............						
TOTAL net...........						
Trois p. %ₒ à l'infini au profit de la caisse des invalides, à ajouter.......						
TOTAL brut..........						

Le Commis d'Administration et le commis aux Vivres certifient que le
Vivres et rafraîchissemens mentionnés au présent état, ont été reçus à bord.
A   le   18

L   Chargé du détail,   *Vu par le Commandant :*

de   (1) Le Consul du Roi à   certifie le présent état montant à la somm
                                                      monnaie du pays ou
                    francs   centimes.
                    A   le   18

(1) S'il n'y a pas de Consul dans le pays étranger où il aura été fait des recettes d'après un marché, le Fournisseur
certifiera ici, par sa signature, qu'il a reçu des traites pour le montant de l'état.

MARINE ROYALE.

N.º

CHAPITRE

EXERCICE

d   de S. M. l

Commandé par M.

A   le   18

pour la somme de

MONSIEUR,   .

A   jours de vue, il vous plaira payer, par cette [1.re, 2.e ou 3.e] de change, à l'ordre de M.   ,

la somme de   , pour acquit du montant

des   vendus et livrés pour le service

d   de S. M. l   , pendant sa relâche en cette

rade, ainsi qu'il est constaté par les marchés, états et autres pièces justificatives signées de qui de droit, dont une expédition est déposée entre les mains de

Votre très-humble et très-obéissant serviteur,
Le Commis d'administration ,

Vu par le   commandant :

A Monsieur le Payeur
principal des dépenses des
Ministères, à Paris.

218

MARINE ROYALE.　　EXERCICE

de S. M. l

2

Commandé par M.

N.°

	MONTANT des 3 p. 100, par chapitre et par traite.	
	f.	c.
CHAPITRE 2. Solde. . . . . Traite N.°		
Idem 3. Hôpitaux. . . . . . . ——— N.°		
Idem 6. Salaires. . . . . ——— N.°		
Idem 7. Achats de matieres. ——— N.°		
Idem 8. Artillerie. . . . . . . ——— N.°		
Idem 4. Vivres. . . }	f.	c.
A porter en dedans lignes. }		
Mémoire.		
En Tout.		

A　　　　　le　　　　　　18

pour la somme de

MONSIEUR,

A　　　jours de vue, il vous plaira payer, par cette [1.re, 2.e ou 3.e] de change, à l'ordre de M. le Trésorier général des Invalides de la Marine, la somme de

, pour le montant des *trois pour cent*, revenant à la caisse des Invalides, sur les dépenses faites pour le service d

de S. M. l　　　　, pendant sa relâche en cette rade, pour le paiement desquelles j'ai délivré les traites dont le détail est établi ci-contre.

Votre très-humble et très-obéissant serviteur,

Le Commis d'administration,

Vu par le　　　　commandant :

A Monsieur le Payeur principal des dépenses des Ministères, à Paris.

(Traite pour le Trésorier général des Invalides.)

MARINE ROYALE.   *EXERCICE*

L   *de S. M. L*

commandé par M.

BORDEREAU *des Etats de Dépenses faites pour le service d*
pendant sa relâche à   , et des Traites émises pour le
remboursement de ces dépenses.

Nombre d'états.	CHAPITRES sur lesquels les Dépenses sont imputées.	MONTANT NET des Dépenses.	TRAITES ÉMISES en paiement des dépenses établies ci-contre.				Observations.
			Numéros.	Dates.	Montant partiel.	Montant total par chapitre.	
	Chap. 2.ᵉ Solde et Dépenses y assimilées. .						Les Etats et Pièces justificatives d Dépenses devant, en définitif être annexées aux traites émises. MM. les Commis d'administration auront l'attention d'indiquer, sur ces Etats, le numéro des Traites auxquelles ils se rattachent.
	3.ᵉ Hôpitaux.						
	6.ᵉ Salaires d'ouvriers.						
	7.ᵉ Achats de matières.						
	8.ᵉ Artillerie.						
	4.ᵉ Vivres.						
	Total net des Dépenses. . .						
	Montant *des trois pour cent, revenant à la caisse des Invalides , non compris dans les sommes ci-dessus ; Savoir :*						
	Sur le Chap. 2.ᵉ Solde , etc.						
	3.ᵉ Hôpitaux.						
	6.ᵉ Salaires d'ouvriers.						
	7.ᵉ Achats de matières.						(1) *N. B. Le montant des trois pour cent, revenant à la Caisse des Invalides, sur les dépenses du Chapitre IV Vivres, ne devra figurer que pour mémoire dans la Traite à tirer au nom du Trésorier général des Invalides.*
	8.ᵉ Artillerie.						
	4.ᵉ Vivres (1).						
	Total brut des Dépenses.						

*A*RRÊTÉ *le présent Bordereau à la somme brute de*

A   le   18

Le commis d'administration ,

Vu par le Commandant :

(**N.º 59**, page 99).

CONSULAT
de

MARINE ROYALE.

L   *du Roi l*

commandé par M :

Certificat du Cours du Change.

Nous soussignés [*deux négocians français de préférence*] certifions que
[*la piastre courante ou autre*] est de [*tant de réaux de veillon*] de [*tant
de maravédis*], et que le maravédis vaut [*tant de centimes*], argent de
France ; certifions de plus que [*le poids du pays*] pèse   kilogrammes
        grammes, et que [*la mesure des liquides*] contient   litres
        centilitres.

En foi de quoi nous avons signé le présent pour servir et valoir ce
que de raison.

A   *le*   18

Nous, consul français à   , attestons que les signatures
apposées au bas du certificat ci-dessus, à nous bien connues, sont celles
de MM.   , négocians établis à   ,
et que foi doit y être ajoutée.

PROCÈS - VERBAL

Constatant une recette de vivres pour prolongation de campagne.

Aujourd'hui   l   , étant mouillé sur la rade
d   , nous   chargé du détail,
chargé de la surveillance des vivres,   de quart, et commis
d'administration, assistés du commis aux vivres, avons procédé, en présence
de MM.   , composant la commission nommée par
M.   , commandant l   l   ,
à la recette des vivres expédiés par le port d   , sur ce
dernier bâtiment, pour prolongation de campagne.

Les quantités de denrées envoyées par ledit port, pour   mois de
campagne à   hommes, dont   mousses, composent ,

      (*nombre*) Rations de Marins.

      (*nombre*) Rations de Mousses.

TOTAL..... (*nombre*) Rations qui exigent les quantités de denrées et liquides
détaillés ci-dessous :

	QANTITÉS		DIFFÉRENCE
	portées sur la facture.	reçues à bord.	en moins.
Farine d'armement (*soixante-deux quarts*)........	»	»	»
Biscuit (*cent cinquante quarts et boucauts*).........	»	»	»
Vin (*quatre-vingt-cinq barriques*).............	19575	19175	300
Eau-de-vie......................	638	587	51
Huile d'olive.....................	»	»	»

Nous nous sommes occupés de reconnaître si la quantité de vin était
exacte ; nous avons fait cuiller la presque totalité des barriques, et à la fin

de cette opération nous avons reconnu qu'il existait, sur ce liquide, un déficit de   , ce qui équivaut à environ   pour cent de déchet.

Nous avons fait la même opération pour l'eau-de-vie, et nous avons aussi reconnu qu'il en manquait   , ce qui porte le déchet à environ   pour cent.

OBSERVATIONS.

VIN. Il n'a aucun mauvais goût, mais il est faible et susceptible de se piquer.

BISCUIT.

FAÏOLS.

FÈVES.

SALAISONS.

En foi de quoi nous avons dressé le présent procès-verbal pour constater les quantités reçues, les déficits provenant tant du coulage des liquides que de la détérioration de quelques denrées, ainsi que la qualité de chacune de ces denrées.

A Bord, les jour, mois et an susdits.

Les membres de la commission du bâtiment recevant:

Les membres de la commission du bâtiment délivrant,

L.
chargé du détail,

Le Commis aux vivres,

Vu par le Commandant :

PROCÈS-VERBAL

Constatant la Recette de   stères de Bois de chauffage , coupé pendant la relâche à

1   du Roi l

Commandé par M.

A̶UJOURD'HUI   nous   chargé du détail ,   chargé de la surveillance des vivres et commis d'administration soussignés , certifions que pendant la relâche d
à   , il a été coupé par les marins de l'équipage , et transporté à bord , par les diverses embarcations [*la quantité en toutes lettres*] stères de bois à brûler , dont nous avons chargé le commis aux vivres , pour en justifier la dépense au besoin.

Le travail continuel et pénible qu'ont fait les corvées pendant jours consécutifs , et les obstacles qu'il a fallu surmonter pour transporter ce bois jusqu'aux embarcations ; ces motifs réunis ont décidé le commandant à accorder , par jour , à chacun des travailleurs , au nombre de [*le nombre*] [*tant de*] quarts de vin , ce qui donne [*tant de*] quarts , lesquels , à raison de 23 centilitres l'un , plus les 5 pour cent à y ajouter , ont occasionné une dépense de [*le nombre de litres en toutes lettres*] , ci. .

A bord , les jour , mois et an que dessus.

Le Commis d'administration ,

L
Chargé de la surveillance des vivres :

L
chargé du détail ,

Vu par le Commandant :

Le commis aux vivres reconnaît avoir reçu la quantité de [*en toutes lettres*] stères de bois mentionnée au présent procès-verbal.

EXERCICE 18

(N.° 42 , page 103).

MARINE ROYALE.

L   *de S. M. l*

commandé par M:

État des Denrées et Rafraîchissemens dépensés extraordinairement pendant le mois d   *18   , en vertu de l'Ordonnance royale du 5 Février 1823 , (1)*

(1) Voici les articles qui, d'après cette Ordonnance , sont susceptibles d'être consommés extraordinairement.

Biscuit. . . . .
Eau-de-vie. . . . . .
Tafia. . . . .
Rum. . . . .
Sucre – cassonnade. . .
Citrons. . . . .
Oranges amères. . . .

Du   au   du mois d

BISCUIT — pour   hommes à   par homme et par jour, ci. . . . .

EAU-DE-VIE — pour

ARRÊTÉ le présent état de dépense extraordinaire à la quantité de (*mettre ici la quantité en toutes lettres*) de Biscuit, etc.

A Bord , le   18
Le Commis d'administration ,

L
Chargé du Détail ,

Vu par le Commandant :

EXERCICE 18

MARINE ROYALE.

L   de S. M. l

commandé par M. :

Etat des Rafraîchissemens distribués extraordinairement aux malades pendant
(*le mois ou le trimestre*) conformément aux prescriptions du
Chirurgien-Major, approuvées par le Commandant.

NOMS et PRÉNOMS.	GRADES et payes.	GENRE de la maladie.	TEMS pendant lequel les délivrances ont eu lieu.	Proportions dans lesquelles elles ont été faites.	Rafraîchissemens distribués.					OBSERVATIONS.
					TABLETTES à bouillon.					
TOTAUX.........										

ARRÊTÉ le présent état de fourniture extraordinaire à

A Bord , le

Le Commis d'Administration,

Le Chirurgien-Major certifie que les rafraîchissemens ci-dessus ont été
distribués aux individus compris au présent état.

L

chargé du détail ,   *Vu par le Commandant :*

29

 (N.° 44 , page 104).
MARINE ROYALE.
AN

L

de S. M. l

commandé par M.

ÉTAT *de la dépense en* [pain ou biscuit] *qu'ont occasionnée depuis le jusqu'au , Marins atteints de boulimie, dont les noms suivent, auxquels, en vertu de certificats du Chirurgien-major, il est accordé un supplément de ration en sus de la ration ordinaire.*

NOMS et PRÉNOMS.	GRADES.	MUTATIONS.	QUANTITÉS accordées en supplément.		NOMBRE de rations en		POIDS en kilogrammes.	
			Pain.	Biscuit.	Pain.	Biscuit.	Pain.	Biscuit.
TOTAUX.								

ARRÊTÉ le présent État de dépense à [en toutes lettres]
A Bord , le
Le Commis d'administration ,

Le Chirurgien-major certifie que les supplémens ci-dessus ont été fournis aux individus compris dans cet état.

L

chargé du détail :   *Vu par le Commandant :*

d PORT   **MARINE ROYALE.**   An

1   *de S. M. l*
Commandé par M.

Versement *fait*   *de S. M.*
l   *commandé par M.*

Article du

A Bord, le
L   *chargé du détail,*   *Le Commis d'Administration,*

Vu par le Commandant :

Nous soussignés, commis d'administration et commis aux vivres d
de S. M. l   reconnaissons avoir reçu les quantités de
mentionnées au présent état.

A Bord, le

L   *chargé du détail,*   *Vu par le Commandant :*

(N.° 46 , page 107.)

COLONIE

d

MARINE ET COLONIES.

CHAPITRE

EXERCICE 18

MOIS

d

Nota. Cet état devra être dressé par chapitre.

L   de S. M. l

commandé par M.

E T A T des   *provenant dudit bâtiment*

et versés dans les magasins de   *, pendant le mois d*

DÉSIGNATION DES OBJETS.	QUANTITÉS.	PRIX.	MONTANT.
		TOTAL...	

Le Commis d'administration certifie le présent état.

A   *le*   18

L

chargé du détail,

Vu par le Commandant :

L   chargé du détail des approvisionnemens reconnaît que les objets mentionnés au présent état ont été versés dans les magasins de la colonie.

A   *le*   18

Vu par l   chargé
du service administratif :

Vu et vérifié au contrôle de la Marine :

Vu par le Gouverneur et Administrateur
pour le Roi :

MARINE ROYALE.

L   *de S. M. l*

   commandé par M.ᵉ

RETRANCHEMENT d'une portion de la Ration à l'Equipage.

Aujourd'hui [*la date du jour, du mois et de l'année*] l   du Roi , étant parti de   , le   , avec   jours de vivres, pour aller à   , [*le vent ayant toujours été contraire, ou ayant ordre de croiser encore* tant *de jours, ou étant obligé de faire* telle route *pour éviter l'ennemi qui se trouve en force supérieure* sur tel parage, *ce qui éloigne de* tant *de lieues de la route ordinaire*], nous [*mettre ici le grade*] commandant, ayant lieu de craindre que les [*nombre*] jours de vivres qui restent à bord, suivant le recensement que nous en avons fait faire, ne soient pas suffisans pour [*nous rendre à telle destination ou pour soutenir les contre-tems imprévus*] nous avons assemblé les officiers composant l'état-major et les principaux officiers-mariniers, pour délibérer ensemble sur le parti le plus convenable à prendre pour prolonger la durée desdits vivres ; leur ayant proposé de retrancher, jusqu'à nouvel ordre, à compter du   de ce mois, [*telles espèces et quantités de vivres à dîner, à souper, etc.*], ce qui nous procurerait, dans l'espace d'un mois, [*nombre*] jours de subsistance de plus, lesquels nous mettraient en état de subvenir aux contre-tems imprévus que nous pourrions essuyer ; et ayant tous unanimement consenti à ce retranchement, nous avons, en conséquence, ordonné à Messieurs l'officier chargé du détail et le commis d'administration, de faire exécuter ce retranchement par le commis aux vivres, et d'en tenir un compte exact, pour que le montant en soit payé à l'équipage, au retour, conformément aux réglemens.

En foi de quoi nous avons dressé le présent procès-verbal, dont nous avons fait donner lecture à l'équipage.

  A bord, les jour, mois et an que dessus,

Les Officiers de l'Etat-major,   *Les Maîtres chargés,*

     Vu par le Commandant.

ETAT des portions de vivres qui ont été retranchées à l'équipage et dont la valeur est due aux individus qui en ont été privés.

Ledit retranchement a commencé le   *et fini le*

NOMBRE D'INDIVIDUS		ÉPOQUES des Retranchemens.	Nombre d'individus retranchés.	PORTIONS DE VIVRES retranchées par jour à chaque individu.					MONTANT DES PORTIONS de Vivres retranchées chaque jour.				
existant à bord.	malades au poste.			Pain frais.	Biscuit.	Vin.	Lard salé.	Lé-gumes.	Pain frais.	Biscuit.	Vin.	Lard salé.	Lé-gumes.
				gram.	gram.	centilit.	gram.	gram.					
800	15	1.er Janvier 1826.	785	"	180	23	60	"	"	141 300	180 55	47 100	"
800	14	2 idem.	786	250	"	23	"	30	196 500	"	180 78	"	23 580
TOTAUX............									196 500	141 300	361 33	47 100	23 580

Nous soussignés, certifions que les quantités et espèces de denrées mentionnées au présent état, ont été retranchées aux individus de l'équipage dont le nombre est désigné ci-dessus, et que le montant en argent leur en est dû par la Direction des Subsistances, conformément aux apostilles portées au nom de chaque individu sur le rôle d'équipage.

A bord , le

Le Commis d'Administration ,

L
Chargé du Détail ,

L'Officier chargé du détail des Vivres ,

Vu et certifié par le Commandant :

1

de S. M. l

Remise en Magasin.

Le   18

Le Maître

Vu par l'officier chargé
du détail du maître :

Vu par l'officier chargé du détail :

Reçu les   articles
mentionnés ci-dessus.

Le Magasinier ,

Vu par le Commis d'Administration :

COLONIE
d

(**N.° 49** , page 114).

MARINE ET COLONIES.

Exercice 18

Mois d

Service de la Marine au compte de la Métropole.

CHAPITRE

DEMANDE *des objets indispensables pour les besoins d*
de S. M. l   commandé par M.

DÉTAIL DES OBJETS.

A   le   18

L   *Le Commis d'Administration ,*
chargé du détail,

Le   commandant l   du Roi l
certifie que les objets ci-dessus mentionnés sont indispensables à son bâtiment,
et il prie M. le Gouverneur et Administrateur pour le Roi à
de les faire mettre à sa disposition.

PROCÈS - VERBAL

Constatant qu'un câble est ragué.

Aujourd'hui

l   étant mouillé depuis   jours dans la rade de   ,
par   brasses d'eau, le   ayant ordonné d'en appareiller
pour reprendre la mer, M.   , officier de quart, a fait virer
au cabestan, pour lever l'ancre, à quoi l'on est parvenu après bien des efforts.

Le Maître de manœuvre ayant ensuite visité le câble de
centimètres de circonférence et de   mètres de longueur, sur
lequel ladite ancre était mouillée, s'est aperçu qu'il y en avait
mètres presque entièrement ragués, et nombre de fils coupés dans toute cette
longueur qui se trouvait attachée à l'organeau de l'ancre; sur le compte
qui en a été rendu au commandant, il a ordonné d'en faire la vérification
en sa présence.

En conséquence, nous   chargé du détail , officiers de
quart et chargé du détail du maître, et commis d'administration, après
avoir fait prolonger (sur le pont ou dans la batterie) ledit câble, et l'avoir
bien examiné, nous avons reconnu véritable l'exposé du maître, et que
ce dépérissement ne pouvait avoir été occasionné que par le frottement dudit
câble sur quelques rochers; et ayant en même tems, jugé que cette longueur
de   mètres n'était plus en état de servir, nous l'avons fait couper
et peser; elle a produit   kilogrammes de vieux câble dont nous
avons chargé l'article du

En foi de quoi nous avons signé le présent.

A bord , les jour , mois et an que dessus.

Le Commis d'administration ,

Le Maître de manœuvre ,

L'Officier chargé du détail
du maître ,

L.
chargé du détail.

L'Officier de quart ,

Vu par le Commandant :

3 .

MARINE ROYALE.

L   de S. M. l

commandé par M.

PROCÈS - VERBAL.

Condamnation d'un objet pour en confectionner d'autres.

AUJOURD'HUI   1
étant absent depuis   mois des ports de France, et éprouvant des besoins impérieux, le commandant a ordonné à une commission d'examiner [*tel objet*] qu'il croit peu utile au service du bord, à l'effet de le condamner et de l'affecter à la confection de [*tels ou tels objets*] dont il est impossible de se passer.

La commission, composée de MM. 1   chargé du détail, [*tel et tel*] officiers chargés des détails particuliers des maîtres [*telle et telle profession*], l'officier de quart et le commis d'administration, assistée desdits maîtres, s'est transportée dans [*la batterie ou le faux-pont*] où [*l'objet*] avait été placé par l'ordre du commandant.

Ladite commission a fait examiner par les maîtres et a examiné elle-même [*l'objet*] en question ; elle a unanimement reconnu qu'il était [*dans tel état*] ; elle a aussi reconnu qu'il remplirait parfaitement les vues du commandant ; mais elle n'a pas cru pouvoir se dispenser de lui observer dans un rapport que, quoique nécessaire, sa démolition occasionnerait une perte réelle.

Le commandant voulant pourvoir à la sûreté du bâtiment, a pris sur lui toute la responsabilité, et a ordonné que l dit   fût démoli , ce qui a été sur-le-champ exécuté. La démolition ayant eu lieu comme il est dit ci-dessus, nous en avons fait [*mesurer ou peser*] les produits, et nous avons trouvé [*tant de mètres ou de kilo*], dont nous avons chargé le [*maître ou le magasinier*] pour en justifier la consommation.

En foi de quoi nous avons rédigé le présent procès-verbal, pour servir et valoir ce que de raison.

A bord, les jour, mois et an que dessus.

Les Membres de la Commission ,

Les maîtres (*les deux professions*) ,   Vu et approuvé :

Le

commandant ,

     (**N.° 52**, page 118).

PROCÈS - VERBAL.

Hunier enfoncé par le vent.

Aujourd'hui   l
étant par   degrés de latitude [*nord ou sud*], et par   degrés de longitude [*est ou ouest*], portant [*telle voile*], a essuyé à   heures un violent coup de vent qui a enfoncé [*telle voile*] et en a emporté une grande partie. Nous,   chargé du détail, officier de quart, officier chargé de l'article du maître voilier, et commis d'administration, étant sur le pont, avons fait désenverguer ladite voile, et après l'avoir examinée et fait examiner par le maître voilier, en présence du commandant, nous avons reconnu qu'elle était hors d'état de pouvoir être réparée; nous l'avons en conséquence condamnée et fait mesurer devant nous : nous avons trouvé qu'il restait   mètres de toile [*la qualité*] dont nous avons chargé l'article du   pour être employée, en cas d'urgence, au raccommodage des autres voiles.

En foi de quoi nous avons signé le présent pour servir et valoir ce que de raison.

         A Bord, les jour, mois et an que dessus.

           Le Commis d'administration ,

    Le maître voilier ,   L'officier chargé du détail
                                                du maître ,

              L'officier de quart ,

       L   Vu par l
   chargé du détail .   commandant :

NOTES.

Registre général des Recettes et des Dépenses.

On inscrira les Recettes et les Dépenses par ordre de date.

Les effets *neufs* reçus et délivrés seront appréciés aux prix du tarif en vigueur, mais on rappellera [pour mémoire], dans la colonne d'*observations*, la dépense réellement faite pour les achats exécutés hors de France.

Les effets provenant des *morts* et des *déserteurs* ne devront être extraits des sacs, que lorsqu'il y aura lieu d'en faire la remise à des marins; ils seront portés dans la même colonne [1] après la *dépense* des effets neufs : ils seront appréciés aux prix du tarif, d'après le degré d'usure déterminé par les procès-verbaux dressés à bord, ainsi qu'il est dit à la page 90.

RÉCAPITULATION.

Cette récapitulation sera placée à la fin du registre.

A l'exception de la valeur des effets achetés hors de France, qui sera celle résultant des achats [mais qui n'y figurera que pour mémoire], chaque recette et dépense d'effets neufs sera appréciée aux prix du tarif en vigueur. Le total des recettes présentera cette évaluation comme si les *achats* avaient été appréciés également aux prix du tarif.

Le total de la recette et de la dépense en effets, ainsi que celui des effets des morts et des déserteurs, devra cadrer avec les totaux du registre général.

On reportera en *valeurs* seulement les totaux de la récapitulation au trimestre suivant, afin de connaître les résultats de toutes les opérations depuis l'armement.

OBSERVATIONS.	DATES des RECETTES.	NUMÉROS d'ordre des pièces.	ORIGINE.	DÉSIGNATION des Effets neufs.	EFFETS NEUFS reçus.	
					Quantités.	Valeurs.

Certifié véritable le présent enregistrement :

Vu et vérifié sur les pièces justificatives :

    L   *chargé du détail* ,

∴ Trimestre 18

DATES des Délivrances.	NOMS et PRÉNOMS des Marins auxquels les Effets ont été délivrés, ou motifs des Dépenses.	Numéro de leur compte ouvert.	PROVENANCE des EFFETS.	DÉSIGNATION des effets neufs et ayant servi.	D'EFFETS NEUFS délivrés.		EFFETS provenant des Sac des Morts ou des Déserteurs. (1)	
					Quantités.	Valeurs.	Quantités.	Valeurs.

à   le   an 18

Le Commis d'administration,

Vu et vérifié par le Commandant :

Récapitulation.

SITUATION.	OBSERVATIONS.	DÉSIGNATION des EFFETS.	REPORT des recettes du au		RECETTE DU TRIMESTRE.								TOTAL général des recettes jusqu'au 1.er	
					Magasin de la Marine.		Approvisionnement et envois.		CESSIONS.		ACHATS.			
			Quantités.	Valeur.	Quantités.	Valeur.	Quantités.	Valeur.	Quantités.	Valeur.	Quantités.	Valeur.	Quantités.	Valeur.
TRIMESTRE 18														

...ATION.

REPORT des dépenses du au		DÉPENSE DU TRIMESTRE.								TOTAL GÉNÉRAL des dépenses jusqu'au 1.er		EXISTANT au 1.er		EFFETS DES MORTS ET DES DÉSERTEURS délivrés aux marins					
		Délivré aux marins.		CESSIONS.		REMISES.		PERTES justifiées.						Antérieurement.		pendant le mois.		TOTAL.	
Quantités.	Valeur.	Quantités.	Valeur.	Quantités.	Valeur.	Quantités.	Valeur.	Quantités.	Valeur.	Quantités.	Valeur.	Quantités.	Valeur.	Quantités.	Valeur.	Quantités.	Valeur.	Quantités.	Valeur.

N.°   du Rôle d'Equipage.   { 18 18 18

COMPTE

DOIT.			AVOIR.		
ORIGINE DES EFFETS ET DATES DES DÉLIVRANCES.	DÉSIGNATION des EFFETS.	VALEUR.	DATES des états de paiemens sur lesquels les retenues ont été opérées.	MOIS de solde, etc. sur lesquels portent les retenues.	MONTANT des retenues.
Il résulte du livret du marin et de son compte ouvert arrêté le à , qu'il doit à la marine pour valeur des effets antérieurement fournis, la somme de. . . . . (Ou qu'il lui est dû par la marine) la somme de.	. . . .	. . . .	. . . .		

OUVERT.

N.° d'ordre.

DOIT.			AVOIR.		
ORIGINE DES EFFETS ET DATES DES DÉLIVRANCES.	DÉSIGNATION des EFFETS.	VALEUR.	DATES des états de paiemens sur lesquels les retenues ont été opérées.	MOIS de solde, etc. sur lesquels portent les retenues.	MONTANT des retenues.
TOTAL.....			. . . .		

Partant, il   la marine, la somme de   (*en toutes lettres*).

ARRÊTÉ le présent compte le   époque d
du susnommé, par nous Commis d'administration

*Vu et vérifié par nous Officier chargé du détail
et reconnu conforme au livret du marin :*

Vu par le Commandant :

Observations.

.ᵉ TRIMESTRE.

$\mathscr{L}$

de S. M.

État apprécié des Effets d'Habillement délivrés aux

1.° N.° 2.° Noms et Prénoms des Marins. 3.° Grades et Payes. 4.° Mutations et Mouvemens.	DÉSIGNATION DES EFFETS.	DATES DES	
		Précédentes délivrances.	Délivrances faites pendant le trimestre.
1.° 2.° 3.° 4.°			

l

Marins (en Subsistance à bord ou de l'Equipage).

EFFETS DÉLIVRÉS provenant (Quantités et Valeurs)				RESTANT DU (sur les Effets antérieurement fournis) par les Marins		TOTAL de la Dette.	Excédant de retenues à valoir.	SOMMES DUES aux Marins au 1.er du mois d pour		Observations.
du Magasin de la Marine.	des Approvisionnem.s et Cessions.	des Sacs des Morts et des Déserteurs.	TOTAL.	Existant déjà à bord.	Arrivés ou Embarqués pendant le Trimestre.			Solde.	Supplément.	

L

de S. M.

ÉTAT *nominatif des Marins (en Subsistance ou de l'Equipage) morts*
sont créanciers ou débiteurs de la

MUTATIONS et MOUVEMENS.	NUMÉROS	NOMS et PRÉNOMS.	GRADES et PAYES.	Restant dû sur les Effets fournis.	Trop perçu sur les effets fournis.	VALEUR des effets des morts ou des débiteurs cédés à d'autres Marins, et dont il sera justifié.	DETTE.	CRÉANCE.

ℓ

à bord, désertés ou congédiés pendant le   Trimestre, et qui

Marine, pour leur Habillement.

DU AUX MARINS pour		VALEUR approximative des Effets trouvés ou restant dans le sac des Morts et Déserteurs.	Observations.
Solde et Supplément.	Parts de Prises.		*(Indiquer dans cette colonne la destination donnée aux Effets des Marins décédés et désertés).*

L

de S. M. l

ÉTAT *apprécié des Hardes ayant appartenu aux Marins décédés à bord (ou désertés) délivrés à l'Équipage pendant*

1.° N.° 2.° Noms et prénoms des Marins morts ou désertés. 3.° Grades et Payes. 4.° Date du décés on de la désertion.	DÉSIGNATION des Effets distribués à bord.	QUANTITÉS.	VALEUR des Effets créés, ayant appartenu aux Marins morts ou désertés (suivant les procès-verbaux d'appréciation et le tarif.)	VALEUR approximative des Effets non délivrés.	DISTRIBUTION des Hardes ci-contre.			OBSERVATIONS.
					NUMÉROS.	NOMS ET PRÉNOMS des Marins qui les ont reçues.	VALEUR des Effets délivrés.	
1.° N.° 2.° 3.° 4.°			A				*	* Ce total doit être égal à celui A.

L   *de S. M. l*

Armé à   *le*

Désarmé à   *le*

Habillement des Marins de l'Inscription maritime.

COMPTE GÉNÉRAL.

Lieux où les recettes et les délivrances ont été effectuées.

RECETTE.

1.° Magasins généraux de la Marine. (*Indiquer les ports et les dates des délivrances*).

2.° Approvisionnemens et envois. (*Idem pour les approvisionnemens ; et pour les envois, les ports qui les ont faits , les bâtimens qui ont été chargés des effets et les dates des remises à bord*).

3.° Cessions. (*Services , bâtimens qui les ont faits , et dates*).

4.° Achats. (*colonies ou pays étrangers ; dates et motifs qui ont déterminé les achats*).

DÉPENSE.

1.° Délivrances aux Marins. (*indiquer le nombre d'hommes qui ont reçu des effets*).

2.° Cessions. (*bâtimens auxquels elles ont été faites et dates*).

3.° Remises. (*ports où elles ont été effectuées*).

4.° Pertes justifiées. (*les détailler ici et joindre à l'appui du présent état les procès-verbaux qui les constatent*).

  Situation de

| DÉSIGNATION des EFFETS. | EXISTANT au | | RECETTE. | | | | | | | | TOTAL général des recettes. | |
| | | | Magasins de la Marine. | | Approvisionnemens et envois. | | CESSIONS. | | ACHATS. | | | |
	Quantités.	Valeur.	Quantités.	Valeur.	Quantités.	Valeur.	Quantités.	Valeur.	Quantités.	Valeur.	Quantités.	Valeur.
Paletots en drap bleu.												
Pantalons *idem*.												
Casquettes *idem*.												
Chemises en molleton bleu.												
—— en toile blanche.												
Pantalons *idem*.												
Mouchoirs de poche.												
Bas de fil (paires).												
—— de laine *idem*.												
Cravates en soie noire.												
—— en laine tricotée.												
Chapeau rond en feutre verni.												
Coiffes en toile pour *idem*.												
Souliers (paires).												
Peignes.												
Brosses à habit.												
Brosses à laver.												
Sacs en toile.												

Observations.

Effets d'Habillement.

DÉPENSE								TOTAL GÉNÉRAL des dépenses.		EXISTANT à bord au		Effets des morts et des déserteurs délivrés aux marins.	
Délivrances aux marins.		CESSIONS.		REMISES.		PERTES justifiées.							
Quantités.	Valeur.	Quantités.	Valeur.	Quantités.	Valeur.	Quantités.	Valeur.	Quantités.	Valeur.	Quantités.	Valeur.	Quantités.	Valeur.
													(A)

NOMS DES HOMMES MORTS ET DÉSERTÉS
dont tout ou partie des effets a été délivré à d'autres marins, et valeur desdits effets.

F.os	NOMS ET PRÉNOMS.	Valeur.	F.os	NOMS ET PRÉNOMS.	Valeur.	F.os	NOMS ET PRÉNOMS.	Valeur.
				Report.			Report.	
	À reporter. . . .			À reporter. . . .			Total égal à celui ci-dessus. (A)	

MUTATIONS et MOUVEMENS.	Fᵒˢ	NOMS et PRÉNOMS.	GRADES et payes.	DEVAIENT LES MARINS				
				Antérieurement à l'embarquement. (ou a — Lieux ou noms des bâtimens d'où ils proviennent.	SOMME.	POUR FOURNITURE D'EFFETS. Neufs.	ayant servi.	TOTAL.
					Présens à bord au			
					Total. . .			
					A l'hôpital.			
					Total. . .			

RÉCAPITULATION. {
Présens à bord au désarmement (ou a —) . . . .
A l'hôpital. . . . .
Débarqués pour toute autre cause que le congédiement. . . .
Congédiés . . . .
Morts à bord. . . . .
Déserteurs. . . . .

TOTAL GÉNÉRAL. . . . . . .

* On ouvrira, s'il y a lieu, un semblable compte pour les individus placés dans les diverses positions indiquées par la récapitulation.

de l'Équipage pour fourniture de Hardes.

Restant dû par les marins.	Au	IL ÉTAIT DU AUX MARINS POUR				VALEUR approximative des hardes laissées à bord par les morts ou les déserteurs.	Observations.
	Trop perçu.	Solde d'activité et supplément.	Solde d'hôpital.	Parts de prises.	Total.		
désarmement (ou à) *							

(**N.º 59** , page 135).

MARINE ROYALE.

L   *de S. M. l*

armé à   *le*

Habillement des Marins de l'Inscription Maritime.

État présentant la Dette de l'Équipage, à

(Le Tableau doit être conforme à celui du *modèle* N.º 58, 2.ᵉ partie.)

MARINE ROYALE.

L   *du Roi l*

commandé par M.

Ét at des objets à la charge de divers Maîtres, restant à bord au désarmement.

Folio de la balance.	DÉNOMINATION des objets.	ESPÈCE des unités.	QUANTITÉS.	OBSERVATIONS.

A   le

Le Commis d'administration ,

Vu par l
chargé du détail

Vu par le Commandant :

Les membres de la commission de désarmement certifient l'état ci-dessus conforme à ce qui leur a été présenté par les autorités du bord, et comportant   articles.

A   le   18

(**N.°** **61**, page 151).

PROCÈS-VERBAL

Pour constater la Prise d'un Vaisseau de guerre ou armé en guerre.

Aujourd'hui   1 *
commandé par **M.**   , expédié par ordre d
du   , (*pour une mission particulière ou revenant de telle mission, ou faisant partie de telle armée*, etc., *ou détaché à la voile ou à l'ancre, par ordre de* **M.**   , *en date du*   , *sous les ordres de*   , *en compagnie de tel et tel bâtiment*), se trouvant à   heure   , par (*la hauteur*), faisant route à   , le vent à   , a découvert (*la distance*) un bâtiment venant sur lui (*ou auquel ayant donné chasse*), il l'a atteint, reconnu ennemi, portant (*le pavillon*), et attaqué à   heure **; s'en étant emparé après   heures de combat, dans lequel (*il a reçu tel dommage*),

Nous   commis d'administration, nous sommes transporté par ordre du commandant, sur ladite prise, avec **M.**   , détaché pour (*l'amariner ou la commander*); où étant arrivés, nous avons d'abord fait poser des sentinelles à chaque (*écoutille ou échelle*) pour empêcher les

----

(*) Désigner avec la plus scrupuleuse attention les bâtimens protecteurs ou présens, avec la distance où ceux-ci se sont trouvés du bâtiment preneur lors de l'attaque et du combat, et l'espèce de protection et de secours qu'ils ont pu lui donner.

(**) Il faut porter la plus grande attention à motiver, avec détail, toutes les circonstances et les accidens qui précèdent ou suivent l'affaire, afin de donner une parfaite connaissance des évènemens; si plusieurs vaisseaux ou autres bâtimens ont facilité ou protégé, ou assisté à la prise, etc.

La décision générale pour régler la répartition des prises, étant que les prises faites par les bâtimens du Roi, chargés d'une mission particulière, leur appartiendront en entier; qu'un tiers de celles faites par les vaisseaux détachés à l'ancre par ordre du général leur appartiendra; et qu'enfin les bâtimens détachés sous voiles partageront avec le reste de l'armée, escadre ou division; il est très-essentiel de distinguer avec soin ces trois circonstances, de rapporter la date des ordres, et de citer les bâtimens formant les divisions, même les escadres. **C'est le** seul moyen de hâter la répartition et d'en assurer l'exactitude.

gens du détachement de descendre dans l'entre-pont et dans la cale, et prévenir, en même tems, tous accidens : après avoir reconnu qu'il n'y avait dans ladite prise aucune marchandise, mais seulement des munitions de guerre et de bouche, nous avons cru inutile d'apposer les scellés sur les écoutilles et autres endroits ; nous avons ensuite demandé au capitaine sa commission, l'ordre de commandement et le rôle d'équipage, qu'il nous a remis. Nous avons appris que ce bâtiment se nommait l   , appartenant au Roi d   , de   pièces de canons de (*distinguer le calibre de chaque batterie*), de   hommes d'équipage, commandé par M.   , (*son grade*), armé au port d   , d'où il est parti le   , et ayant requis ledit capitaine de nous représenter les autres papiers qu'il pourrait avoir, d'après sa réponse qu'il n'en avait pas d'autres, nous en avons fait la plus exacte recherche (*s'il s'en trouve, ils doivent être mis dans un sac cacheté des armes du Roi et de celles du capitaine pris*) ; nous avons ensuite passé la revue de l'équipage, et trouvé   personnes, y compris   officiers et   blessés ; nous avons fait passer   hommes sur notre y compris   officiers, et le surplus a été laissé sur la prise, avec   hommes de notre équipage, pour la mettre en état de naviguer ; après quoi, nous avons procédé à l'inventaire de ses agrès, apparaux et ustensiles.

Fait (*double ou triple*) à bord de la prise, le

La signature de l'Officier nommé, du Commis d'Administration,
du Capitaine de la prise et le vu du Commandant.

     (**N.° 62** , page 151).

PROCÈS-VERBAL

Pour constater la Prise d'un Bâtiment du Commerce.

Aujourd'hui ,   l   , commandé
expédié par ordre d   du   (*comme au n.° 61*), qu'il a
reconnu être ennemi portant (*son pavillon*); il l'a joint et combattu , et l'a
obligé d'amener après   heures de combat , pendant lequel (*expliquer
le dommage qu'il a subi*). **Nous, commis d'administration , nous sommes
transporté sur ladite prise par ordre du commandant , avec M.**
détaché pour (*l'amariner ou la commander*); où étant arrivés , nous avons
fait poser des sentinelles à toutes les (*écoutilles ou échelles*) , pour empêcher
les gens du détachement d'entrer dans l'entre-pont et dans la cale , et
prévenir en même tems , tous accidens : nous avons ensuite descendu dans
l'entre-pont , où ayant trouvé des ballots de marchandises , nous les avons
fait mettre en sûreté dans   , et ayant reconnu que sa cale était
remplie de diverses autres marchandises , qu'il ne nous était pas possible de
vérifier , nous en avons fait fermer les écoutilles , aux coins desquelles nous
avons fait mettre une bande de toile , clouée d'un côté sur le tillac , et de
l'autre sur les écoutilles , et apposer à chacune deux cachets aux armes de
Sa Majesté , à l'exception de l'écoutille de la soute aux câbles , aux vivres
et à l'eau , dont nous avons fermé la communication , en faisant établir
une cloison de séparation. Après quoi nous nous sommes rendus sur le
gaillard d'arrière , et nous avons appris du capitaine que le bâtiment se
nommait   , appartenant à   etc.

(Terminer ce procès-verbal ainsi que le précédent , en se conformant à ce qui est recommandé dans les renvois).

PROCÈS-VEBAL.

Prises brûlées ou coulées bas.

AUJOURD'HUI   1   1   commandé par
M.   expédié par ordre d   du (*comme au n.° 61*),
ayant arrêté, etc. (*comme au n.° 61*). Nous, commis d'administration,
nous sommes transporté à bord, par ordre du commandant, et ayant
ensuite visité ledit bâtiment, nous avons reconnu qu'il était chargé de
(*sur son lest, d'une mauvaise construction, mal gréé et équipé, hors
d'état de tenir la mer dans cette situation*), et en ayant rendu compte
audit commandant, il a envoyé à bord de ladite prise les maîtres d'équipage,
voilier, charpentier et calfat, pour en faire l'examen et visite en notre
présence. Ces maîtres ayant également jugé que le bâtiment était entièrement
hors de service et incapable de tenir la mer avec sûreté, nous en avons
fait le rapport au commandant qui, après en avoir conféré avec les officiers,
a décidé que, vu le mauvais état de ce bâtiment, le peu de valeur de son
chargement (*ou d'autres motifs*), il était indispensable de le faire brûler
ou couler bas, ce qui a été exécuté après en avoir fait retirer l'équipage
et les effets principaux qui s'y sont trouvés, dont nous avons dressé l'inventaire, et chargé chacun de nos maîtres de ceux qui le concernent,
pour en rendre compte au retour.

Fait à bord, lesdits jour, mois et an.

Les signatures comme au n.° 61 , et celles des maîtres.

Nota. S'il n'y a point eu de procès-verbal de la prise qui énonce la force, l'espèce du
bâtiment, son nombre de canons, celui des hommes d'équipage, on doit présenter dans
celui-ci ces différens détails.

 (**N.°** **64** , page 156).

PROCÈS-VERBAL.

Bátimens neutres arrêtés.

———

A UJOURD'HUI   (*comme au n.° 61*), étant, etc.   , ayant
découvert à environ   milles un bâtiment au (*l'aire de vent*) faisant route
a   , les vents a   , l'ayant joint et arrêté, après   heures de
chasse, sous pavillon   , le commandant a donné ordre au capitaine de ce
bâtiment de lui apporter ses rôles d'équipage, journaux de navigation, passe-
ports et polices, par lesquels il a été reconnu que ledit bâtiment nommé l
de   canons et de   hommes d'équipage, les officiers compris, commandé par   , était parti de   , le   , chargé de   ,
pour le compte de   , à l'adresse de   , à   , où il devait se
rendre. Ses marchandises provenant de pays ennemis et sa manœuvre le rendant
suspect, **M.** le commandant a jugé à propos de l'arrêter et de le conduire
à   , pour y faire faire une vérification exacte de ses papiers et de sa
cargaison.

En conséquence de ses ordres nous   commis d'administration et
M.   , officier détaché, nous sommes transportés à bord de ce bâtiment où
nous nous sommes saisis de tous les autres papiers que nous avons trouvés ; nous
les avons apportés à notre bord, et fait renfermer avec les premiers dans un sac
cacheté des armes du Roi, et de celles du capitaine dudit bâtiment. Et également
ment après avoir fermé les écoutilles, etc. dudit navire, et y avoir apposé les
scellés, afin qu'on ne puisse disposer d'aucune des marchandises, nous avons
pareillement fait passer sur notre bord, toutes les armes blanches et à feu, dont
nous avons donné un reçu au capitaine, ainsi que   hommes de son
équipage que nous avons remplacés par   hommes du notre, avec **M.**   ,
pour le conduire et s'assurer de sa navigation, avec défenses très-expresses de faire
aucune insulte, ni commettre aucune malversation dans ledit navire, sous peine
des punitions prévues par les lois.

A   les jour mois et an que dessus.

Les signatures comme aux n.°ˢ précédens.

EXTRAITS,

PAR ORDRE CHRONOLOGIQUE,

SOMMAIRE

Des Lois, Décrets, Ordonnances et Réglemens.

EXTRAIT

De la Loi du 22 Août 1790, concernant les peines à infliger pour les fautes et délits commis par les officiers, officiers-mariniers et sous-officiers, matelots et soldats, et autres personnes servant dans l'armée navale et dans les ports et arsenaux.

TITRE II. *Des Peines et Délits.*

ARTICLE 1.ᵉʳ On ne pourra infliger aux matelots et officiers-mariniers, comme peine de discipline, que celles ci-après dénommées :

Le retranchement de vin, qui ne pourra avoir lieu pendant plus de trois jours;

Les fers, seulement avec un anneau au pied;

Les fers, avec un anneau et une petite chaîne traînante;

Les fers sur le pont, au plus pendant deux jours et une nuit;

La peine d'être à cheval sur une barre de cabestan, au plus pendant trois jours, et deux heures chaque jour;

Celle d'être attaché au grand mât, au plus pendant trois jours, et deux heures chaque jour.

Art. 2. Seront regardés comme délits contre la discipline, et ne pourront être punis que par les peines énoncées dans l'art. 1.ᵉʳ, les délits suivans :

Tout défaut d'obéissance d'un officier à son supérieur, d'un matelot à un officier-marinier, lorsqu'il n'est point accompagné d'un refus formellement énoncé d'obéir;

L'ivresse, lorsqu'elle n'est point accompagnée de désordres;

Les querelles entre les gens de l'équipage, lorsqu'il n'en résulte aucune plaie, et qu'on n'y a point fait usage d'armes ou de bâtons;

Toute absence du vaisseau sans permission de celui qui doit la donner;

Les feux allumés ou portés de terre à bord du vaisseau, dans le tems et aux postes où ils sont défendus, dans le cas non prévu par les art. suivans ;

Toute infraction aux règles de police ;

Tout manque à l'appel, au quart, et en général toutes les fautes contre la discipline, le service du vaisseau, provenant de négligence ou de paresse.

Art. 3. Les délits ci-dessus énoncés seront toujours regardés comme plus graves lorsqu'ils auront lieu la nuit, et le tems de la punition sera doublé.

Art. 4. Les peines de discipline, pour les officiers, seront les arrêts, la prison, la suspension de leurs fonctions pendant un mois au plus, avec ou sans privation de solde pendant le même tems.

Art. 5. Seront censées peines afflictives, et ne pourront être prononcées que par un conseil de justice ou un conseil de guerre, toutes les peines énoncées ci-après :

Les coups de corde au cabestan ;
La prison ou les fers sur le pont pendant plus de trois jours ;
Les réductions de grade et de solde ;
La cale ;
La bouline ;
Les galères ;
La mort.

Art. 6. L'homme condamné à la mort, et qui devra être exécuté à bord, sera fusillé jusqu'à ce que mort s'ensuive.

Celui condamné à courir la bouline, ne pourra être frappé que par trente hommes au plus, et ne pourra l'être pendant plus de quatre courses.

En donnant la cale, on ne pourra plonger plus de trois fois dans l'eau l'homme qui aura été condamné à cette peine.

Art. 7. Tout homme condamné aux galères pour un tems quelconque, ne pourra plus être employé sur les vaisseaux de l'état, en quelque qualité que ce soit.

Art. 8. Tout officier-marinier condamné à la bouline ou à la cale, sera, par l'effet même de cette condamnation, cassé de son grade d'officier-marinier, et réduit à la basse-paye des matelots. Tout matelot qui aura subi pareille condamnation sera réduit à la basse-paye.

Art. 9. Tout homme coupable d'avoir tenu des propos séditieux ou tendant à affaiblir le respect dû à tout genre d'autorité qui s'exerce à bord du vaisseau ou de l'escadre, sera mis en prison, ou aux fers sur le pont, pendant six jours.

Art. 10. Tout homme coupable d'avoir concerté aucun projet pour changer ou arrêter l'ordre du service, s'opposer à l'exécution d'un ordre donné ou d'une mesure prise, sera mis à la queue de l'équipage, et s'il est officier, sera renvoyé du service.

Art. 11. Tout matelot ou officier-marinier coupable d'un complot contre la sûreté ou la liberté d'un officier de l'état-major, sera condamné à trois ans de galères.

Art. 12. Tout matelot, officier-marinier ou officier de l'état-major, coupable d'un complot contre la sûreté, la liberté ou l'autorité du commandant du vaisseau, ou de tout autre officier occupant un poste supérieur, sera condamné aux galères perpétuelles.

Art. 13. Tout homme coupable de trahison ou d'une intelligence perfide avec l'ennemi, sera condamné à la mort; et si quelque malheur public avait été la suite de ses mesures, il sera exécuté sur-le-champ à bord du vaisseau.

Art. 14. Tout matelot ou officier-marinier coupable d'une désobéissance envers un officier, pour fait de service, sera frappé de douze coups de corde au cabestan.

Art. 15. Si la désobéissance est accompagnée d'injures et de menaces, le matelot ou l'officier-marinier qui s'en sera rendu coupable, sera condamné à la cale.

Art. 16. Tout matelot ou officier-marinier coupable d'avoir levé la main contre un officier pour le frapper, sera condamné à trois ans de galères.

Art. 17. Tout matelot ou officier-marinier coupable d'avoir frappé un officier, sera condamné à la mort.

Art. 18. Tout officier coupable d'avoir désobéi à son chef, et d'avoir accompagné sa désobéissance d'un refus formellement énoncé d'obéir, sera mis au grade immédiatement inférieur à celui qu'il remplit; et s'il est au dernier grade d'officier, il sera fait élève.

Si sa désobéissance est accompagnée d'injures et de menaces, il sera cassé.

Et sera, dans tous les cas, responsable, **sur sa tête**, des suites de sa désobéissance.

Art. 19. Tout commandant d'un bâtiment de guerre coupable d'avoir désobéi aux ordres ou aux signaux du commandant de l'armée, escadre ou division, sera privé du commandement; et si sa désobéissance occasionne une séparation, soit de son vaisseau, soit d'un autre vaisseau de l'escadre, il sera cassé et déclaré indigne de servir.

Si elle a lieu en présence de l'ennemi, il sera condamné à la mort.

Art. 20. Tout matelot ou officier-marinier coupable d'avoir quitté, dans le cours ordinaire du service, soit un poste particulier, soit une embarcation du vaisseau à la garde duquel il aurait été proposé :

Si c'est pendant le jour, il sera attaché au grand mât pendant une heure, et mis à la paye immédiatement inférieure à la sienne.

Si c'est pendant la nuit, il sera attaché au grand mât pendant deux jours, deux heures chaque jour, et mis à deux payes au-dessous de la sienne.

Art. 21. Tout officier commandant le quart, coupable de l'avoir quitté pour se coucher, sera mis au grade immédiatement inférieur au sien, et sera responsable, sur sa tête, de tous les accidens que le vaisseau éprouverait par son absence du quart.

Art. 22. Tout matelot ou officier-marinier coupable d'avoir, dans un combat ou dans un danger quelconque, abandonné son poste pour se cacher, sera condamné à courir la bouline.

Art. 23. Tout officier coupable d'avoir, pendant le combat, abandonné son poste pour se cacher, sera, s'il est à sa première campagne de guerre, renvoyé du service, et dans tout autre cas, cassé et déclaré infâme.

Art. 24. Tout homme qui, sans l'ordre du capitaine, aura crié de se rendre ou d'amener le pavillon, sera condamné à trois ans de galères; et celui qui, par sa conduite lâche et ses discours séditieux et répétés, produira dans l'équipage un découragement marqué, sera condamné à la mort, et jugé conformément à la disposition de l'Art. 4 du Titre 1.er

Art. 25. Tout homme coupable d'avoir amené le pavillon, pendant le combat, sans l'ordre exprès du commandant du vaisseau, sera condamné à la mort.

Art. 26. Tout homme coupable d'avoir embarqué ou permis d'embarquer sans ordre des effets commerçables étrangers au service du vaisseau, sera, s'il commande le vaisseau ou le bâtiment de l'état, déchu pendant deux ans de tout commandement, et, en cas de récidive, renvoyé du service.

S'il est officier de l'état-major ou officier-marinier, il perdra deux ans de service effectif sur mer, pendant lesquels il sera privé de tous les avancemens auxquels il pourrait prétendre.

S'il n'est ni officier-marinier ou sous-officier, ni matelot ou soldat, il paiera, par forme d'amende, deux fois la valeur de la marchandise, au profit de la caisse des invalides.

Dans tous les cas, la marchandise sera confisquée au profit de la caisse des invalides.

Art. 27. Tout homme coupable d'avoir transporté à bord, sans en avoir reçu l'ordre ou la permission, aucune matière inflammable, telle que poudre, soufre, eau-de-vie et autre liqueur spiritueuse et inflammable,

S'il est officier, sera renvoyé du service.

S'il est matelot ou officier-marinier, sera frappé de douze coups de corde au cabestan, en cas de récidive, aura la cale.

Art. 28. Tout homme coupable, en temps de guerre, d'avoir allumé ou tenu allumés, pendant la nuit, des feux défendus, ou dans tous les temps de les avoir allumés ou tenus allumés, soit le jour, soit la nuit, sans précaution et de manière à compromettre la sûreté du vaisseau, s'il est officier ou officier-marinier, sera cassé; s'il est matelot, recevra la cale : et, dans le cas où il en aurait été fait défense expresse par une proclamation faite dans les formes ordinaires, ou si son action avait donné lieu à quelqu'accident, de ce reconnu coupable, il sera condamné à trois ans de galères.

Art. 29. Tout matelot ou officier-marinier préposé à la garde d'un feu, et qui n'y aurait pas apporté l'attention prescrite, sera puni comme si luimême avait allumé ou tenu allumé le feu, conformément à la disposition de l'article précédent

Art. 30. Tout matelot ou officier-marinier coupable d'avoir, dans une circonstance quelconque, frappé, avec armes ou bâton, un autre homme de l'équipage, sera frappé de douze coups de corde au cabestan.

Art. 31. Tout matelot ou officier-marinier coupable d'avoir fait une blessure dangereuse, aura la cale, sans préjudice de la réparation civile réservée aux tribunaux ordinaires.

Art. 32. Tout officier coupable d'avoir maltraité et blessé un homme de l'équipage, sera interdit de ses fonctions, et mis en prison pendant le tems déterminé par le conseil de justice, suivant la nature du délit, sans préjudice, dans le cas de blessure dangereuse, de la réparation civile réservée aux tribunaux ordinaires.

Art. 33. Tout officier, commandant une portion quelconque des forces navales de la nation, coupable d'avoir suspendu la poursuite, soit de vaisseaux de guerre ou d'une flotte marchande, fuyant devant lui, soit d'un ennemi battu par lui, lorsqu'il n'y aura pas été obligé par des forces ou des raisons supérieures, sera cassé et déclaré incapable de servir.

Art. 34. Ainsi sera traité tout commandant d'escadre ou de vaisseau, coupable d'avoir refusé des secours à un ou plusieurs bâtimens amis ou ennemis dans la détresse, implorant son assistance, ou refusé protection à des bâtimens de commerce français qui l'auraient réclamée.

Art. 35. Tout commandant d'un bâtiment de guerre, coupable d'avoir abandonné, dans quelque circonstance critique que ce soit, le commandement de son vaisseau pour se cacher, ou d'avoir fait amener son pavillon lorsqu'il était encore en état de se défendre, sera condamné à la mort.

Sera condamné à la même peine, tout commandant coupable, après la perte de son vaisseau, de ne l'avoir pas abandonné le dernier.

Art. 36. Tout officier chargé de la conduite d'un convoi, coupable de l'avoir abandonné volontairement, sera condamné à la mort.

Art. 37. Tout capitaine de navire du commerce faisant partie d'un convoi, coupable d'avoir volontairement abandonné le convoi, sera condamné à trois ans de galères.

Art. 38. Tout officier commandant une escadre ou bâtiment de guerre quelconque, coupable de n'avoir pas rempli la mission dont il était chargé, et cela par impéritie ou négligence, sera, s'il est officier général ou capitaine de vaisseau, déclaré incapable de commander; et, s'il a tout autre grade, il sera déchu de tout commandement pendant trois ans.

S'il est coupable d'avoir volontairement manqué la mission dont il était chargé, il sera condamné à la mort.

Art. 39. Tout commandant d'un bâtiment de guerre quelconque, coupable de l'avoir perdu, si c'est par impéritie, sera cassé et déclaré incapable de servir ; si c'est volontairement, il sera condamné à la mort.

Art. 40. Tout pilote-côtier coupable d'avoir perdu un bâtiment quelconque de l'état ou du commerce, lorsqu'il s'était chargé de sa conduite, et qu'il avait déclaré en répondre, si c'est par négligence ou ignorance, sera condamné à trois ans de galères; si c'est volontairement, il sera condamné à la mort.

Art. 41. Tout officier particulier chargé d'une expédition, mission ou corvée quelconque, coupable de s'être écarté des ordres qu'il avait reçus, et d'avoir par-là fait échouer ou mal rempli la mission dont il était chargé, sera interdit de ses fonctions, et privé d'avancement pendant le tems déterminé par le conseil de justice.

Art. 42. Tout commandant d'un vaisseau de guerre coupable d'avoir perdu son vaisseau par la suite d'une inexécution non forcée des ordres qu'il avait reçus, sera cassé, et condamné à cinq ans de prison.

Art. 43. Tout homme, sans distinction de grade ou emploi, coupable d'avoir volé à bord des effets appartenant à quelque particulier, sera frappé de douze coups de corde au cabestan : en cas de récidive, il courra la bouline.

Dans tous les cas de vol quelconque, le voleur sera obligé à la restitution des effets volés.

Art. 44. Tout homme coupable d'un vol avec effraction d'effets appartenant à des particuliers, soit à bord, soit à terre, sera condamné à recevoir la cale : en cas de récidive, il sera condamné à six ans de galères.

Art. 45. Tout homme qui, descendu à terre, s'y rendra coupable d'un vol, si c'est sur territoire français, sera frappé de douze coups de corde au cabestan, si c'est sur territoire étranger, recevra la cale.

Si le vol excède la valeur de douze francs, l'homme qui s'en rendra coupable sera condamné à courir la bouline; et en cas de récidive, à six ans de galères.

Art. 46. Tout homme coupable d'avoir volé et fait transporter à terre des vivres, munitions, agrès ou autres effets publics du vaisseau, sera condamné à courir la bouline.

Art. 47. En cas de récidive, ou si un premier vol de vivres et autres effets publics, excédait en vivres une valeur de cinquante rations, et en autres effets, une valeur de cinquante livres, l'homme qui s'en sera rendu coupable sera condamné à trois ans de galères.

Art. 48. Tout homme coupable d'avoir volé en tout ou en partie, l'argent de la caisse du vaisseau ou de telle autre caisse publique, déposée à bord du vaisseau, sera condamné à neuf ans de galères.

Art. 49. Tout homme coupable d'avoir volé à bord de la poudre, ou d'avoir recélé de la poudre volée, sera condamné à trois ans de galères.

Art. 50. Tout homme coupable d'avoir volé ou tenté de voler de la poudre dans la soute aux poudres, sera condamné à neuf ans de galères.

Art. 51. Tout vol d'effets quelconques fait à bord d'une prise, lorsqu'elle n'est pas encore amarinée, sera regardée comme un vol d'effets particuliers, et l'homme qui s'en sera rendu coupable sera frappé de douze coups de corde au cabestan.

Art. 52. Tout homme coupable d'avoir dépouillé un prisonnier de ses vêtemens et de les avoir volés, sera frappé de vingt-quatre coups de corde au cabestan.

Art. 53. Lorsqu'une prise sera amarinée, elle sera regardée comme possession nationale; et tout vol d'agrès, munitions, vivres et marchandises, sera censé vol d'effets publics, et puni conformément aux articles 46, 47, 48, 49 et 50.

Art. 54. Les dégats commis à terre par les marins, seront rangés dans la classe des délits emportant peine afflictive; s'ils excèdent la valeur de douze livres, ils seront punis, en ce cas, de douze coups de corde frappés au cabestan, outre la restitution des dommages civils. Tous autres dégats au-dessous de cette valeur, seront soumis aux peines de discipline.

Art. 56. Tous les hommes sans distinction, composant l'état-major, ou l'équipage d'un vaisseau naufragé, continueront d'être soumis à la présente loi, ainsi qu'à toutes les règles de discipline militaire, jusqu'au moment où ils auront été légalement congédiés.

Art. 57. **Les officiers, sous-officiers et soldats, soit des troupes de la marine, soit des troupes de terre, embarqués sur les bâtimens de guerre,** seront assujettis, comme les officiers de la marine, officiers-mariniers et matelots, à toutes les dispositions de la présente loi , pendant le tems de leur séjour sur les vaisseaux.

Art. 58. Toute autre personne, embarquée sur un vaisseau, sera également soumise à la présente loi , et à toutes les règles de police établies dans le vaisseau.

Art. 59. Les peines de discipline et les peines afflictives prononcées dans les cas ci-dessus énoncés, seront applicables à tous les délits commis dans les arsenaux par les officiers-mariniers , matelots et soldats.

ARRÈTÉ

Du 23 Messidor an 3, (11 Juillet 1795), relatif aux indemnités dues aux Marins, dans le cas de naufrage ou de prise.

Article Premier.

A l'exception des officiers, employés civils et autres citoyens dont les fonctions ne sont point relatives à la défense ou à la conservation des bâtimens de guerre, tous les autres individus inscrits sur le rôle d'équipage, et désignés par le présent arrêté, ne pourront, en cas de naufrage ou de prise, obtenir d'indemnité qu'après que leur conduite aura été approuvée par un jury militaire.

Art. 2. D'après le prononcé du jury les agens maritimes des ports sont autorisés à payer les indemnités accordées par le présent arrêté. Ils demeurent responsables de celles qui auraient été acquittées sans cette formalité , aux individus qui ne sont pas exceptés par l'article précédent, et ils seront tenus d'adresser au fur et à mesure , à la commission de marine et des colonies , des listes nominatives de ceux auxquels ils auront fait payer ces indemnités.

Art. 3. Les indemnités seront réglées ainsi qu'il suit, pour un bâtiment stationnaire sur les côtes de France, ou allant d'un port à l'autre et qui aura été pris ; savoir :

A l'officier commandant, deux mois des appointemens attribués à son grade ; aux autres officiers de l'état-major, officiers de santé, employés civils, maîtres entretenus et non-entretenus, chargés en chef, aspirans de la marine et instituteurs, deux mois de leurs appointemens ;

Aux pilotes-côtiers, officiers-mariniers, timonniers, matelots, novices et mousses, deux mois.

Art. 4. Si, au lieu d'avoir été pris, le bâtiment stationnaire sur les côtes de France, ou allant d'un port à l'autre, a naufragé, tous les appointemens cessant dans ce cas, les indemnités réglées par l'article précédent seront augmentées d'un tiers.

Art. 5. Les indemnités réglées par l'article 3, en cas de prise, et augmentées d'un tiers par l'article 4, en cas de naufrage, seront, dans l'un et l'autre cas, doublées, si le bâtiment était destiné pour les Indes orientales, et tiercées seulement si la mission était pour les Indes occidentales.

Art. 6. Les indemnités réglées par les articles précédens, ne pourront être augmentées sous quelque prétexte que ce soit.

Art. 7. Les héritiers des officiers, des marins et autres individus inscrits sur le rôle d'équipage et qui auraient péri dans le naufrage ou combat, ou qui seraient morts pendant leur détention, participeront aux indemnités, en justifiant de leurs droits dans les formes prescrites par les lois.

EXTRAIT du Décret du 22 Juillet 1806, relatif à l'organisation des conseils de marine, et à l'exercice de la police et de la justice à bord des vaisseaux.

TITRE II. *De la Police et Discipline.*

Art. 16. LA police sur nos vaisseaux et sur nos autres bâtimens, sera exercée par les capitaines qui les commanderont, sous l'autorité des commandans des armées navales, escadres ou divisions.

Art. 17. Les officiers et autres embarqués sont tenus d'avertir les capitaines, et ceux-ci leur commandant supérieur, des faits qui seront venus à leur connaissance et qui seront de nature à être dénoncés.

Art. 18. Les commandans de nos bâtimens, et officiers commandant le quart ou la garde, pourront prononcer contre les délinquans, les peines de discipline portées au code pénal maritime : le commandant de la garnison d'un bâtiment peut aussi prononcer la peine de discipline contre ceux qui la composent, à la charge d'en rendre compte immédiatement au commandant du vaisseau, qui seul pourra prononcer sur la durée de la peine.

Art. 19. Aucune peine plus grave que celle des fers ne pourra être infligée dans l'absence du capitaine et par d'autres que par lui.

Art. 20. Tout officier commandant une escadre ou division , peut suspendre de leur commandement et faire remplacer provisoirement, les officiers commandant sous ses ordres, à la charge d'en rendre compte au ministre de la marine et des colonies.

Il en sera de même pour les commandans particuliers de nos bâtimens, à l'égard des officiers employés sous leurs ordres, à la charge, par lesdits commandans , d'en rendre compte, soit au commandant de l'escadre ou division dont ils font partie, soit, s'ils ne font pas partie d'une escadre ou division , au préfet maritime de l'arrondissement dans lequel ils se trouveront, soit enfin au ministre de la marine , s'ils se trouvent dans un port étranger ou à la mer.

TITRE III. *De la Justice.*

SECTION PREMIÈRE.

DU CONSEIL DE JUSTICE.

Art. 21. Tout délit emportant peine de la cale ou de la bouline , sera jugé par un conseil de justice.

Art. 22. Le conseil de justice sera assemblé et présidé par le capitaine du vaisseau ou autre bâtiment sur lequel est embarqué le prévenu.

Art. 23. Le conseil de justice sera composé de cinq officiers, y compris le président, nommés, autant qu'il se pourra, parmi ceux embarqués à bord du bâtiment auquel appartient le prévenu.

Art. 24. L'affaire sera instruite oralement; le jugement sera porté à la pluralité des voix.

Pourra le capitaine, suivant les circonstances, commuer la peine prononcée par le conseil de justice, en une peine plus légère d'un degré seulement.

Art. 25. L'agent comptable du bâtiment rédigera le jugement : il y sera fait mention du délit, de ses circonstances, et du nombre des voix qui auront déterminé le jugement.

Art. 26. Le jugement sera signé par tous les juges, quel qu'ait été leur avis.

Art. 27. Le capitaine ordonnera l'exécution du jugement en écrivant au bas : *Soit exécuté selon sa forme et teneur;* ou bien : *Soit commuée la peine portée au présent en celle de   conformément à l'article du décret du*

Art. 28. Dans tous les cas où le capitaine ne serait pas commandant supérieur, il prendra les ordres de l'officier qui commandera en chef, soit en rade, soit à la mer, pour la tenue du conseil de justice et l'exécution du jugement.

Art. 29. Avant et au moment de l'exécution du jugement, il sera lu au condamné, par l'agent comptable du bâtiment, la garde sous les armes et l'équipage assemblé et en silence.

Art. 30. Il sera tenu à bord de chaque bâtiment un registre particulier des jugemens rendus par les conseils de justice.

Art. 31. S'il est résulté de l'examen d'une affaire portée devant le conseil de justice, que la peine encourue par le prévenu paraît au conseil devoir être plus grave que celle de la cale ou de la bouline, le conseil déclarera que l'objet passe sa compétence; cette déclaration exprimera les motifs sur lesquels elle est fondée; le prévenu sera détenu jusqu'à ce qu'il soit remis, avec ladite déclaration, à qui de droit, pour statuer, s'il y a lieu, à le traduire devant un conseil de guerre, qui jugera définitivement, quel que soit le mérite de la déclaration du conseil de justice.

EXTRAIT

Du Code civil, en ce qui concerne les Actes de Naissance et de Décès, et les Testamens à dresser en mer par les Commis d'Administration.

DES ACTES DE NAISSANCE.

Art. 17. L'acte de naissance énoncera le jour, l'heure et le lieu de la naissance, le sexe de l'enfant, et les prénoms qui lui seront donnés ; les prénoms, noms, profession et domicile des père et mère, et ceux des témoins.

Art. 59. S'il naît un enfant pendant un voyage de mer, l'acte de naissance sera dressé dans les vingt-quatre heures, en présence du père, s'il est présent, et de deux témoins pris parmi les officiers du bâtiment, ou à leur défaut, parmi les hommes de l'équipage. Cet acte sera rédigé, savoir : sur les bâtimens de l'état, par l'officier d'administration de la marine ; et sur les bâtimens appartenant à un armateur ou négociant, par le capitaine, maître ou patron du navire. L'acte de naissance sera inscrit à la suite du rôle d'équipage.

Art. 60. Au premier port où le bâtiment abordera, soit de relâche, soit pour une autre cause que celle de son désarmement, les officiers de l'administration de la marine, capitaine, maître ou patron, seront tenus de déposer deux expéditions authentiques des actes de naissance qu'ils auront rédigés ; savoir : dans un port français, au bureau du préposé à l'inscription maritime ; et dans un port étranger, entre les mains du commissaire des relations commerciales.

L'une de ces expéditions restera déposée au bureau de l'inscription maritime, ou à la chancellerie du commissariat ; l'autre sera envoyée au ministre de la marine, qui fera parvenir une copie, de lui certifiée, de chacun desdits actes, à l'officier de l'état-civil du domicile du père de l'enfant, ou de la mère, si le père est inconnu : cette copie sera inscrite de suite sur les registres.

Art. 61. A l'arrivée du bâtiment dans le port du désarmement, le rôle d'équipage sera déposé au bureau du préposé à l'inscription maritime, qui enverra une expédition de l'acte de naissance de lui signée, à l'officier de l'état-civil du domicile du père de l'enfant, ou de la mère, si le père est inconnu : cette expédition sera inscrite de suite sur les registres.

DES ACTES DE DÉCÈS.

Art. 79. L'acte de décès contiendra les prénoms, nom, âge, profession et domicile de la personne décédée ; les prénoms et nom de l'autre époux, si la personne décédée était mariée ou veuve ; les prénoms, noms, âge, professions et domiciles des déclarans, et s'ils sont parens, leurs degrés de parenté.

Le même acte contiendra de plus, autant qu'on pourra le savoir, les prénoms, noms, professions et domicile des père et mère du décédé, et le lieu de sa naissance.

Art. 80. L'officier de l'état civil enverra l'acte de décès à celui du dernier domicile de la personne décédée, qui l'inscrira sur les registres.

Art. 85. Dans tous les cas de mort violente, ou dans les prisons et maisons de réclusion, ou d'exécution à mort, il ne sera fait sur les registres aucune mention de ces circonstances, et les actes de décès seront simplement rédigés dans les formes prescrites par l'article 79.

Art. 86. En cas de décès pendant un voyage de mer, il en sera dressé acte dans les vingt-quatre heures, en présence de deux témoins pris parmi les officiers du bâtiment, ou à leur défaut, parmi les hommes de l'équipage. Cet acte sera rédigé, savoir : sur les bâtimens de l'état, par l'officier d'administration de la marine ; et sur les bâtimens appartenant à un négociant ou armateur, par le capitaine, maître ou patron du navire. L'acte de décès sera inscrit à la suite du rôle d'équipage.

Art 87. Au premier port où le bâtiment abordera, soit de relâche, soit pour toute autre cause que celle de son désarmement, les officiers de l'Administration de la marine, capitaine, maître ou patron qui auront rédigé des actes de décès, seront tenus d'en déposer deux expéditions, conformément à l'article 60.

A l'arrivée du bâtiment dans le port du désarmement, le rôle d'équipage sera déposé au bureau du préposé à l'inscription maritime ; il enverra une expédition de l'acte de décès, de lui signée, à l'officier de l'état-civil du domicile de la personne décédée : cette expédition sera inscrite de suite sur les registres.

Des Règles particulières sur la forme de certains Testamens.

Art. 988. Les testamens faits sur mer, dans le cours d'un voyage, pourront être reçus, savoir : à bord des vaisseaux et autres bâtimens du Roi, par l'officier commandant le bâtiment, ou à son défaut, par celui qui le supplée dans l'ordre du service, l'un ou l'autre conjointement avec l'officier d'administration, ou avec celui qui en remplit les fonctions.

Et à bord des bâtimens du commerce, par l'écrivain du navire ou celui qui en fait les fonctions, l'un ou l'autre conjointement avec le capitaine, le maître ou le patron, ou à leur défaut, par ceux qui les remplacent.

Dans tous les cas, ces testamens devront être reçus en présence de deux témoins.

Art. 989. Sur les bâtimens du Roi, le testament du capitaine ou celui de l'officier d'administration, et sur les bâtimens du commerce, celui du capitaine, du maître ou patron, ou celui de l'écrivain, pourront être reçus par ceux qui viennent après eux dans l'ordre du service, en se conformant, pour le surplus, aux dispositions de l'article précédent.

Art. 990. Dans tous les cas, il sera fait un double original des testamens mentionnés aux deux articles précédens.

Art. 991. Si le bâtiment aborde dans un port étranger dans lequel se trouve un consul de France, ceux qui auront reçu le testament seront tenus de déposer l'un des originaux, clos ou cacheté, entre les mains de ce consul, qui le fera parvenir au ministre de la marine, et celui-ci en fera faire le dépôt au greffe de la justice de paix du lieu du domicile du testateur.

Art. 992. Au retour du bâtiment en France, soit dans le port de l'armement, soit dans un autre port que celui de l'armement, les deux originaux du testament, également clos et cachetés, ou l'original qui resterait, si , conformément à l'article précédent, l'autre avait été déposé pendant le cours du voyage, seront remis au bureau du préposé de l'inscription maritime; ce préposé les fera passer sans délai au ministre de la marine, qui en ordonnera le départ ainsi qu'il est dit au même article.

Art. 993. Il sera fait mention , sur le rôle du bâtiment, à la marge du nom du testateur, de la remise qui aura été faite des originaux du testament, soit entre les mains du consul, soit au bureau du préposé de l'inscription maritime.

Art. 994. Le testament ne sera point réputé fait en mer, quoiqu'il l'ait été dans le cours du voyage, si, au tems où il a été fait, le navire avait abordé une terre, soit étrangère, soit de la domination française, où il y aurait un officier public français; auquel cas, il ne sera valable qu'autant qu'il aura été dressé suivant les formes prescrites en France, ou suivant celles usitées dans les pays où il aura été fait.

Art. 995. Les dispositions ci-dessus seront communes aux testamens faits par les simples passagers qui ne feront point partie de l'équipage.

Art. 996. Le testament fait sur mer, en la forme prescrite par l'art. 988, ne sera valable qu'autant que le testateur mourra en mer, ou dans les trois mois après qu'il sera descendu à terre , et dans un lieu où il n'aura pu le refaire dans les formes ordinaires.

Art. 997. Le testament fait sur mer ne pourra contenir aucune disposition au profit des officiers du vaisseau, s'ils ne sont parens du testateur.

Art. 998. Les testamens compris dans les articles ci-dessus de la présente section , seront signés par les testateurs et par ceux qui les auront reçus.

Si le testateur déclare qu'il ne sait ou ne peut signer, il sera fait mention de sa déclaration, ainsi que de la cause qui l'empêche de signer.

Dans le cas où la présence des deux témoins est requise, le testament sera signé au moins par l'un d'eux, et il sera fait mention de la cause pour laquelle l'autre n'aura pas signé.

Art. 1001. Les formalités auxquelles les divers testamens sont assujettis par les dispositions de la présente section , doivent être observées à peine de nullité.

EXTRAIT

De l'Ordonnance Royale du 17 Mars 1824, relative à l'avancement des gens de mer.

Art. 5. LES matelots ayant servi pendant trente-six mois au moins, sur nos bâtimens, en tems de guerre, et quarante-huit mois, en tems de paix, sans avoir obtenu d'avancement, passeront de droit à la classe immédiatement supérieure dudit grade de matelot, s'ils en sont jugés dignes par le conseil d'avancement.

Ces avancemens ne compteront pas dans le nombre de ceux qui seront accordés en vertu des articles 40 et 41 ci-après.

Art. 6. Les fonctions de chef de hune, de gabier, de chef de pièce, de chargeur et timonnier-sondeur, seront remplies par des matelots que les commandans de nos bâtimens choisiront dans toutes les classes indistinctement, en ayant soin, cependant, pour les chefs de pièce et chargeurs, de prendre, de préférence, à mérite égal, les hommes qui ont été apprentis canonniers.

Les fonctions de chef de hune, de gabier, de chef de pièce, chargeur et timonnier-sondeur, seront comptées comme des titres, pour être porté à une paye supérieure, lorsqu'il y aura lieu à donner de l'avancement à l'équipage.

Le nombre des chefs de hune, gabiers et timonniers-sondeurs à employer sur nos bâtimens de guerre, suivant leur rang, est déterminé par l'état joint à la présente ordonnance.

Le nombre des quartiers-maîtres de canonnage sera porté au cinquième de celui des bouches à feu de chaque bâtiment, et celui des chefs de pièce sera réglé de manière qu'avec l'effectif des quartiers-maîtres, déterminé ci-dessus, il forme la moitié du nombre des bouches à feu de chaque bâtiment.

Toutefois, dans le cas où les levées fourniraient un plus grand nombre de gens de mer ayant le grade de quartier-maître de canonnage, l'effectif de ces officiers-mariniers pourra être augmenté, et, dans ce cas, le nombre des chefs de pièce sera réduit en proportion de l'excédant des quartiers-maîtres de canonnage.

Le nombre des chargeurs sera égal à la moitié de celui des bouches à feu.

Art. 7. Des ouvriers des trois professions de charpentage, calfatage et voilerie, seront embarqués sur nos bâtimens. Le nombre en est déterminé, suivant le rang des bâtimens, par l'état joint à la présente ordonnance.

Ils seront compris dans l'effectif des matelots de l'équipage.

Art 9. Les marins qui, ayant fait une campagne de douze mois, comme matelots, sur nos vaisseaux, auront, en outre, navigué au long-cours pendant deux années, comme seconds capitaines ou maîtres d'équipage, à bord d'un navire de quatorze hommes d'équipage, au moins, et qui, au désarmement, auront obtenu du capitaine, un certificat de capacité, visé par le commissaire de l'inscription maritime, pourront être employés, savoir :

Les seconds capitaines en qualité de quartier-maître de première classe ;

Et les maîtres d'équipage, en qualité de quartier-maître de deuxième classe.

Art. 14. Les gens de mer qui, pendant la durée de leur embarquement, rempliront les conditions prescrites par les articles 5, 9 et 16 de la présente ordonnance, seront avancés sur la production d'un état rédigé par le commis aux revues du bâtiment, et certifié par le commandant. Ledit état sera vérifié par le commissaire des armemens, qui portera les avancemens sur le rôle d'équipage, après qu'ils auront été soumis à l'approbation du conseil d'administration du port.

Le rappel de la solde sera fait à partir du jour où le grade aura été acquis.

Art. 16. Les ouvriers des professions maritimes qui auront douze mois de navigation sur nos bâtimens, en qualité de matelots, et trois ans de service au moins, en qualité d'ouvriers dans nos ports et arsenaux, pourront être employés dans la deuxième classe des quartiers-maîtres desdites professions.

Le double de ce tems sera exigé pour le service fait sur les navires ou chantiers du commerce.

Art. 30. Lorsque, par suite d'un naufrage, d'un combat, ou de tout autre évènement, les gens de mer composant l'équipage d'un de nos bâtimens, auront perdu leurs effets, la perte en sera constatée par un procès-verbal, signé par le commandant , l'état-major et les premiers maîtres du bâtiment.

Sur le compte qui sera rendu à notre ministre de la marine, et d'après sa décision, il sera accordé deux mois de solde à chacun des marins , à titre d'indemnité.

Art. 31. Pareille indemnité sera accordée aux officiers-mariniers et marins qui reviendront des prisons de l'ennemi , après y avoir séjourné pendant deux mois au moins.

Art. 32. Hors les cas prévus par les articles 9 et 16 , les officiers-mariniers et marins ne pourront être promus à un grade , s'ils n'ont effectivement servi, pendant au moins un an , à bord de nos bâtimens , dans le grade immédiatement inférieur , et s'ils n'ont appartenu six mois à la première classe dudit grade.

Ils ne pourront passer d'une classe à une autre , qu'après avoir servi au moins six mois dans la classe précédente.

Art. 33. Les quartiers-maîtres de manœuvre ne pourront être pris que parmi les matelots de première classe , et , de préférence, dans le nombre de ceux qui auront déjà rempli les fonctions d'officier-marinier, ou qui auront été employés comme gabiers.

Art. 34. Pourront être quartiers-maîtres de canonnage , les matelots de première classe qui auront déjà rempli les fonctions de ce grade , ou qui auront été employés comme chefs de pièce , pendant un an au moins ; et, toutes choses d'ailleurs égales , le choix devra porter , de préférence, sur ceux qui auront servi dans les compagnies d'apprentis-canonniers.

Art. 35. Seront susceptibles d'être faits quartiers-maîtres de timonnerie , les matelots de première classe , qui en raison de leur instruction et de leur aptitude , auront été choisis pour en remplir les fonctions, ou qui auraient été employés à gouverner ou à sonder , pendant un an; ce qu'ils seront tenus de justifier par des certificats des commandans sous les ordres desquels ils auront servi.

Art. 36. Les capitaines d'armes ne pourront obtenir l'avancement d'une classe à une autre , que lorsqu'ils auront fait deux années de campagne, au moins , dans la classe immédiatement inférieure.

Art. 37. Les pilotes côtiers ne pourront passer de la troisième à la deuxième classe , s'ils ne comptent vingt-quatre mois de navigation , au moins , sur des corvettes ou autres bâtimens d'un rang inférieur , et , de la deuxième à la première classe , s'ils n'ont servi pendant deux ans à bord de nos frégates.

Art. 58. L'avancement des agens de la direction des subsistances sera déterminé par l'administration du port, après la reddition de leurs comptes , et sur des certificats de bonne conduite , délivrés par les commis aux revues , approuvés par les lieutenans en pied , et visés par les commandans de nos bâtimens.

Art. 59. Il ne pourra être donné d'avancement , soit en grade , soit en classe , qu'au désarmement des bâtimens , lorsque la campagne durera moins d'un an , ou qu'après douze mois d'armement lorsqu'il y aura continuation de campagne.

Art. 40. Les avancemens en grade pourront être portés pour douze mois de campagne ,

En tems de paix , jusqu'au 30.ᵉ des officiers-mariniers et matelots embarqués au départ des bâtimens , et , en tems de guerre , jusqu'au 24.ᵉ

Art. 41. Les avancemens en classe , non compris ceux d'ancienneté pour les matelots , ne pourront excéder , pour le même tems , pendant la paix , le 10.ᵉ des officiers-mariniers et matelots , et en tems de guerre le 8.ᵉ

Art. 42. Toutes les fois qu'un armement se prolongera au-delà d'un an , les avancemens déterminés par les articles précédens , pourront être augmentés dans les proportions suivantes; savoir :

> Pour   5 mois révolus. . . . . *un quart*,
> Pour   6 mois *idem*. . . . . *la moitié*,
> Pour   9 mois *idem*. . . . . *les trois quarts*,
> Pour 12 mois *idem*. . . . . *le double*.

Et si la campagne dure moins d'un an , les avancemens devront être réduits dans les mêmes proportions.

Art. 43. L'avancement des officiers - mariniers et marins sera déterminé par un conseil , assemblé à bord par le capitaine , soit à la fin de chaque année , soit avant la revue du désarmement ; ce conseil sera présidé par le capitaine et composé de l'officier chargé du détail du bâtiment , des officiers de quart et du commis aux revues et aux approvisionnemens. Ce dernier aura voix représentative pour ce qui est relatif à l'exécution de la présente ordonnance, quant à la durée des services et au nombre des avancemens. Il sera chargé de rédiger le procès-verbal dans lequel il devra consigner ses observations s'il a eu occasion d'en faire.

Les premiers maîtres ne feront point partie intégrante dudit conseil ; mais ils seront appelés, pour rendre compte de leur opinion, sur chacun des marins proposés pour l'avancement.

Art. 44. Le procès-verbal d'avancement sera remis par le commandant du bâtiment, au président du conseil d'administration du port.

Art. 45. Lorsque cette vérification aura été opérée, le président présentera le procès-verbal au conseil d'administration du port. S'il contient des propositions contraires en quelque point que ce soit, aux dispositions de la présente ordonnance, le renvoi en sera fait au conseil d'avancement, pour y opérer les changemens nécessaires.

Dans le cas où le conseil d'avancement serait dissout, le conseil d'administration aura la faculté de faire lui-même, sur le procès-verbal, tous les redressemens nécessaires. Cette pièce revêtue de l'approbation du conseil, sera remise au commissaire du bureau des armemens, pour en faire apostille sur le rôle d'équipage.

Art. 46. S'il arrive qu'un bâtiment soit absent pendant plusieurs années des ports de France, le conseil d'avancement pourra s'assembler d'année en année, pour désigner les officiers-mariniers et marins susceptibles d'être portés à une classe ou à un grade supérieur ; et autant qu'il sera possible, il adressera au port d'armement le duplicata du procès-verbal qu'il aura arrêté ; mais ce ne sera toujours qu'à l'arrivée du bâtiment dans un des ports de France, que les avancemens seront définitifs. Ceux qui auront été reconnus contraires à la présente ordonnance, seront annulés, sans qu'ils aient pu donner lieu à aucun rappel de solde. Quant aux avancemens approuvés par le conseil d'administration, ils compteront, pour le rang et la solde, de l'époque où la délibération du conseil d'avancement aura été prise, bien que les marins qui les auront obtenus, aient continué de remplir les fonctions du grade qu'ils occupaient précédemment.

Art. 47. Pour assurer, en cas d'évènement, les intérêts des marins qui se trouveront ainsi éloignés, nous autorisons les commandans de nos bâtimens, à faire délivrer aux hommes proposés pour passer à une paye ou à un grade supérieur, un extrait, en bonne forme, du procès-verbal d'avancement, afin que cette pièce leur serve de titre pour faire leurs réclamations, à leur arrivée dans nos ports.

Art. 48. Les conseils d'avancement pourront proposer pour l'entretien, dans le procès-verbal, les premiers maîtres de manœuvre, de canonnage et de timonnerie, et les maîtres de charpentage, calfatage et voilerie qui auront navigué, au moins pendant trois années dans la première classe de leur grade, à bord des vaisseaux de ligne.

Cette proposition, comprise dans le procès-verbal d'avancement, sera examinée par le conseil d'administration du port, et immédiatement soumise à l'approbation de notre ministre de la marine.

Quelle que soit la paye dont jouissaient lesdits maîtres, ils ne pourront être proposés que pour la dernière classe des maîtres entretenus; mais lorsqu'ils seront embarqués, ils recevront la solde qu'ils avaient acquise à la mer.

Art. 49. Dans le cas où un emploi d'officier-marinier viendrait à vaquer pendant la campagne, soit par mort, soit autrement, le commandant du bâtiment aura le droit d'y pourvoir provisoirement, s'il le juge convenable; mais il devra choisir le suppléant parmi les marins du grade immédiatement inférieur, ayant l'instruction et le tems de service exigé par la présente ordonnance.

A défaut de gens de mer du grade inférieur et réunissant toutes les qualités requises, les commandans pourront désigner, dans les classes qui suivent immédiatement, les hommes qu'ils jugeront les plus capables de remplir lesdites fonctions.

Art. 5o. Les officiers-mariniers provisoires qui, à l'époque où ils ont été désignés, remplissaient toutes les conditions prescrites, recevront au désarmement, la paye de deuxième classe de leur grade, à dater du jour où ils en ont exercé les fonctions.

Ceux qui n'auraient point satisfait auxdites conditions, ne recevront que le supplément alloué à ceux qui remplissent provisoirement les fonctions d'officiers-mariniers d'un grade supérieur au leur; et s'ils les remplissent avant la fin de la campagne, ils seront payés, comme il est dit ci-dessus, à dater du jour où ils les auront remplies.

Dans ce cas ils seront, de même que ceux dont il est question au premier paragraphe du présent article, confirmés dans les grades qu'ils auront provisoirement exercés, lorsqu'il y aura lieu à faire un travail de proposition.

Ces avancemens compteront dans le nombre de ceux fixés par les articles 40 et 41.

A cet effet, les commis aux revues tiendront note de tous les remplacemens qui auront été faits en exécution de l'article précédent.

Art. 51. Il pourra être accordé des avancemens extraordinaires pour les actions d'éclat, constatées authentiquement. Ils ne seront point rigoureusement soumis aux conditions exigées pour les avancemens ordinaires ; mais dans aucun cas, ils ne pourront avoir lieu que d'une classe à une autre, ou de la première classe du rang inférieur à la dernière du grade supérieur. Le conseil d'avancement du bâtiment pourra les conférer, soit pendant la durée, soit à la fin de la campagne ; ils auront provisoirement leur effet, à dater du jour où ils auront été accordés, et ne compteront point parmi les avancemens généraux.

Le procès-verbal de ces avancemens extraordinaires sera remis par le commandant du bâtiment, au chef supérieur du port pour être immédiatement soumis à l'approbation de notre ministre de la marine.

Art. 52. Les dispositions de l'article précédent pourront être appliquées aux équipages des bâtimens qui auront fait une campagne de plus de trente mois.

SUPPLÉMENS
DE PAYE.

		Par mois.
Aux premiers maîtres chargés, de manœuvre, de canonnage et timonnerie ; aux maîtres chargés, de charpentage, calfatage et voilerie ; aux capitaines d'armes, pilotes côtiers et premiers commis aux vivres.	Sur les vaisseaux de 1.er rang.	30f 00c
	Sur les vaisseaux de 80 à 74 canons, et sur les frégates portant du 24.	25 00
	Sur les frégates portant du 18.	20 00
	Sur les bâtimens de rang inférieur.	15 00

Aux chefs de hune. 6 00

Aux gabiers et chefs de pièce. 4 50

Aux chargeurs et timonniers-sondeurs. 3 00

Aux matelots remplissant les fonctions de quartier-maître. . . . 4 50

Aux seconds maîtres et quartiers-maîtres de charpentage et calfatage réunissant les deux professions. 5 00

Aux matelots remplissant les fonctions de barbier et d'infirmier. . . 5 00

FIXATION du nombre des Marins ayant droit aux supplémens alloués par l'article 6 de l'ordonnance du 17 Mars 1824, en raison des fonctions qu'ils remplissent à bord.

DÉSIGNATION des FONCTIONS.	VAISSEAUX		FRÉGATES		Corvette de charge.	Corvettes et Gabares de 400 à 500 tonneaux.	Brigs de guerre et Gabares de 250 à 400 tonneaux.	Observations.
	à 3 ponts.	de 80 et de 74.	portant du 24.	portant du 18.				
Chefs de hune.....	4	4	4	3	»	»	»	
Gabiers..........	42	36	32	27	»	15	10	Les commandans de la marine détermineront le nombre des gabiers, etc., qui devront être embarqués sur les bâtimens d'un rang inférieur.
Timonniers-sondeurs..	8	8	6	6	»	4	2	
Matelots (Charpentiers....	8	6	5	4	»	2	2	
Matelots (Calfats.......	4	3	3	2	»	1	1	
Matelots (Voiliers.......	4	3	3	2	»	1	1	
Marins faisant fonctions d'infirmiers......	2	1	1	1	»	1	1	

Nota. Indépendamment du nombre des matelots-infirmiers ci-dessus déterminé, il doit être embarqué un infirmier en titre sur les vaisseaux et les frégates de 24 seulement.

DOMESTIQUES.

Aux officiers généraux.......................... 3.
Aux officiers supérieurs commandant.................. 2.
Aux mêmes employés en second.................... 1.
Aux officiers formant la table de l'état-major (pour deux officiers). 1.
Aux lieutenans et enseignes de vaisseau commandant........ 1.

EXTRAIT du Réglement du 13 Février 1825, sur l'installation des vaisseaux, frégates, etc.

DES LOGEMENS.

Art. 126. Dans tous les vaisseaux, les chambres ou postes pratiqués dans les batteries, seront exclusivement réservés aux officiers de la marine.

Le commis aux revues, le chirurgien major et les officiers de la garnison, seront toujours logés dans l'entrepont. Les deux premiers ci-dessus nommés y occuperont, tribord et bâbord, les chambres le plus rapprochées du grand mât, afin d'être à portée des marins de toutes classes, avec lesquels ils ont des relations continuelles.

EXTRAIT de l'Ordonnance du Roi, du 2 Octobre 1825, sur la composition, le service et l'administration des Équipages de ligne.

TITRE VIII. *Avancemens.*

Art. 49. Après un an d'embarquement, ou 18 mois d'incorporation, les apprentis marins de nos équipages de ligne seront portés à la troisième classe des matelots.

Art. 50. Les officiers-mariniers et marins d'un équipage de ligne ne pourront être promus à un grade, s'ils n'ont effectivement servi pendant un an, à bord de nos bâtimens, dans le grade immédiatement inférieur, et s'ils n'ont appartenu six mois à la première classe dudit grade.

Ils ne pourront passer d'une classe à une autre, qu'après avoir servi six mois dans la classe précédente, et qu'après avoir fait preuve de l'instruction qui sera déterminée par un réglement spécial.

Art. 51. Les quartiers-maîtres de manœuvre ne pourront être pris que parmi les matelots de première classe, et de préférence dans le nombre de ceux qui auront déjà rempli les fonctions d'officier-marinier, ou qui auront été employés comme gabiers.

Art. 52. Pourront être quartiers-maîtres de canonnage, les matelots de première classe qui auront déjà rempli les fonctions de **ce grade**, ou qui auront été employés comme chefs de pièce pendant un an; et toutes choses d'ailleurs égales, le choix devra porter de préférence sur ceux qui auront servi dans les compagnies d'apprentis-canonniers.

Art. 53. Seront susceptibles d'être nommés quartiers-maîtres de timonnerie, les matelots de première classe qui, ayant été employés pendant un an à ce service, auront fait preuve de l'instruction exigée.

Art. 54. Les capitaines d'armes ne pourront obtenir l'avancement d'une classe à une autre que lorsqu'ils auront fait deux années de campagne dans la classe immédiatement inférieure.

Art. 55. Il ne pourra être donné d'avancement, soit en grade, soit en classe, qu'au désarmement des bâtimens, lorsque la campagne durera moins d'un an, ou qu'après douze mois d'armement, lorsqu'il y aura continuation de campagne.

Art. 56. Les avancemens en grade pourront être portés, pour douze mois de campagne, jusqu'au vingtième, et les avancemens en classe jusqu'au huitième des officiers-mariniers et matelots embarqués au départ des bâtimens.

Art. 57. Toutes les fois qu'un armement se prolongera au-delà d'un an, les avancemens déterminés par les articles précédens pourront être augmentés dans les proportions suivantes; savoir :

> Pour 5 mois révolus, *un quart;*
> Pour 6 mois, *la moitié;*
> Pour 9 mois, *les trois quarts;*
> Pour 12 mois, *le double.*

Et ainsi de suite, quelle que soit la durée de la campagne; mais si la campagne dure moins d'un an, les avancemens devront être réduits dans les mêmes proportions.

Art. 58. Il pourra être accordé des avancemens spéciaux, au retour des campagnes que notre ministre de la marine aura jugées extraordinaires : ces avancemens ne seront soumis qu'aux formes prescrites par l'art. 67.

Art. 59. L'avancement des officiers-mariniers et marins sera déterminé en conseil, à bord, soit à la fin de chaque année, soit avant la revue de désarmement; ce conseil, convoqué et présidé par le capitaine du bâtiment, sera composé,

> De l'officier chargé du détail,
>
> Des officiers chefs de quart,
>
> Et du commis d'administration.

Ce dernier aura voix représentative pour ce qui sera relatif à l'éxécution de la présente ordonnance, quant à la durée des services et au nombre des avancememens. Il sera chargé de rédiger le procès-verbal, dans lequel il devra consigner ses observations, s'il a lieu d'en faire.

Les premiers maîtres ne feront point partie intégrante dudit conseil; mais il seront appelés pour rendre compte de leur opinion sur chacun des marins proposés pour l'avancement.

Art. 60. Le procès-verbal d'avancement sera remis par le commandant du bâtiment au président du conseil d'administration du port, qui l'enverra à la vérification du commissaire des armemens, afin de s'assurer que les officiers-mariniers et matelots proposés, ont rempli les conditions prescrites par les réglemens.

Art. 61. Lorsque cette vérification aura été opérée, le président présentera le procès-verbal au conseil d'administration du port. S'il contient des propositions contraires, en quelque point que ce soit, aux dispositions de la présente ordonnance, le renvoi en sera fait au conseil d'avancement, pour y opérer les changemens nécessaires.

Dans le cas où le conseil d'avancement serait dissout, le conseil d'administration corrigera lui-même les irrégularités qui auraient pu être commises dans la rédaction du procès-verbal. Cette pièce, ainsi rectifiée et revêtue de l'approbation du conseil, sera remise au commissaire du bureau des armemens, pour en faire apostille sur le rôle d'équipage.

Art. 62. Lorsqu'un bâtiment se trouvera éloigné des ports de France, pendant plusieurs années, le conseil d'avancement pourra s'assembler, d'année en année, pour désigner les officiers-mariniers et marins susceptibles d'être portés à une classe ou un grade supérieur; et, autant qu'il sera possible, il adressera au port d'armement le duplicata du procès-verbal qu'il aura arrêté. Mais ce ne sera toujours qu'à l'arrivée du bâtiment dans un des ports de France, et après que toutes les formalités prescrites par les articles 60 et 61 auront été remplies, que les avancemens seront définitifs. Ceux qui auront été reconnus contraires à la présente ordonnance, seront annulés, sans qu'ils puissent donner lieu à aucun rappel de solde. Quant aux avancemens approuvés par le conseil d'administration du port, ils compteront, pour le rang et la solde, de l'époque où la délibération du conseil d'avancement aura été prise, bien que les marins qui les auront obtenus aient continué de remplir les fonctions du grade qu'ils occupaient précédemment.

Art. 63. Pour assurer, en cas d'évènement, les intérêts des marins qui se trouveront ainsi éloignés, nous autorisons les commandans de nos bâtimens, à faire délivrer aux hommes proposés pour passer à une paye ou à un grade supérieur, un extrait en bonne forme, du procès-verbal d'avancement, afin que cette pièce leur serve de titre pour faire leurs réclamations à leur arrivée dans nos ports.

Art. 64. Après la première formation, les avancemens en grade et en classe, seront donnés à des hommes de l'équipage de ligne pris dans les grades immédiatement inférieurs, remplissant les conditions prescrites, et suivant les proportions et les règles établies par la présente ordonnance.

Si, par l'effet de ces avancemens, il se trouvait un nombre de matelots ou d'officiers-mariniers supérieur à l'effectif de chaque classe ou de chaque grade, cet excédant serait conservé à la suite dudit équipage, jusqu'à ce qu'il pût être placé dans un autre.

Art. 65. Dans le cas où un emploi d'officier-marinier viendrait à vaquer pendant la campagne, par mort ou par toute autre cause, le commandant du bâtiment y pourvoira provisoirement. Son choix devra porter sur des marins du grade immédiatement inférieur, ayant l'instruction et le tems de service exigé par la présente ordonnance.

A défaut de gens de mer du grade inférieur réunissant toutes les qualités requises, les commandans pourront désigner, dans les classes qui suivront immédiatement, les hommes qu'ils jugeront les plus capables de remplir lesdites fonctions.

Art. 66. Les officiers-mariniers provisoires qui, à l'époque où ils ont été désignés, remplissaient toutes les conditions prescrites, recevront, au désarmement, la paye de la deuxième classe de leur grade, à dater du jour où ils en auront exercé les fonctions.

Ceux qui n'auraient pas satisfait auxdites conditions, ne recevront que le supplément alloué par le second paragraphe de l'article 28 de l'ordonnance du 17 mars 1824; et s'ils les remplissent avant la fin de la campagne, ils seront payés, comme il est dit ci-dessus, à dater du jour où ils les auront remplies.

Dans ce cas, ils seront, de même que ceux dont il est question au premier paragraphe du présent article, confirmés dans les grades qu'ils auront exercés provisoirement, lorsqu'il y aura lieu à faire un travail de proposition. Ces avancemens compteront dans le nombre de ceux fixés par les articles 56 et 57.

Les commis aux revues tiendront note de tous les remplacemens qui auront été faits en exécution du présent article.

Art. 67. Il pourra être accordé des avancemens extraordinaires pour des actions d'éclat constatées authentiquement. Ils ne seront point rigoureusement soumis aux conditions exigées pour les avancemens ordinaires; mais, dans aucun cas, ils ne pourront avoir lieu que d'une classe à la classe immédiatement supérieure, ou de la première classe du grade inférieur à la dernière classe du grade supérieur.

Le conseil d'avancement du bâtiment pourra les conférer, soit pendant la durée, soit à la fin de la campagne; ils auront provisoirement leur effet à dater du jour où ils auront été accordés, et ne compteront point parmi les avancemens généraux.

Le procès-verbal des avancemens extraordinaires sera remis, par le commandant du bâtiment, au chef supérieur du port, pour être soumis, sans délai, à l'approbation de notre ministre secrétaire d'état de la marine.

Art. 68. Il sera délivré à chaque maître, officier-marinier et marin de tout grade, faisant partie ou placé à la suite d'un équipage de ligne, un livret conforme au modèle qui sera arrêté par notre ministre secrétaire d'état de la marine.

Ce livret contiendra l'annotation des campagnes, services, avancemens, actions d'éclat, blessures, etc. Il constatera les paiemens opérés au profit des marins, les effets qui leur auront été délivrés et les délégations qu'ils auront consenties.

Art. 69. Les commissaires des armemens annoteront l'avancement des gens de mer sur les rôles d'équipage, et en donneront exactement avis aux commissaires des quartiers respectifs, pour qu'il en soit fait mention sur les matricules.

Art. 70. Il est expressément défendu à tous officiers militaires et d'administration d'annoter ou de reconnaître, sous quelque prétexte que ce soit, aucun avancement qui n'aurait pas eu lieu conformément aux dispositions de la présente ordonnance.

Art. 71. Les conseils d'avancement pourront proposer pour l'entretien, les premiers maîtres de manœuvre, de canonnage et de timonnerie, et les maîtres de charpentage, calfatage et voilerie, qui auront navigué au moins pendant trois années, dans la première classe de leur grade, à bord de nos vaisseaux de ligne, en tems de guerre; et en tems de paix, à bord de nos vaisseaux et de nos frégates.

Cette proposition, qui fera l'objet d'un procès-verbal séparé, sera examinée dans le conseil d'administration du port, et immédiatement soumise à l'approbation de notre ministre secrétaire d'état de la marine et des colonies.

Quelle que soit la paye dont jouissaient lesdits maîtres, ils ne pourront être proposés que pour la dernière classe des maîtres entretenus; mais lorsqu'ils seront embarqués, ils recevront la solde qu'ils avaient acquise à la mer.

Art. 72. Les premiers maîtres de manœuvre, de canonnage, de timonnerie et les capitaines d'armes seront susceptibles de parvenir au grade d'enseigne de vaisseau, lorsqu'ils auront satisfait aux conditions qui seront déterminées par un réglement spécial.

Notre ministre de la marine réglera, chaque année, le nombre de places d'officier, réservées aux premiers maîtres qui auront rempli les conditions prescrites. Jusqu'à ce qu'il en soit autrement ordonné, le nombre de ces places ne pourra être moindre de trois par an.

EXTRAIT de l'Ordonnance royale du 31 Octobre 1827,
sur le service à la mer.

Du Commandant en chef, à la mer.

Art. 103. Le commandant en chef ne pourra requérir des secours des navires du commerce, soit en hommes, soit en munitions, à moins d'une nécessité absolue, dont il sera tenu de justifier.

Dans ce cas, il fera dresser, contradictoirement avec les capitaines du commerce, un état constatant l'espèce et la quantité d'objets que ceux-ci auront fournis, et il leur remettra des copies certifiées de cet état, pour servir à régler ultérieurement l'indemnité qui sera due.

Officiers de l'Etat-Major général.

Art. 167. Le chef d'état-major veillera à ce que les scellés soient apposés sur les effets des officiers et élèves de la marine décédés, après qu'il en aura été dressé un inventaire exact par le commis d'administration du bâtiment.

Du Capitaine, pendant l'armement.

Art. 178. Il chargera l'officier qui le suit immédiatement dans le commandement, du détail général et de la police supérieure du bâtiment; il le chargera aussi de recevoir les rapports et les comptes des autres officiers et du commis d'administration.

Art. 179. Il veillera à ce que chaque officier chargé de détail reçoive, des directions du port, une expédition de la feuille d'armement, concernant son détail.

Art. 189. Le Capitaine fera examiner les vivres qui devront être embarqués pour la campagne, par une commission composée de l'officier chargé du détail des vivres, du commis d'administration et du chirurgien-major.

Le commis aux vivres, le maître boulanger, un maître ou un second maître et un sous-officier des troupes passagères, s'il en est embarqué, seront appelés à cet examen. Le capitaine enjoindra à cette commission de ne recevoir que des vivres de bonne qualité, et il rendra compte au préfet maritime du rapport qu'elle lui aura fait.

Du Capitaine, en rade et sous voiles.

Art. 211. Le capitaine fera une inspection générale de l'équipage, immédiatement après la revue d'armement; il vérifiera si chaque marin est pourvu des vêtemens et effets prescrits par les réglemens, et il fera sur-le-champ les demandes d'habillement qui pourraient être nécessaires.

Art. 228. Il ne recevra à son bord aucun passager, à moins qu'il ne soit porteur d'un ordre d'embarquement délivré par une des autorités ci-après désignées : le ministre de la marine, le gouverneur d'une colonie, le commandant en chef d'une armée, d'une escadre ou d'une division navale, un officier général de terre commandant en chef des troupes expéditionnaires, et un agent diplomatique ou consulaire de France en pays étrangers.

Il défendra expressément qu'aucune femme ne s'embarque pour séjourner à bord ou pour faire campagne, sans l'autorisation spéciale du ministre de la marine.

Il fera inscrire les passagers sur le rôle d'équipage, avec mention de leurs qualités et de l'ordre en vertu duquel ils auront été embarqués.

Art. 232. Lorsqu'il s'agira de recevoir des vivres et des munitions en remplacement, il fera observer les mêmes formalités que pour l'embarquement des vivres et approvisionnemens de campagne.

A moins de circonstances extraordinaires, le capitaine ne devra faire de demande en remplacement, qu'à l'expiration du terme pour lequel les délivrances antérieures auront été faites.

Art. 254. Il sera personnellement responsable de toutes les consommations non prévues par les réglemens, qu'il aurait prescrites ou autorisées, à moins qu'il ne justifie des causes qui auront donné lieu à ces consommations.

Art. 255. Lorsqu'il ne naviguera pas isolément, il ne pourra faire délivrer à un autre bâtiment des agrès, vivres ou munitions, sans un ordre du commandant en chef; cependant s'il se trouve à portée d'un bâtiment en danger et qui ait besoin de prompts secours, il les lui donnera, sans en attendre l'ordre ou le signal, et il en rendra compte sur-le-champ au commandant en chef.

Dans tous les cas il se fera donner des reçus des objets qu'il aura fait délivrer.

Art. 263. Si deux bâtimens faisant partie d'une armée, escadre ou division, viennent à s'aborder, chaque capitaine fera dresser un procès-verbal constatant les circoustances de l'événement, il le fera signer par les officiers et par les maîtres de quart, et l'adressera, avec son rapport, à son chef direct.

Si les bâtimens naviguent isolément, chacun des capitaines remettra le procès-verbal et son rapport à l'autorité supérieure de la marine au port d'arrivée.

Art. 285. Lorsque le capitaine aura fait une prise, il ordonnera au commis d'administration de se rendre à bord, et de faire, en présence de l'officier chargé de la commander, un inventaire sommaire du bâtiment, et de dresser un procès-verbal de capture.

Si la prise est un bâtiment de commerce, il ordonnera également au commis d'administration de se saisir des livres et papiers de bord; de constater l'état du chargement; de faire fermer les écoutilles de la cale, les coffres et les soutes, et d'y apposer les scellés, après que l'eau et les vivres nécessaires pour la navigation de la prise en auront été extraits.

De l'Officier en second, en rade et sous voiles.

Art. 529. Il veillera à ce que le commis d'administration tienne régulièrement la comptabilité du bâtiment, et note avec exactitude les mouvemens survenus dans l'équipage.

Il vérifiera, dans les premiers jours de chaque mois, avec les officiers des divers détails, les feuilles des consommations qui auront eu lieu pendant le mois précédent, et il se fera présenter par le commis d'administration, le registre des consommations, pour s'assurer que ces feuilles y ont été exactement transcrites.

Il fera présenter ce registre au visa du capitaine.

Art. 349. Lorsque le bâtiment sera en croisière, l'officier en second dressera d'avance une liste des hommes destinés à former l'équipage des bâtimens qui seraient capturés, et il veillera à ce que le décompte de ces hommes, tant pour l'habillement que pour la solde, soit tenu prêt par leurs officiers et par le commis d'administration.

Art. 351. Lorsque le décès d'un officier ou de toute autre personne embarquée aura été constaté, l'officier en second fera porter, sur le gaillard d'arrière, les effets de la personne décédée; il en fera faire l'inventaire en double expédition par le commis d'administration, et veillera à ce qu'il soit inscrit sur le registre à ce destiné.

Il prendra les mêmes dispositions à l'égard des effets laissés par les déserteurs.

Si, à raison de la durée de la campagne, ou pour toute autre cause, il est à craindre que les effets se détériorent, l'officier en second prendra les ordres du capitaine pour les faire vendre à bord. Il se fera assister, dans cette opération, par le commis d'administration, et en fera dresser un procès-verbal, qu'il signera, ainsi que l'officier de quart et le commis d'administration.

De l'Officier en second, pendant le désarmement.

Art. 355. Pendant le désarmement, il prescrira aux officiers chargés de détails, de veiller à ce qu'aucun des objets confiés à leur surveillance ne soit détourné ou détérioré, et à ce que ces objets soient remis dans les magasins du port et dans l'ordre indiqué.

Il tiendra la main à ce que chaque envoi soit accompagné d'un état indiquant l'espèce et la quantité des objets débarqués, et à ce que cet état lui soit rapporté après avoir été signé par la personne qui aura fait la recette desdits objets dans les magasins ou ateliers du port.

Il fera prendre note sur le casernet.

Des premiers Maîtres, Maîtres et autres Sous-Officiers.

Art. 460. Les premiers maîtres et les maîtres remettront, tous les soirs, aux officiers chargés de leurs détails, ainsi qu'au commis d'administration, un état des consommations qui auront eu lieu dans les dernières 24 heures.

Du Capitaine d'Armes.

Art. 5ɪɡ. Lors du décès d'une personne de l'état-major ou de l'équipage, le capitaine d'armes, après avoir pris les ordres de l'officier en second, réunira tous les effets du défunt.

Quand par des motifs de salubrité, il sera jugé nécessaire de détruire quelques-uns de ces effets, il en dressera une liste qu'il remettra au commis d'administration.

Des Officiers d'Administration.

Art. 542. Le service administratif sera dirigé, dans toute réunion de ɪ5 vaisseaux et au-dessus, par un commissaire principal ou par un commissaire ;

Dans une escadre de ɡ à ɪ4 vaisseaux, par un commissaire ou par un sous-commissaire ;

Dans une division de 4 à 8 vaisseaux, par un commis principal ;

Dans une division de 5 vaisseaux et au-dessous, et sur tout bâtiment isolé, dont l'équipage sera composé de plus de 43 hommes, par un commis de marine.

Ces officiers d'administration prendront, suivant leur position, les titres temporaires,

de commissaire d'armée,
de commissaire d'escadre,
de commissaire de division,
et de commis d'administration.

Indépendamment des fonctions supérieures qui leur sont attribuées, le commissaire d'armée remplira celles de commissaire de la ɪ.ʳᵉ escadre ; le commissaire d'une escadre remplira les fonctions de commissaire de la ɪ.ʳᵉ division de cette escadre ; et le commissaire de division remplira les fonctions de commis d'administration à bord du bâtiment sur lequel il sera embarqué.

Art. 543. Le commissaire d'armée, le commissaire d'escadre et le commissaire de division seront remplacés, en cas d'empêchement ou de mort, par celui des officiers d'administration employés sous leurs ordres qui sera le plus élevé en grade, ou, à grade égal, le plus ancien, à moins que le commandant en chef n'ait été autorisé à prendre des dispositions contraires.

Dans les mêmes circonstances, le commis d'administration sera remplacé par une des personnes de l'état-major ou de l'équipage , au choix du capitaine.

Art. 544. Les officiers d'administration mentionnés ci-dessus , ne pourront s'absenter des bâtimens sur lesquels ils seront embarqués , sans l'autorisation de l'officier-général ou du capitaine sous les ordres duquel ils seront placés. Lorsqu'ils seront employés en sous ordre , ils seront tenus d'obtenir également la permission de celui de leurs chefs directs avec lequel ils seront embarqués.

Du Commissaire d'armée.

Art. 545. Le commissaire d'armée fera partie de l'état-major général.

Il donnera des ordres , en ce qui concerne le service qu'il dirige , à tous les officiers d'administration employés dans l'armée.

Art. 546. Il recevra du commandant en chef , les ordres relatifs à l'administration , directement ou par l'intermédiaire du chef de l'état-major général ; et il adressera de la même manière ses rapports et ses comptes au commandant en chef.

Art. 547. Il tiendra la main à ce que les officiers d'administration employés sous ses ordres exécutent et fassent exécuter ponctuellement les ordonnances et réglemens sur la comptabilité des bâtimens du Roi et sur les prises maritimes.

Lorsqu'il le jugera nécessaire , il pourra , avec l'autorisation du commandant en chef , appeler auprès de lui les officiers d'administration qui lui seront subordonnés.

Art. 548. Le commissaire d'armée accompagnera le commandant en chef dans ses revues et inspections, lorsque cet officier-général le jugera convenable.

Art. 549. Après la revue d'armement et avant le départ, il constatera l'effectif des équipages ; il s'assurera de leur situation sur le rapport de l'habillement et de la solde, et il prendra connaissance des inventaires des bâtimens , ainsi que de l'état des rechanges , munitions et vivres embarqués : il rendra compte de ses vérifications au commandant en chef.

Art. 55o. Aussitôt que les circonstances le permettront, il se fera remettre, par les officiers d'administration employés sous ses ordres , l'état de situation des équipages , dressé d'après l'appel qui aura été fait immédiatement après le départ.

Art. 551. Pendant la campagne il fera des revues générales ou partielles, toutes les fois qu'il le jugera nécessaire, mais après avoir pris les ordres du commandant en chef.

Tous les mois, et plus souvent s'il est besoin, il se fera remettre, par les officiers d'administration, l'état de situation des équipages, des vivres et des munitions des divers bâtimens de l'armée.

Il se fera remettre également l'état des médicamens, rafraîchissemens et effets destinés au service des malades.

Sur ces documens il fera dresser un état général de situation qu'il remettra au commandant en chef, et il prendra ses ordres pour les mouvemens, versemens et achats qui seraient devenus nécessaires.

Art. 552. Le commissaire d'armée veillera à ce qu'il ne se fasse à bord des bâtimens aucune consommation qui ne soit conforme aux réglemens, ou ordonnée par l'autorité compétente ; il informera le commandant en chef des abus de ce genre qui seraient venus à sa connaissance.

Art. 553. Lorsque dans les colonies françaises ou dans les ports étrangers, il y aura lieu de faire des remplaçemens, fournitures ou achats, le commissaire d'armée en fera dresser un état qu'il soumettra au visa et à l'approbation du commandant en chef.

En pays étranger il concourra à la passation des marchés , et il en rédigera les conditions.

Il fera délivrer, soit à l'administration coloniale, soit aux consuls de France , le récépissé des objets fournis.

Il fera dresser toutes les pièces de comptabilité prescrites par les réglemens et il les signera.

Art 554. Le commissaire d'armée inspectera et vérifiera, toutes les fois qu'il le jugera nécessaire, les écritures tenues par les officiers d'administration employés sous ses ordres, et il rendra compte de cette inspection au commandant en chef.

Il surveillera la conduite de ces officiers; il pourra , s'il y a lieu , leur ordonner les arrêts, et dans ce cas il en informera l'officier commandant en chef à bord du bâtiment sur lequel ils seront employés. A l'égard des officiers d'administration qui auraient encouru une peine plus grave, il prendra les ordres du commandant en chef.

Art. 555. Il se concertera avec le chef de l'état-major-général pour l'exécution des mesures prescrites par les ordonnances et les réglemens sur les prises maritimes.

Art. 556. Pendant le combat le commissaire de l'armée se tiendra auprès du commandant en chef.

Art. 557. Après le combat il se fera fournir, par les officiers d'administration de l'armée, des rapports sur la situation du personnel et du matériel de chaque bâtiment, et il remettra au commandant en chef un résumé de ces rapports.

Art. 558. Au désarmement ou à la fin de la campagne, il adressera au préfet maritime un rapport sur l'ensemble du service dont il aura été chargé; il accompagnera ce rapport d'un état général des dépenses faites tant pour paiement de solde que pour achat de vivres et de munitions; pour journées d'ouvriers, ou pour tout autre objet relatif au service de l'armée.

Le commissaire de l'armée transmettra au ministre de la marine une expédition du rapport et de l'état général qu'il aura remis au préfet maritime, ainsi que des notes sur la conduite des officiers d'administration qui auront été employés sous ses ordres.

Des Commissaires d'escadre et de division.

Art. 559. Le commissaire d'escadre ou de division employé en chef, exercera l'autorité et les fonctions attribuées au commissaire d'armée.

Il fera partie de l'état-major de l'escadre ou de la division dans laquelle il sera employé.

Lorsqu'il ne sera pas employé en chef, il remplira les mêmes fonctions dans l'escadre ou dans la division à laquelle il appartiendra; mais il aura à rendre compte à l'officier général et à l'officier supérieur d'administration sous les ordres directs desquels il se trouvera placé.

Du Commis d'administration.

Art. 56o. Le commis d'administration fera partie de l'état-major du bâtiment ; il recevra du capitaine ou de l'officier en second , les ordres relatifs à son service.

Il rendra compte à l'un et à l'autre de l'exécution de ces ordres.

Si le bâtiment fait partie d'une armée, d'une escadre ou d'une division , le commis d'administration exécutera les ordres qui lui seront adressés par l'officier d'administration auquel il sera subordonné.

Art 561. Aux époques fixées par les réglemens , et toutes les fois que le capitaine ou l'officier en second le demanderont , il leur présentera les feuilles et registres de consommations, les états de situation , les rôles d'équipage et de rations , et autres pièces relatives à la comptabilité qu'il est chargé de tenir.

Il exercera une surveillance particulière sur la comptabilité du commis aux vivres et du magasinier.

Il aura une des trois clés de la cale aux vivres.

Art. 562. Le commis d'administration remplira les fonctions d'officier de l'état civil, en ce qui concerne les actes de naissance et de décès.

Il assistera le capitaine et l'officier en second , lorsqu'il s'agira de recevoir le testament d'une personne embarquée.

Dans ces diverses circonstances , il se conformera aux dispositions du code civil.

Art. 563. Il recevra , de l'administration du port , les réglemens , registres, casernets , feuilles et autres imprimés concernant le service dont il est chargé.

Art. 564. Pendant la durée de l'armement, il fera, au moins une fois par jour , l'appel des hommes de l'équipage.

Il fera partie de la commission qui doit constater la qualité des vivres à embarquer

Il s'assurera que les objets portés sur les feuilles de chacun des maîtres ont été délivrés et embarqués.

Art. 565. Lorsque l'armement sera terminé , il s'entendra avec les officiers chefs des divers détails du bâtiment, et avec les directions du port pour vérifier les délivrances qui auront été effectuées et arrêter l'inventaire définitif.

ᶠ Cet inventaire sera signé par lui et par l'officier en second, et visé du capitaine.

Il en conservera une expédition à bord.

Au moment du départ, il recevra, de l'administration du port, l'état des vivres embarqués, le rôle d'équipage, et s'il y a lieu, la liste des passagers.

Art. 570. Il se fera rendre compte journellement, par le commis aux vivres, de la quantité de rations de toute nature qui auront été délivrées. A la fin de chaque mois, et plus fréquemment s'il le juge nécessaire, il se fera remettre un état constatant l'espèce et la quantité de vivres consommés et de ceux restant à bord.

Il se fera présenter également l'état des retranchemens de vivres qui auront été ordonnés pour quelque cause que ce soit.

Art. 571. Tous les 15 jours il fera fournir au chirurgien-major, par le commis aux vivres, l'état des rafraîchissemens existant à bord pour le service des malades, et il veillera à ce que ces objets ne soient point détournés de leur destination; et s'il avait connaissance de quelques abus à cet égard, il en rendrait compte immédiatement au capitaine ou à l'officier en second.

Art. 573. En tems de paix comme en tems de guerre, le commis d'administration tiendra le rôle d'équipage en double expédition.

En cas de naufrage ou d'incendie, il s'appliquera à sauver et à mettre en sûreté le rôle d'équipage et toutes les pièces de la comptabilité dont il est chargé.

Art. 575. Le commis d'administration fera l'inventaire des effets appartenant à toute personne de l'état-major ou de l'équipage, qui décèderait pendant le cours de la campagne.

Art. 576. Il se transportera, avec l'officier désigné par le capitaine, à bord des bâtimens qui seraient capturés, et il procèdera conformément aux ordonnances et réglemens sur le service des prises.

Art. 577. Pendant le désarmement, il veillera, en ce qui le concerne, à ce qu'aucun effet du bâtiment ne soit détérioré ou soustrait.

Art. 578. Indépendamment des dispositions prescrites au présent chapitre, il se conformera, dans l'exercice de ses fonctions, aux réglemens et instructions sur le service des commis d'administration embarqués.

Du Chirurgien-Major.

Art. 634. Si le chirurgien-major débarquait avant la fin de la campagne, et s'il se trouvait alors dans un port militaire de France, il rendrait son compte au conseil de santé.

Dans toute autre circonstance, il dressera, en double expédition, un état des médicamens et autres objets à sa charge qui resteront à bord.

Il fera reconnaître et signer cet état par l'officier de santé qui devra le remplacer, et le fera viser par le commis d'administration, par l'officier en second et par le capitaine.

Il conservera, pour sa décharge provisoire, une expédition de cet état.

Du Commis aux Vivres.

Art. 642. Il recevra du commis d'administration la note des vivres qui devront être embarqués pour la campagne, et celle des ustensiles de cambuse.

Il aura l'une des trois clés de la cale au vin.

Art. 647. Le commis aux vivres ne pourra délivrer des vivres à aucune personne qui ne serait pas comprise dans les états de distribution arrêtés par le commis d'administration et approuvés par le capitaine du bâtiment, ni en fournir au-delà des quantités prescrites pour chaque individu embarqué.

Dans aucune circonstance il ne pourra faire des distributions extraordinaires, soit à l'équipage, soit à des passagers, sans un ordre signé du capitaine.

Quand elles auront eu lieu, il fera enregistrement des denrées qu'il aura fournies et il présentera l'ordre du capitaine à l'appui de ces consommations.

Du Magasinier.

Art. 653. Le magasinier sera sous les ordres de l'officier chargé du quatrième détail, et du commis d'administration.

Il aura autorité sur les gardiens que le capitaine aura désignés pour le seconder.

Art. 654. Le magasinier sera chargé de la garde , conservation et distribution des approvisionnemens qui seront déposés dans le magasin général , ou dans les soutes , armoires et coffres , dont il aura la clé et qui sont destinés à recevoir les objets de rechange appartenant aux détails des différens maîtres.

Art. 656. Il fera connaître à l'officier du quatrième détail , ainsi qu'au commis d'administration , les objets qui , n'ayant pu être placés dans le magasin , devront être mis immédiatement à la charge des maîtres et portés sur leurs feuilles.

Art. 657. Lorsque l'armement sera terminé et que sa *feuille-balance* aura été définitivement arrêtée , il remettra à l'officier chargé du quatrième détail une copie de cette feuille , qui devra être certifiée par le commis d'administration et visée par l'officier en second.

Art. 658. Toutefois il pourra effectuer une délivrance sur l'ordre verbal du capitaine, de l'officier en second , d'un officier chef de détail , ou même de l'officier de quart ; mais alors il devra faire régulariser la délivrance dans le délai de vingt-quatre heures au plus tard , et il en rendra compte au commis d'administration.

Art. 659. Le magasinier annotera exactement , jour par jour , les recettes et les délivrances qu'il aura faites.

A la fin de chaque mois, il fera sur son *livre-journal* la récapitulation des quantités de chaque objet, consommées pendant le mois , et, d'après cette récapitulation , il dressera une feuille de recettes et de dépenses qu'il remettra au commis d'administration après l'avoir fait viser par le chef du quatrième détail.

Art. 662. Pendant le désarmement , le magasinier remettra dans les magasins du port, et sur récépissé, les objets qui se trouveront encore à sa charge ; après le désarmement, il remettra au commis d'administration toutes les pièces de sa comptabilité pour être soumises à l'examen du conseil d'administration du port.

Des Logemens.

Art. 664. Les officiers des différens corps de la marine seront logés dans l'ordre suivant, à bord du bâtiment sur lequel ils seront embarqués :

4.º L'officier supérieur (*du grade de capitaine de vaisseau*) , chef de service administratif, après le capitaine du bâtiment.

13.º Le commis d'administration , (*après les enseignes de vaisseau au nombre réglementaire*).

Art. 665. Si l'officier chargé en chef du service d'administration, du génie ou de santé, n'avait pas le rang de capitaine de vaisseau, il prendrait son logement après le capitaine de vaisseau, major en sous-ordre.

RÉGLEMENS relatifs à l'exécution de l'Ordonnance royale, sur le service à bord des bâtimens du Roi.

PREMIER RÉGLEMENT.

De la formation des Rôles de répartition pour divers services.
Répartition des Officiers et des Elèves aux postes de combat.

Art. 2. Le commis d'administration se tiendra au poste des blessés, ou au passage des poudres selon les ordres du capitaine.

RÉGLEMENT du 21 Décembre 1826, sur l'ameublement des logemens à bord des bâtimens du Roi.

Art. 12. Pour la chambre de chaque officier n'ayant pas rang d'officier supérieur, il sera fourni :

Un cadre en toile à voiles;

Une petite commode;

Un secrétaire;

Deux chaises en mérisier, foncées en paille fine;

Un rideau en calicot blanc, bordé d'un ruban en coton, pour la fenêtre ou le hublot ayant vue à l'extérieur, ainsi que pour chaque fenêtre ou jalousie donnant sur le carré. (*Il ne sera pas accordé de rideaux lorsque les panneaux seront garnis de glaces dépolies.*)

Un rideau en croisé, couleur rouille, bordé d'un ruban en coton, pour la porte de la chambre.

Art. 17. Les meubles destinés aux officiers d'un grade inférieur à celui de capitaine de frégate seront en noyer.

OBSERVATIONS
SUR DIVERS DOCUMENS.

Sur le Rôle de Rations.
Sur l'Inventaire d'Armement,
Sur la Balance.
Sur les Billets de remise en magasin,
Sur les Duplicata de demande,
Sur les Procès-verbaux,

OBSERVATIONS
SUR LE RÔLE DE RATIONS.

C'est au f.° 5 du rôle de rations que commence l'enchaînement qu'on y rencontre toujours. Si ce rôle n'est pas en tout le plus inutile de ceux que peut avoir le commis d'administration, attendu que le commis aux vivres en a un semblable, qui, comme le premier, est signé par les autorités du bord, l'un de ces deux registres n'étant, dans beaucoup de cas, que la copie de l'autre, est au moins surabondant, et celui du commis d'administration devrait être débarrassé de tous les tableaux ou états qui commencent au f.° 33 et ne finissent qu'au 185.° ; ces tableaux ne font d'ailleurs que répéter ce que les autres ont déjà dit ; ils font aussi perdre un tems précieux au commis d'administration qui pourrait s'occuper de choses plus utiles dans ses comptes, et qu'il est obligé de négliger pour porter, dans des colonnes multipliées à l'infini, des quantités innombrables de chiffres et de guillemets, qui, sans contredit, n'aboutissent à rien, puisque dès que le commis d'administration aurait vérifié les opérations du commis aux vivres, qu'il les aurait trouvées justes, et qu'il en aurait porté les résultats dans ses récapitulations, il serait aussi avancé qu'après avoir copié lui-même sur son registre, toutes ces opérations compliquées.

Mais ce registre, tel qu'il est, ayant été mis en pratique pendant une longue série d'années, il sera peut-être difficile d'obtenir la suppression de tout ce qui, comme nous l'avons dit, y devient au moins surabondant; et puisqu'il faut s'y conformer en attendant que ces changemens salutaires soient adoptés, nous allons tâcher d'en signaler d'autres, non moins salutaires, et nous ne cesserons de former des vœux pour qu'ils soient pris en considération.

Indépendamment des tableaux mensuels qui donnent lieu à des opérations aussi inutiles que souvent répétées, et dans la plupart desquelles le commis d'administration se borne à copier celles du commis aux vivres, après les avoir vérifiées, il y a encore, dans ce rôle, une balance en denrées qui, en elle-même, n'a rien de défectueux, et qui est indispensable puisqu'on veut que le commis d'administration compte en denrées aussi bien qu'en rations, chose que devrait faire le seul commis aux vivres. Ladite balance porte, cependant, à gauche, des colonnes destinées à recevoir les rations tant de journalier que de campagne consommées dans le courant d'une année. Ces colonnes se trouveraient là, sans doute, fort à propos, si on ne consommait à bord que des rations complettes, et d'autant plus à propos, qu'elles serviraient de preuve aux opérations de la fin d'une année. Mais il n'en est pas ainsi : il y a ordinairement à bord des bâtimens, des hommes atteints de boulimie, auxquels il est accordé tantôt une ration ou une demi-ration de pain ou de biscuit en supplément; il arrive souvent qu'on distribue des doubles rations de vin ou d'eau-de-vie aux équipages; la ration des malades n'est point en tout semblable à celle des marins en santé ; on cède quelquefois à un bâtiment qui en manque, telle ou telle denrée : tout cela détruit l'harmonie des rations, et celui qui s'est donné la peine de les porter soigneusement à la récapitulation pendant douze mois, s'est aperçu au 31 décembre qu'il n'a rien fait d'utile. La suppression de ces colonnes serait d'autant plus nécessaire que le but dans lequel elles ont été placées dans la balance ne peut être rempli.

Généralement les opérations du rôle de rations tenu par le commis d'administration, forment un double emploi avec celles que le commis aux vivres a déjà faites sur le sien.

En conséquence de ce qui précède, nous signalerons, comme devant être conservés;

Les feuillets du rôle de rations, depuis le commencement jusqu'au 32.ᵉ inclusivement et nous désirerions que, comme ceux ci-dessous, ils ne fussent tracés en aucun sens;

Les feuillets timbrés : *Enregistrement des pièces relatives à la comptabilité des vivres*, et la situation qui commencent au folio 207 et finissent au 222ᵉ inclusivement, de même que les balances tant en denrées qu'en ustensiles.

Et nous conclurons en demandant la suppression ,

De tous les tableaux qui commencent au folio 33 et finissent au 185.ᵉ moins les deux récapitulations de mouvemens tant de journalier que de campagne, parce qu'elles sont nécessaires pour être comparées, à la fin de l'année ou au désarmement, avec la récapitulation générale des rations individuelles.

Le gouvernement du Roi trouverait une économie réelle dans toutes ces suppressions : aucune erreur, aucun abus, aucune perte ne peut en découler, le commis d'administration trouverait ses comptes plus clairs, moins minutieux, et il ne serait pas à chaque instant entravé par les difficultés que présente le rôle en question.

OBSERVATIONS

Sur l'inventaire d'armement, la Balance , les Billets de Remise

en magasin et les duplicata de demandes.

SUR L'INVENTAIRE.

L'INVENTAIRE d'armement d'un bâtiment du Roi, est dressé en double expédition par le commis d'administration , et une des deux expéditions est remise à l'administration du port lorsque ledit inventaire est clos et arrêté. Le commis d'administration porte ensuite les mêmes quantités sur un autre inventaire qui lui sert de balance. Aussitôt qu'il s'est assuré, par une nouvelle vérification qu'il fait à bord, avec les maîtres , que toutes les quantités qu'il mentionne sont exactement reportées sur la balance, cet inventaire, qui n'a servi qu'un moment, devient nul jusqu'au désarmement du bâtiment.

Cet inventaire, c'est-à-dire celui du bord, nous paraît d'autant plus hors-d'œuvre, que la balance sur laquelle le commis d'administration reporte les quantités qui y sont consignées , offre les mêmes renseignemens : ainsi, l'économie totale de cette pièce, qui, imprimée comme il est nécessaire qu'elle le soit, ne doit pas manquer d'occasionner des dépenses plus ou moins considérables , pourrait être adoptée sans inconvénient.

Nous ne croyons pas déraisonnable la demande que nous faisons , de supprimer l'expédition destinée pour le bord, attendu que la balance la suppléerait avantageusement.

Mais cette balance, telle qu'elle est subdivisée aujourd'hui, ne s'accorde pas avec la mesure que nous proposons, et tend de plus à mettre le commis d'administration dans l'embarras.

Les quantités transcrites chaque mois sur le registre des recettes, devraient aussi être portées mensuellement à la balance, et cette manière d'opérer serait en tout conforme à l'esprit des nouveaux réglemens qui régissent le matériel. A la reddition des comptes, la vérification ne serait entravée par aucun des dépouillemens que l'on est toujours obligé de faire, par la raison que ladite balance ne présente pas à la recette assez de colonnes pour recevoir celle de chaque mois que pourrait faire un bâtiment tant en France qu'ailleurs.

En effet, cette balance ne comportant que six colonnes pour la recette effectuée pendant dix-huit mois, le commis d'administration est toujours forcé d'attendre la fin d'un trimestre pour refondre ses trois états de mois dans un quatrième, ou récapitulation des trois premiers, qu'il ne peut porter qu'alors dans la première colonne de sa balance.

Mais en opérant ainsi forcément, comment s'assurer chaque mois de l'existant à bord, et reconnaître à la même époque que les dépenses n'outre-passent pas les recettes ? Il n'y a pas d'autre moyen de satisfaction qu'une exactitude à toute épreuve, que l'on ne manque jamais de rencontrer chez les commis d'administration, et le désir bien prononcé d'obtenir de bons résultats, qui, d'après ce que nous venons de dire, ne peuvent pas l'être toujours.

Les comptes devant être clos à la fin de chaque exercice, le modèle de balance que nous joignons à nos observations pourrait peut-être remplir les conditions que nous proposons, et obtenir le suffrage des autorités qui ont le pouvoir d'ordonner les changemens signalés, lorsque, surtout, ils ne tendent qu'à l'ordre et à l'économie.

SUR LES BILLETS DE REMISE.

La balance maintenant en usage, comporte une colonne qui fait supposer, avec quelque raison, que telle est la destination spéciale de certaines pièces : nous voulons parler de la colonne qui est timbrée : *Remises en magasin pendant la campagne.* Nous ferons, à ce sujet, quelques réflexions.

La colonne dont il est ici question, était sans doute indispensable à l'époque où les balances furent créées, par la raison qu'alors on faisait peu de remises en magasin, et que quand on en faisait quelques-unes, elles étaient toujours définitives. Celles-là pourraient fort bien trouver place dans cette colonne, et alors nous n'en demanderions pas la suppression ; mais nous croyons qu'elle pourrait être abolie sans le moindre inconvénient, ni sans nuire à la clarté des opérations et des écritures.

En effet, les remises en magasin que fait un bâtiment dans le courant de quelques mois qu'il séjourne dans un port de France, surtout lorsqu'il vient de faire une longue campagne ou même une traversée de courte durée, sont extrêmement multipliées.

Lorsque les billets de remise ont été signés par les sectionnaires qui ont reçu les objets, que ces billets ont été revêtus du visa du garde-magasin, et que les duplicata de demandes en remplacement apostillés et signés de la personne qui a opéré la délivrance, sont remis au commis d'administration, il doit porter ces recettes sur le registre à ce destiné, et les porter aussi sur sa balance. Comme il y a dans ces recettes beaucoup plus d'objets reçus en remplacement de ceux remis en magasin, que de ceux consommés, il s'ensuit naturellement que si le commis d'administration ne comprend pas dans les consommations mensuelles les articles remis en magasin, il aura reçu, pendant une année, deux, trois et peut-être quatre fois le même objet, sans l'avoir consommé une seule fois, ce qui pourrait faire croire, au premier aperçu, qu'il en existe à bord trois ou quatre, tandis qu'il n'en existe réellement qu'un. Cette façon d'opérer qui était autrefois la seule bonne, est aujourd'hui fort irrégulière, et ne peut, dans tous les cas, qu'induire en erreur l'administrateur embarqué.

Nous pensons donc, avec la circulaire du 14 décembre 1819, 5.ᵉ section, page 12, que tous les objets compris sur les billets de remises tant à changer que définitives, doivent être portés dans les consommations mensuelles des maîtres, en les appuyant desdits billets.

SUR LES BILLETS DE DEMANDE.

La circulaire que nous venons de citer, charge les commis d'administration de tenir un enregistrement sommaire des billets qu'ils expédient, et de leur affecter une série de numéros. Tous ont mis cet ordre à exécution ; ils ont poussé l'exactitude aussi loin qu'il a dépendu d'eux de le faire : ils ont enfin livré les billets expédiés aux maîtres qu'ils concernaient.

Malgré tout le travail dont ce mode les a surchargés, malgré la surveillance exacte qu'ils ont observée et les recommandations réitérées qu'ils ont faites aux maîtres, qu'en est-il résulté ? Que lesdits maîtres, ont négligé de faire apostiller leurs duplicata par les sectionnaires, ou ont remis leurs billets à des officiers mariniers ou à des matelots, qui les ont fait mettre en règle ou non, mais qu'ils n'ont point rapportés à bord. Enfin, il en est résulté qu'aucun commis d'administration n'a pu parvenir à réunir tous les duplicata des demandes qu'il a lancées, et qu'il a été obligé d'aller lui-même, à la fin de chaque mois, établir ses recettes dans les bureaux du garde-magasin.

Pour obvier à cet inconvénient, nous solliciterons la suppression de tous les duplicata de demandes au magasin-général, et l'obligation, de la part des commis d'administration, d'aller établir tous les mois, leurs recettes dans les bureaux dudit garde-magasin.

MARINE ROYALE.

INVENTAIRE
SERVANT DE BALANCE.

L   de S. M. l

de   canons, armé en   pour

mois de campagne, commandé par M.

RÉGLEMENT SUR LE PIED		ÉTAT à l'armement provenant de l'inventaire ou existant à bord au	SUPPÉMENS, REMPLACEMENS, etc. PENDANT LA CAMPAGNE.												TOTAL GÉNÉRAL de la Recette.	NOMENCLATURE.
de guerre.	de paix.		Janvier.	Février.	Mars.	Avril.	Mai.	Juin.	Juillet.	Août.	Septembre.	Octobre.	Novembre.	Décembre.		

TOTAL ÉGAL A CELUI DE LA RECETTE.	
EXCÉDANS.	
DÉFICITS.	
DÉSARMEMENT. — TOTAL DES REMISES définitives et du restant à bord.	
RESTE à bord.	
Effets rendus — au Magasin général.	
Effets rendus — au Magasin particulier.	
EXISTANT A BORD au 18	
TOTAL des consommations pendant la campagne.	
Consommations, Remises en magasin, Versemens, etc. pendant la Campagne. — Décembre.	
Novembre.	
Octobre.	
Septembre.	
Août.	
Juillet.	
Juin.	
Mai.	
Avril.	
Mars.	
Février.	
Janvier.	

OBSERVATIONS

SUR LES PROCÈS-VERBAUX.

Quoique, selon l'usage suivi, il soit nécessaire de dresser des procès-verbaux pour tous les objets qui tombent à la mer et qu'on ne peut sauver, il est des cas, ce nous semble, où l'on pourrait se dispenser d'en rédiger dans le courant d'un mois ou même d'un trimestre.

Il tombe le plus souvent à la mer, ou il se perd à bord, sans que personne en ait connaissance au moment où ils disparaissent, et sans qu'il y ait la moindre négligence, des objets d'une valeur si modique, que le désagrément d'introduire dans une comptabilité des procès-verbaux pour de pareils objets, est infiniment plus grand que l'objet n'a de valeur.

Dans ces cas, de même que pour les pertes journalières que fait tel ou tel canot, pendant un mois ou un trimestre, il nous paraît qu'un état de perte ou de consommation, dressé à la fin de chaque trimestre, auquel on donnerait, au besoin, la forme d'un procès-verbal, justifierait assez des pertes aussi minimes, et n'augmenterait guère le nombre des procès-verbaux qui, dans le cours d'une longue campagne, ne peut manquer d'être plus ou moins considérable.

S'il n'était pas tout-à-fait inutile, il serait au moins extraordinaire de voir figurer dans un procès-verbal d'une page d'écriture, ou *un fer de gaffe*, ou *une pomme de livarde*, ou enfin *un anneau pour draille* qui serait tombé à la mer, ou encore tout autre objet confectionné, d'une valeur à peu près égale. Nous ne supposons pas que les membres de la commission des comptes improuvassent, lors de leur apurement, cette manière d'opérer, qui rendrait lesdits comptes plus clairs, la vérification plus facile et plus prompte, et qui réunirait en même temps toutes les conditions qui donnent aux pièces de comptabilité un caractère tout-à-fait légal.

Dans le cas où cette mesure d'ordre serait adoptée, le commis d'administration pourrait rédiger, comme nous venons de le dire, un état de perte trimestriel, auquel il donnerait la forme d'un procès-verbal.

Ce n'est pas, toutefois, pour des objets de peu de valeur seulement, que nous désirons de ne faire que le moins possible de procès-verbaux; c'est aussi pour des objets d'un prix plus élevé, car nous ne voyons pas d'inconvénient à ce qu'ils entrent dans la même catégorie, attendu qu'un procès-verbal collectif présente les mêmes garanties que vingt procès-verbaux particuliers, et entraîne mille embarras de moins.

Mais ce n'est pas là que se bornent nos vœux pour mettre les comptes en harmonie avec les réglemens et pour les débarrasser des formes insipides qui ne cessent de les entraver : nous pousserons les choses plus loin, tant dans l'intérêt de nos collègues que dans la vue de simplifier les écritures des bords, déjà multipliées à l'infini. Nous demanderons à ce qu'au lieu d'un procès-verbal spécial pour certains objets, et d'un procès-verbal trimestriel pour des minuties, il n'en soit plus fait désormais que pour constater les grands évènemens, tels que ceux indiqués dans l'article 45 du réglement du 1.er novembre 1784, cité plus bas.

Nous avons fait connaître dans le courant de notre travail les objets qui exigent des procès-verbaux ; mais nous avons reconnu, en même temps, que la perte d'un objet quelconque qui se casse, et dont les morceaux tombent à la mer, ou qui y tombe tout entier, n'est pas mieux certifiée par un procès-verbal d'une page d'écriture, que par la feuille de consommation mensuelle du maître, qui est d'abord signée par lui, ce qui n'a pas toujours lieu sur les procès-verbaux dont nous nous occupons, et qui réunit ensuite autant et d'aussi bonnes signatures que tous les procès-verbaux de cette espèce ; avec cette seule différence que le procès-verbal est signé par l'officier qui commandait le quart pendant lequel l'accident a eu lieu, tandis que la feuille de consommation originale est signée par l'officier chargé du détail particulier du maître. Et, dans ce cas, ladite feuille serait motivée de manière à ne laisser aucun doute sur l'évènement qui aurait occasionné la perte, ce qui équivaudrait bien à un procès-verbal.

Tels sont les vœux que nous formons pour faire disparaître des réglemens relatifs au service des commis d'administration, l'interprétation forcée d'un article du réglement de 1784 ; interprétation tout-à-fait erronnée, que l'on a, sans motifs, adoptée et appliquée à tous les cas, quoique rien ne soit plus positif que la manière dont il est conçu.

Nous désespérons d'autant moins de les voir exaucés, que l'article 45 de ce réglement, qui est relatif à cette partie du service des administrateurs embarqués, vient lui-même à notre secours. Le voici tel qu'il est présenté par ce réglement.

« Lorsqu'il arrivera quelque accident considérable dans le vaisseau, qui donnera lieu à
» des consommations de mâtures, de câbles, d'ancres et autres de cette conséquence, le
» commis aux revues dressera des procès-verbaux, ce qui ne le dispensera pas de motiver
» ces consommations sur son registre, à leur article, et à l'époque où elles ont eu lieu. »

Comme nous ne connaissons pas de réglemens qui abrogent celui que nous venons de citer, en ce qui concerne les procès-verbaux, nous croyons plaider une cause d'autant meilleure, que nous avons pour défenseur un document irrécusable.

FIN.

ERRATA.

Page 19 à la 9.ᵉ ligne de la note, au lieu de 1822, lisez 1812.

52 à la 12.ᵉ ligne au lieu de *mers du Sud*, lisez *mers de l'Inde*.

55 à la 16.ᵉ ligne au lieu de *se transporteront*, lisez *se transportent*.

59 à la 24.ᵉ ligne au lieu de N.° 8, lisez N.° 16.

88 à la 18.ᵉ ligne au lieu de *fond*, lisez *fonds*.

id. à la 27.ᵉ ligne au lieu de *adressé*, lisez *dressé*.

97 à la 10.ᵉ ligne au lieu de *puissent*, lisez *puisse*.

126 à la 7.ᵉ ligne au lieu de *au*, lisez *aux*.

138 à la 15.ᵉ ligne au lieu de *en*, lisez *au*.